Julian Flores Figueroa
Francisco Alan Espinoza zallas

Desarrollo Web y Programación para Dispositivos Móviles

Julian Flores Figueroa
Francisco Alan Espinoza zallas

Desarrollo Web y Programación para Dispositivos Móviles

Angular & Ionic

Editorial Académica Española

Imprint
Any brand names and product names mentioned in this book are subject to trademark, brand or patent protection and are trademarks or registered trademarks of their respective holders. The use of brand names, product names, common names, trade names, product descriptions etc. even without a particular marking in this work is in no way to be construed to mean that such names may be regarded as unrestricted in respect of trademark and brand protection legislation and could thus be used by anyone.

Cover image: www.ingimage.com

Publisher:
Editorial Académica Española
is a trademark of
International Book Market Service Ltd., member of OmniScriptum Publishing Group
17 Meldrum Street, Beau Bassin 71504, Mauritius
Printed at: see last page
ISBN: 978-620-3-58429-5

DESARROLLO WEB Y PROGRAMACIÓN PARA DISPOSITIVOS MÓVILES, UTILIZANDO ANGULAR & IONIC

Presenta:

MGTI Julian Flores Figueroa

INDICE

INTRODUCCIÓN

Es muy común en estos días, darnos cuenta que muchas de las actividades cotidianas tales como pagar el recibo telefónico, consumo eléctrico, o bien realizar alguna compra, se puede realizar por medio de nuestros dispositivos móviles ingresando a sitios Web o bien por medio de alguna aplicación móvil, sin embargo la pregunta es ¿Qué tecnología debo utilizar para desarrollar mis APP´s y Páginas Web?, considero que una tecnología que te facilitará la construcción de soluciones Hibridas es Angular en combinación con IONIC, ya que al realizar un sitio Web, este usualmente está acompañado de su aplicación (APP), en el presente trabajo, encontraras una serie de ejemplos, los cuales tienen como intención adentrarte en el conocimiento de estas tecnologías

Iniciaremos con la configuracion del entorno, el cual incluye la descarga e instalación de Visual Studio Code, será necesario también instalar los plugins necesarios, descargaremos e instalaremos Node JS, TypeScript, Angular CLI, Una vez que realizamos la instalación del software necesario para el entorno Inicializaremos el servidor, continuaremos con la instalación del Web Server y daremos inicio con nuestra primera página de prueba, Continuaremos con el Backend, realizando la conexión a la base de datos, con la finalidad de comprobar la conexión, crearemos un listado que apunte a la B.D, crearemos los encabezados para los CORS, obtendremos registros específicos, crearemos funciones, Iniciaremos con la Integración de Angular, inicializando el servidor, crearemos los componentes e inicializamos el servidor con la finalidad de comprobar que los cambios que hemos aplicado resultaron exitosos, Incluiremos Boostrap en Angular, también es importante instalar JQUERY, instalaremos librerías y crearemos el enlace a las fuentes, iniciaremos el servidor con la finalidad de observar la diferencia una vez que aplicamos los cambios del tipo de letra y colores, Compilaremos los archivos TS-JS, crearemos clases y constructores, Crearemos la estructura HTML, Instalaremos el proyecto principal del curso, trabajaremos con las directivas NGIF, NGCLASS, NGFOR, Configuracion de Rutas, inclusión de Boostrap, crearemos una barra de navegación, trabajaremos con rutas dinámicas, También trabajaremos con Aplicaciones hibridas con IONIC, crearemos una cuenta para subir los servicios en IONIC, vincularemos la cuenta con la APP, crearemos un repositorio en GitHub, depuraremos el flujo de trabajo, emularemos la Aplicación, diseñaremos paso a paso, aplicado estilo al documento, imágenes, colores hasta lograr una APP funcional

Te invito a iniciar con la lectura de este libro en compañía de tu computadora, ya que será de suma importancia realizar las actividades conforme lees este Libro, recuerda que el aprendizaje se logra practicando

CONFIGURANDO EL ENTORNO

Para realizar los ejercicios en este curso, vas a requerir un editor de código, algunos de los editores con los cuales cuentas para poder trabajar son: **Brackets, Sublime Text, Atom y Visual studio Code**, a continuación, se mostrará una breve descripción de cada uno de ellos, acompañado de la **URL**.

BRACKETS, Es un editor de código abierto que tiene las características de ser muy ligero y completamente compatible, con los principales Sistemas Operativos, se muestra su interface en la figura 1.

Con la finalidad de conocer la página del editor, pulse un click sobre la UR que a continuación se muestra: **http://brackets.io/**

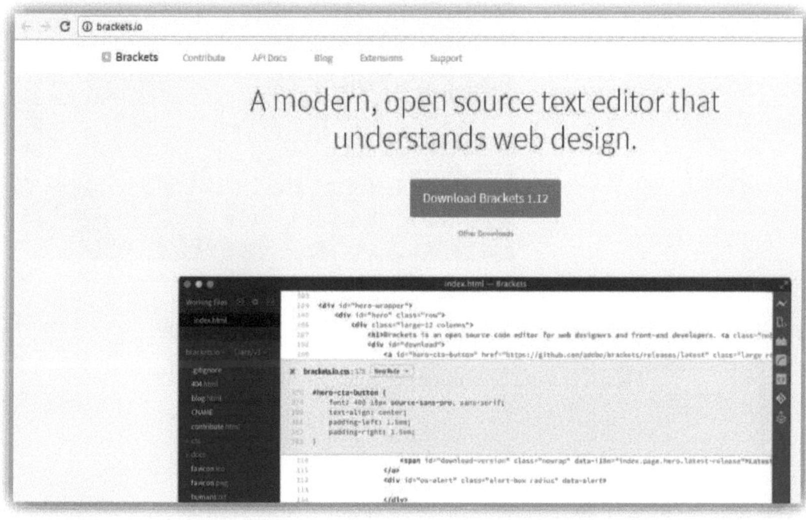

Figura 1: Vista de la página principal de Brackets.

SUBLIME TEXT, cuenta con la característica de ser muy popular con los principales Sistemas Operativos, sin embargo, cuenta con una licencia de prueba, se muestra su interface en la figura 2.

Con la finalidad de conocer la página del editor, pulse un click sobre la UR que a continuación se muestra: **https://www.sublimetext.com/**

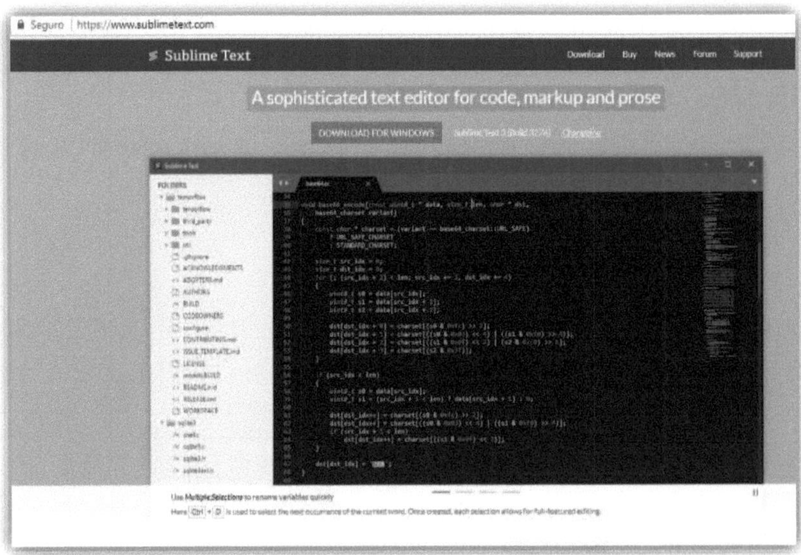

Figura 2: Vista de la página principal de SUBLIMETEXT.

ATOM es un editor muy flexible, el cual cuenta con una gran variedad de Plugins, lo cual permite desarrollar código de calidad. Se muestra su interface en la figura 3.

Con la finalidad de conocer la página del editor, pulse un click sobre la **URL** que a continuación se muestra: **https://atom.io/**

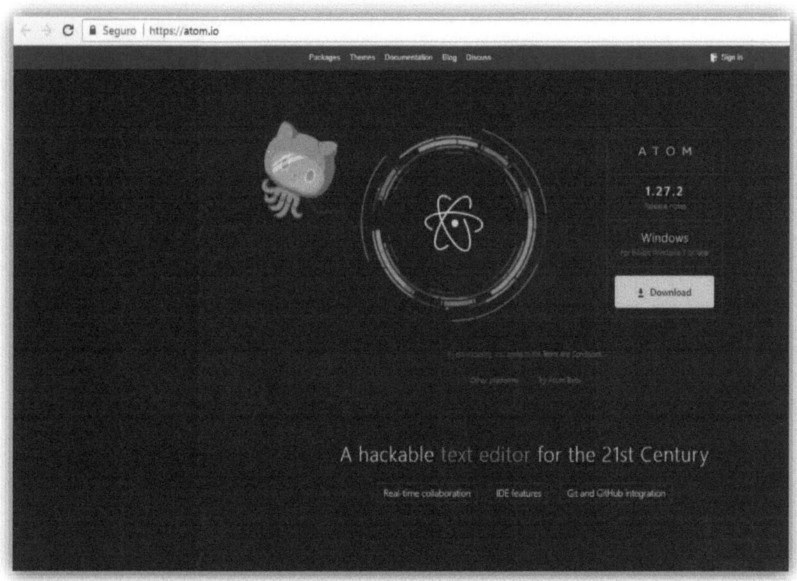

Figura 3: Vista de la página principal de ATOM.

VISUAL STUDIO CODE, es un editor desarrollado por Microsoft, es de código abierto y es gratuito, se muestra su interface en la figura 4, durante el desarrollo de los ejercicios del presente curso, estaremos trabajando con este editor.

Con la finalidad de conocer la página del editor, pulse un click sobre la UR que a continuación se muestra: **https://code.visualstudio.com/**

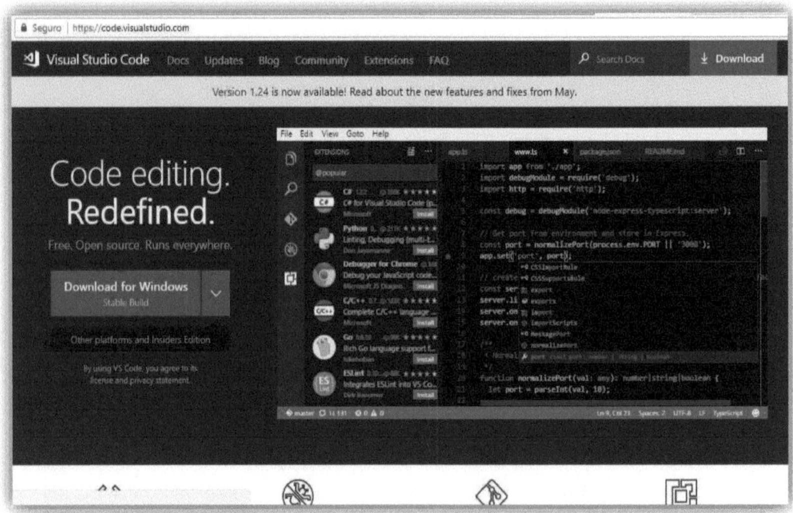

Figura 4: Vista de la página principal de VISUAL STUDIO CODE.

En esta sección del curso iniciaremos con la descarga e instalación del software Visual Studio Code, lo primero que haremos, será dirigirnos a la siguiente **URL**:

- **https://code.visualstudio.com/**

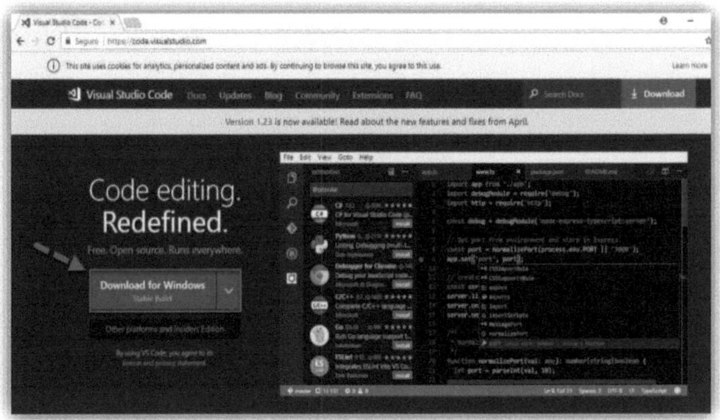

Una vez que se encuentre en la página principal pulse el botón **Download For Windows**, podrá notar que, de modo inmediato, se inicia el proceso de descarga.

De forma predeterminada el archivo se envía a la sección de descargas.

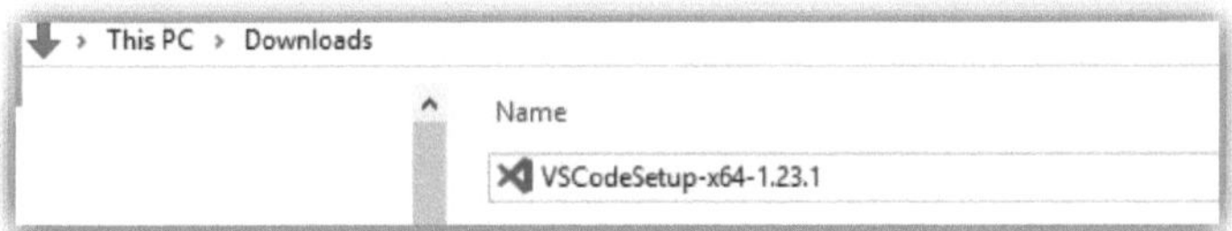

Le recomiendo trasladar el archivo de instalación a una ruta en donde lo pueda localizar con facilidad, una vez que lo tiene ubicado en un lugar elegido por usted, ejecútelo como administrador.

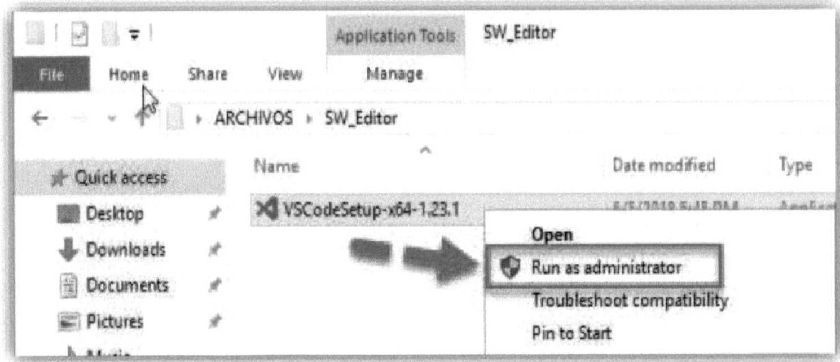

Le mostrara un cuadro de dialogo, el cual le da la bienvenida al proceso de instalación, presione el botón **NEXT**.

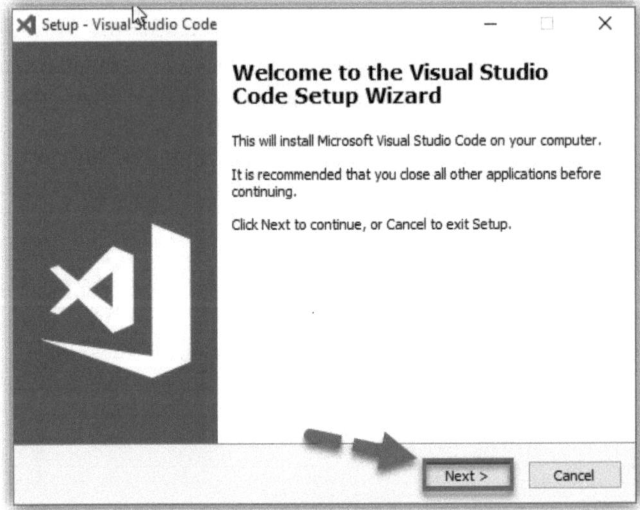

Deberá aceptar los términos de la licencia y pulsar el botón **NEXT**.

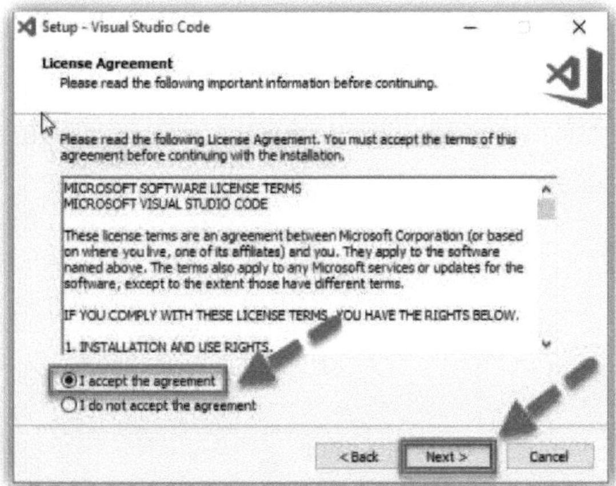

Le mostrará un cuadro de dialogo, el cual le permite cambiar la ruta de la carpeta contenedora, le recomiendo respetar la ruta que el sistema ha establecido de modo predeterminado, pulse el botón **NEXT**.

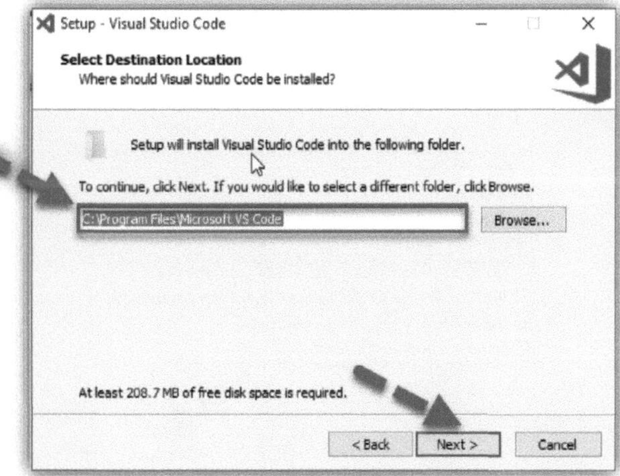

Le mostrará un cuadro de dialogo en el cual le permite cambiar la carpeta en la cual se mostrará el acceso directo, le recomiendo respetar la configuración predeterminada y pulsar el botón **NEXT**.

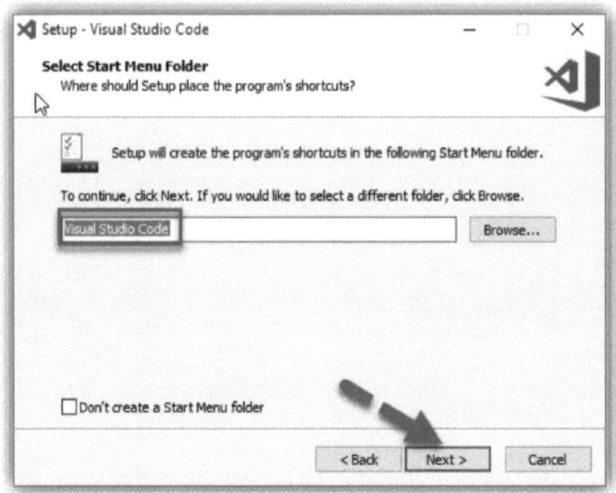

Le mostrará un cuadro de dialogo, en el cual deberá seleccionar todas las opciones y pulse un click sobre el botón **NEXT**.

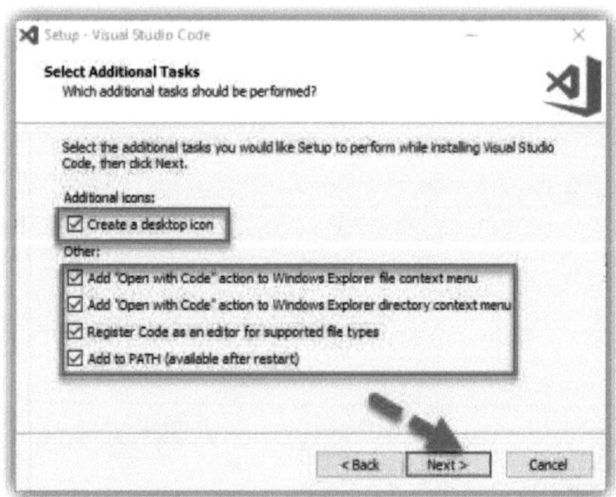

En este momento ya ha seleccionado los parámetros requeridos para iniciar con el proceso de instalación, pulse un click sobre el botón **INSTALL**.

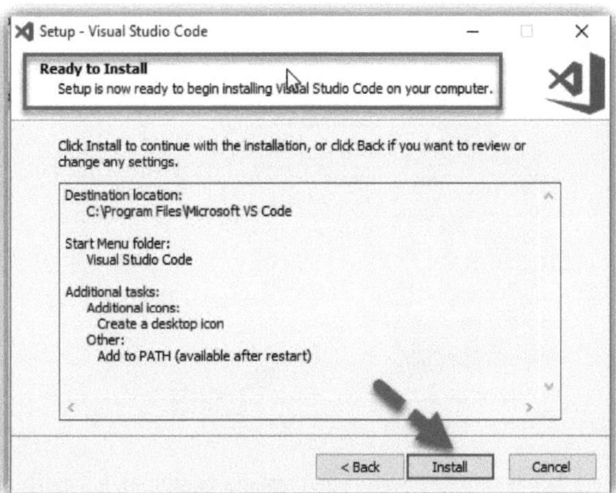

Podrá observar que inicia el proceso de instalación.

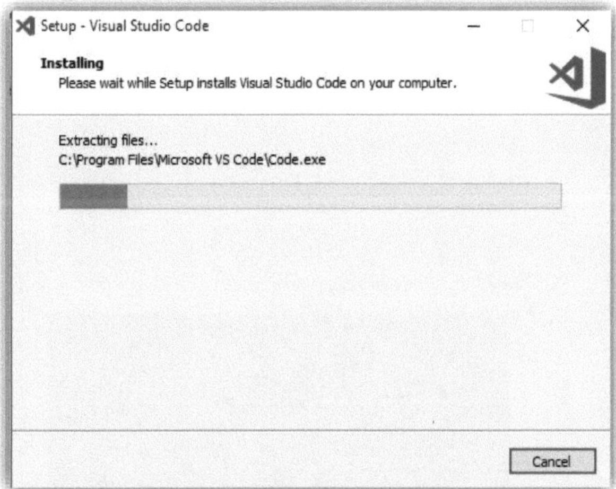

Una vez que se completa el proceso de instalación, se mostrara un cuadro de dialogo, el cual le muestra el mensaje en donde le indica que el proceso se ha completado, pulse un click sobre el botón **FINISH**.

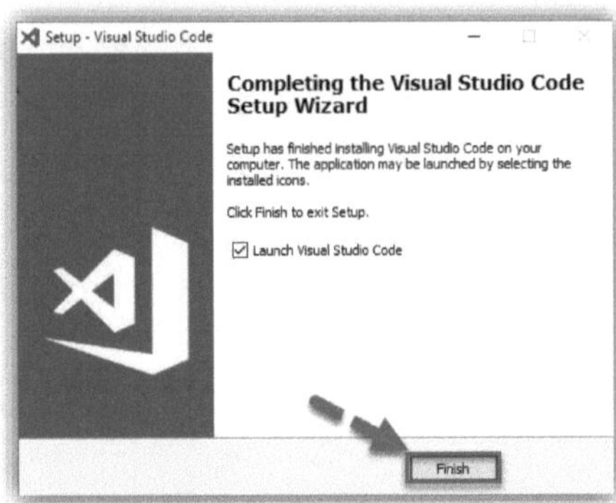

Podrá notar que a la par que se apertura la pantalla principal, se apertura una página la cual contiene los primeros pasos, que nos permitirán iniciarnos en este **IDE** de desarrollo: **https://code.visualstudio.com/docs?start=true**

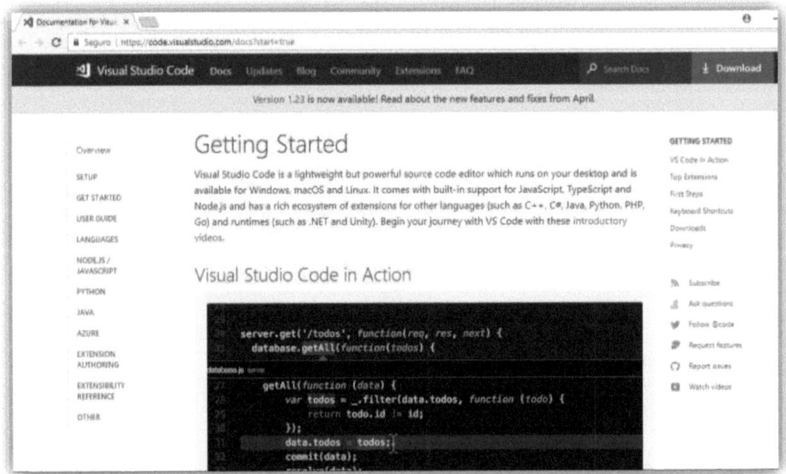

Pantalla Principal

Podrá observar que inicia la carga de la ventana principal tal y como se muestra en la figura 5, para cerrar el mensaje de bienvenida, deberá pulsar un click sobre la cruz que se encuentra en la pestaña de bienvenida.

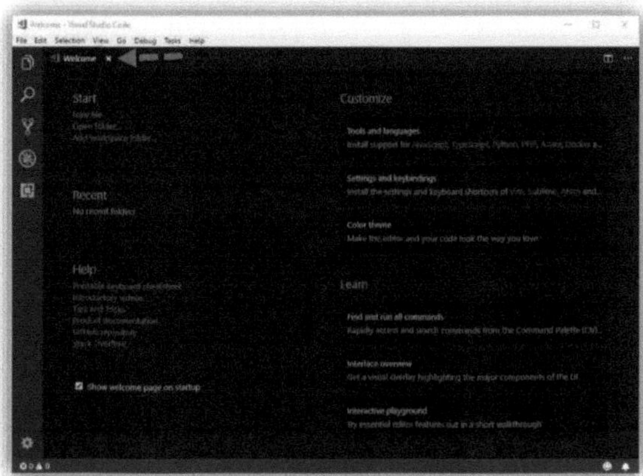

Figura 5: Vista de la pantalla principal de Visual Studio Code.

Podrá observar que ahora le muestra los métodos abreviados para acceder de un modo más rápido a las distintas funcionalidades del sistema, tal y como se muestra en la figura 6.

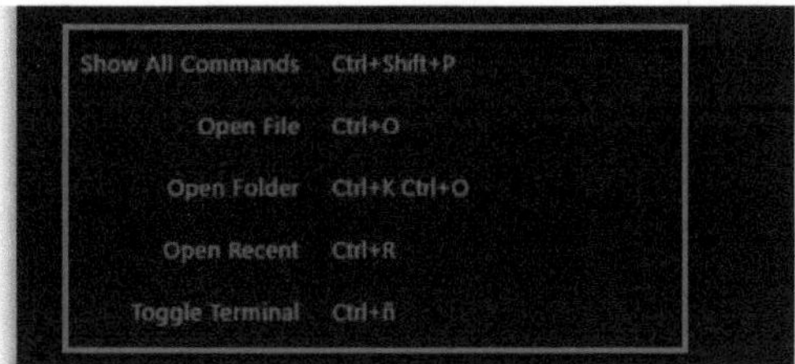

Figura 6: Vista de los métodos abreviados para Visual Studio.

Abrir la Terminal

Para abrir la terminal ejecute la siguiente combinación de teclas CTRL+Ñ, esto le permitirá interactuar con los comandos que se encuentran dentro del sistema, le mostrará una ficha con el nombre TERMINAL, la cual se encuentra en espera que usted ingrese comandos, en el ejemplo que se muestra a continuación podrá notar como se ingresa el comando dir y esto permite que se listen los archivos del sistema, tal y como se muestra en la figura 7.

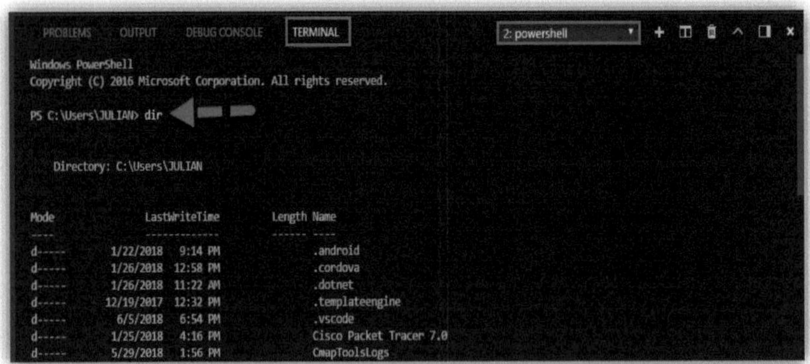

Figura 7: Vista de la Terminal ejecutando el comando DIR.

Al ejecutar la combinación de teclas CTRL+P podrá notar que se apertura un buscador, el cual es de mucha utilidad ya que, al estar trabajando en proyectos con un gran volumen de archivos, resulta lento y tedioso tratar de encontrarlos de forma manual, tal y como se muestra en la figura 8.

Figura 8: Vista del buscador de archivos de Visual Studio.

Plugins

Vamos a incluir algunos Plugins que nos van a ayudar a desarrollar el código, con mucho mayor eficiencia y rapidez, a continuación, enlistare los nombres de los Plugins que se instalaran.

- *Angular 1 TypeScript Snippets.*
- *Beauty css/sass/less*
- *TSLint.*
- *PHP Intellsense*

Pulse un click sobre el Icono Extensiones, tal y como se muestra en la figura 9.

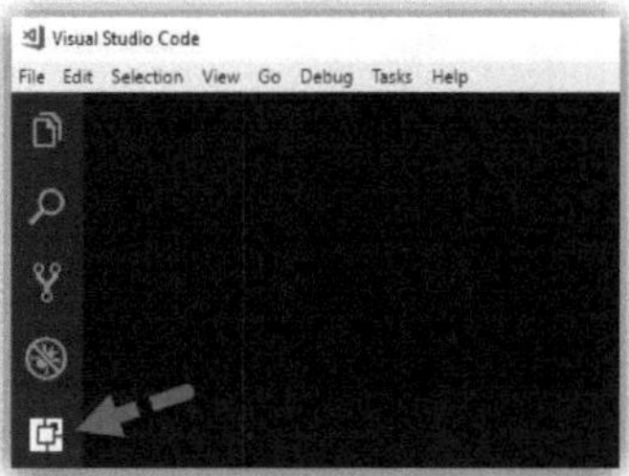

Figura 9: Vista del Icono llamado extensiones.

Le mostrará una relación de Plugins instalados, y en la parte superior podrá observar un cuadro de dialogo, en el cual podrá ingresar los nombres de los Plugins que desea instalar, tal y como se muestra en la figura 10.

Figura 10: Vista del cuadro de dialogo que permite el ingreso del nombre del Plugins.

Ingrese el nombre del Plugin, que en este caso es:

- *Angular 1 TypeScript Snipet*

Podrá observar que le muestra la opción solicitada en la cual solamente es necesario **pulsar un click** sobre el botón **INSTALL**, tal y como se muestra en la figura 11, podrá observar la instalación completa en la figura 12.

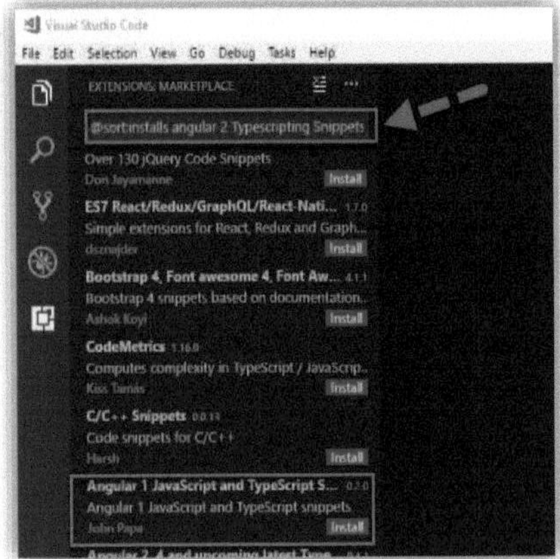

Figura 11: Vista del Plugin listo para ser instalado.

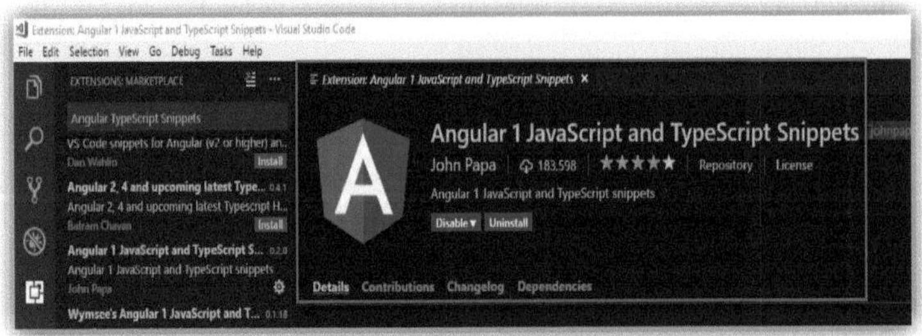

Figura 12: Vista del Plugin instalado.

Ingrese el nombre del Plugin, que en este caso es: *Beautify css/sass/less*, podrá observar que le muestra la opción solicitada en la cual solamente es necesario pulsar un click sobre el botón **INSTALL**, tal y como se muestra en la figura 13 y la instalación completa la podrá observar en la figura 14.

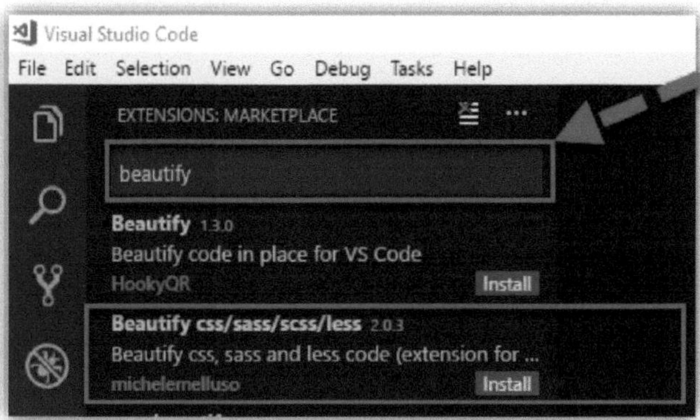

Figura 13: Vista del Plugin listo para ser instalado.

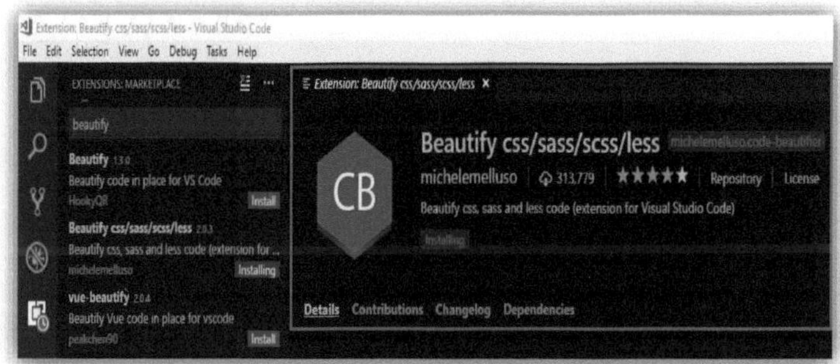

Figura 14: Vista del Plugin instalado.

Ingrese el nombre del Plugin, que en este caso es: *TSLint,* podrá observar que le muestra la opción solicitada en la cual solamente es necesario pulsar un click sobre el botón **INSTALL**. Tal y como se muestra en la figura 15 y la instalación completa la podrá observar en la figura 16.

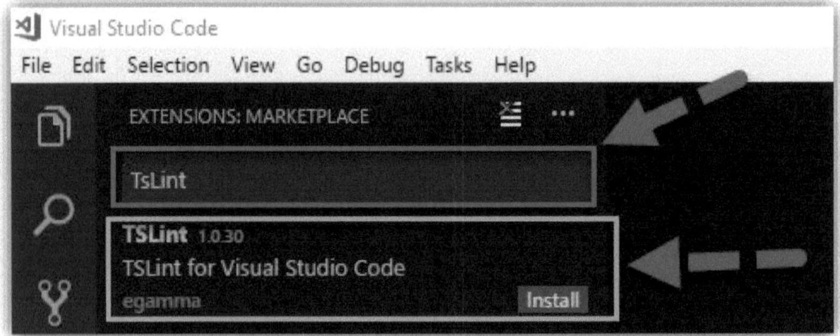

Figura 15: Vista del plugin listo para ser instalado.

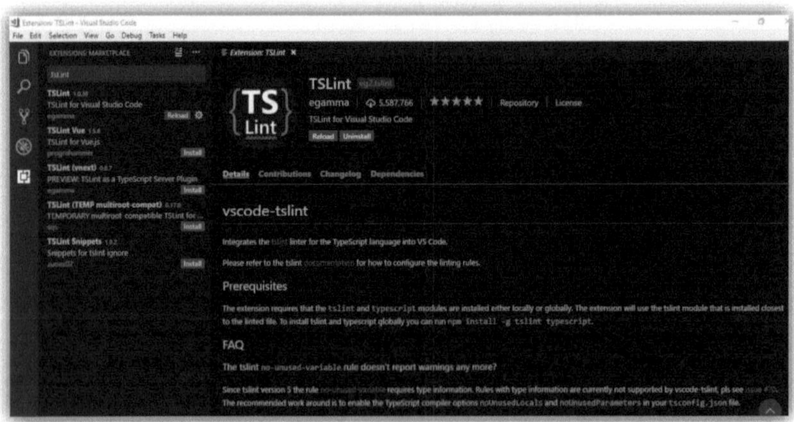

Figura 16: Vista del plugin instalado.

Ingrese el nombre del plugin, que en este caso es: *PHP Intellsense*, podrá observar que le muestra la opción solicitada en la cual solamente es necesario pulsar un click sobre el botón INSTALL. Tal y como se muestra en la figura 17 y la instalación completa la podrá observar en la figura 18.

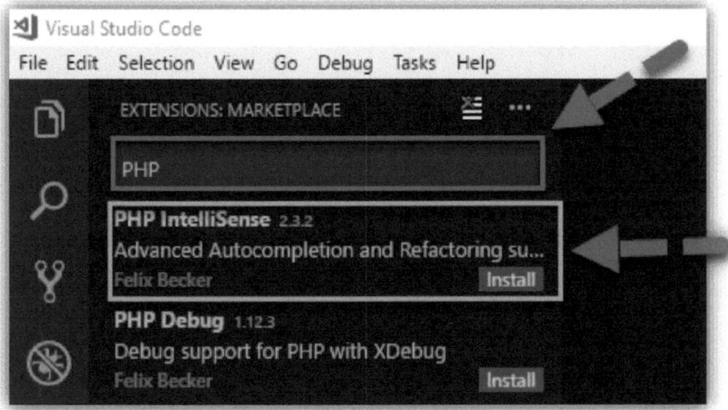

Figura 17: Vista del plugin listo para ser instalado.

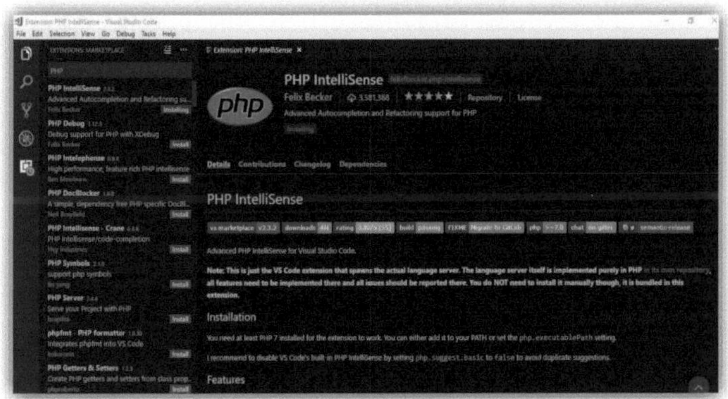

Figura 18: Vista del plugin instalado.

Vista de los Plugin Instalados

Al concluir con las instalaciones de los plugin, cierre la aplicación y podrá observar que ya contamos con la instalación de cada uno de ellos, tal y como se muestra en la figura 19.

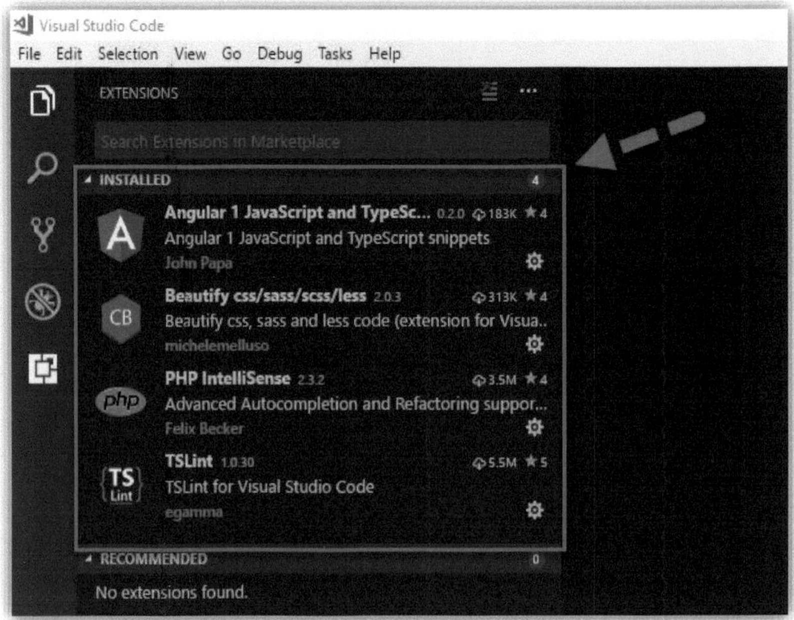

Figura 19: Vista de los plugin Instalados.

Es recomendable contar con una carpeta en la cual estaremos guardando cada uno de nuestros proyectos, para el desarrollo de este ejemplo, crearemos una carpeta en la siguiente ruta, tal y como se muestra en la figura 20.

C:\PROYECTOS

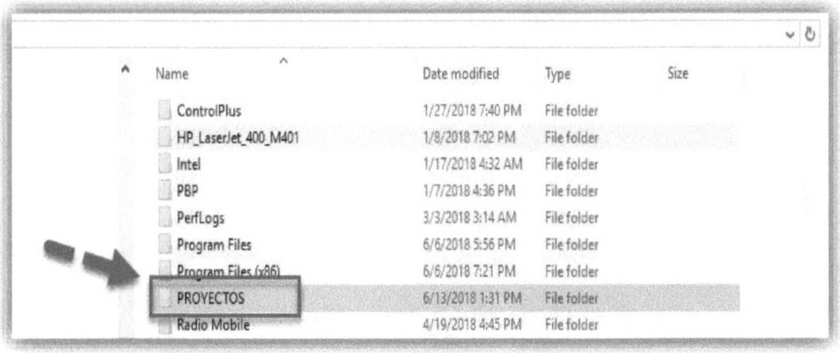

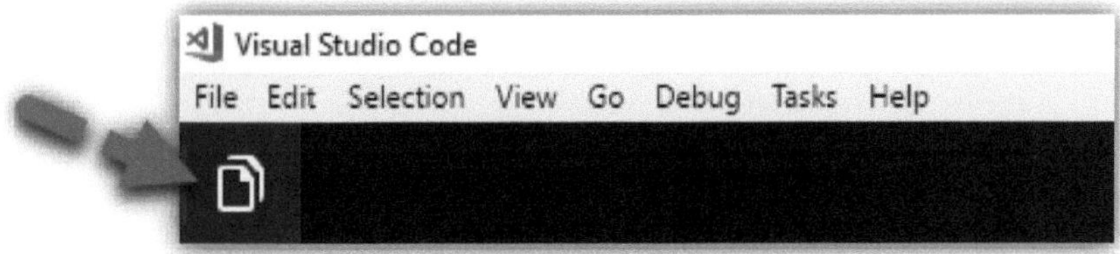

Figura 20: Vista de la página principal de Brackets.

Una vez creada la carpeta, que tiene el nombre **PROYECTOS**, abriremos el software Visual Studio Code y pulsaremos un click sobre el botón **EXPLORE**, tal y como se muestra en la figura 21.

Figura 21: Vista del icono explore de Visual Studio.

Pulsaremos un click sobre el botón OPEN FOLDER, seleccionaremos el folder
PROYECTOS y pulsaremos un click sobre el botón SELECT FOLDER. Tal y como se
muestra en la figura 22.

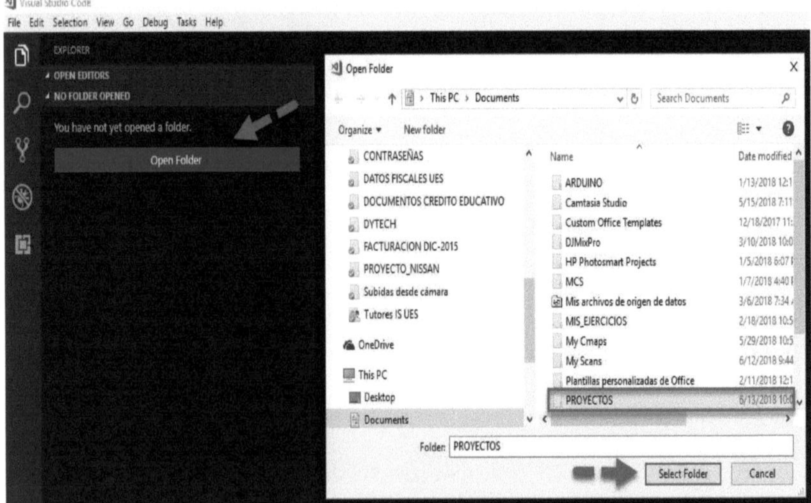

Figura 22: Vista de la ventana de Windows que permite la selección de un directorio.

Podrás observar que ahora nos muestra el nombre del directorio creado, tal y como
se muestra en la figura 23.

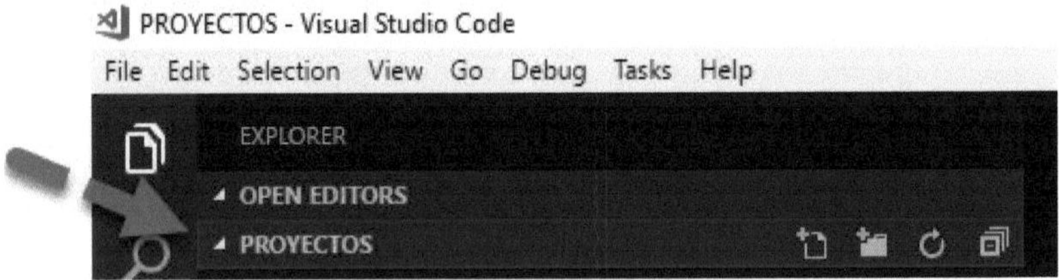

Figura 23: Vista del directorio creado.

Lo primero que tendremos que hacer es dirigirnos al siguiente sitio web:

- **https://nodejs.org/es/**

Una vez que nos encontremos en la página principal, seleccione el archivo que es compatible con Windows en la version `10.4.0 Actual,` tal y como se muestra en la figura 24.

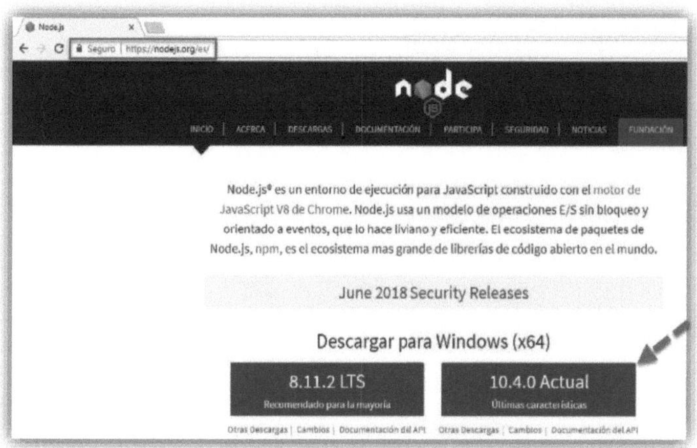

Figura 24: Vista del Software Node JS en su version 10.4.0.

Podrá observar que inicia el proceso de descarga.

Los archivos que descargamos desde los navegadores, se envían de forma predeterminada hacia la carpeta de **Download**.

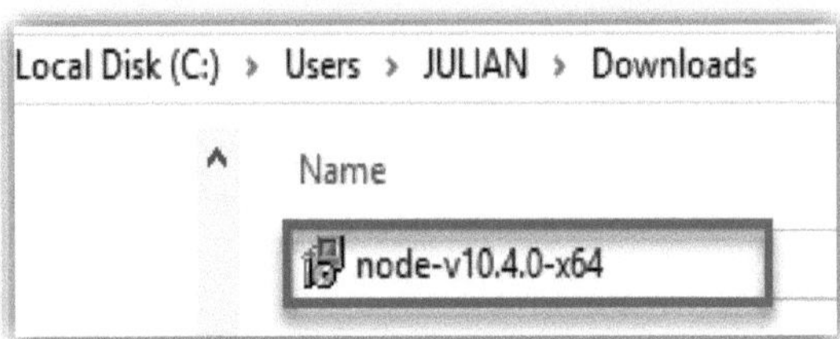

Una vez que has localizado el archivo, deberás ejecutarlo como administrador, Una vez que se habrá el cuadro de dialogo, pulsa un click sobre el botón RUN.

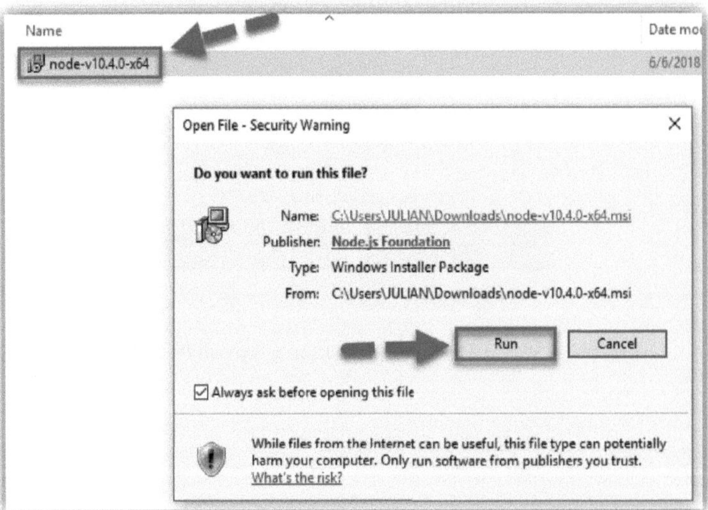

Observaremos que nos muestra un cuadro de dialogo, el cual nos indica que un asistente nos guiara en el proceso de instalación, pulse un click sobre el botón NEXT.

Deberá aceptar los términos de la licencia y pulsar un click sobre el botón NEXT.

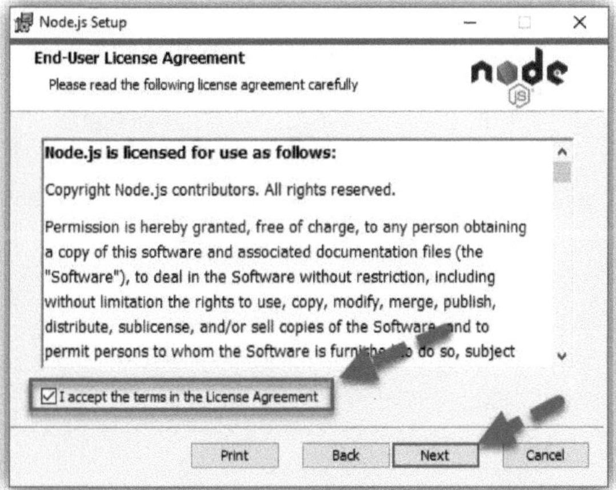

Tienes la opción de personalizar la ruta de la carpeta contenedora de los archivos, sin embargo, te recomiendo dejar la que se encuentra establecida de modo predeterminado.

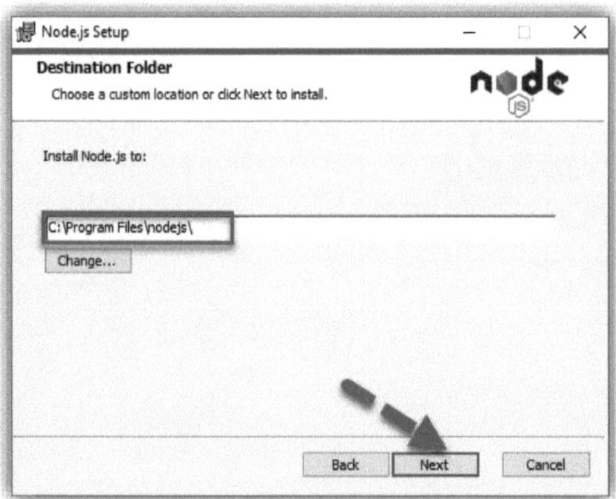

Le mostrará un cuadro de dialogo en donde podrá personalizar las características, en nuestro caso solamente pulsaremos un click sobre el botón NEXT.

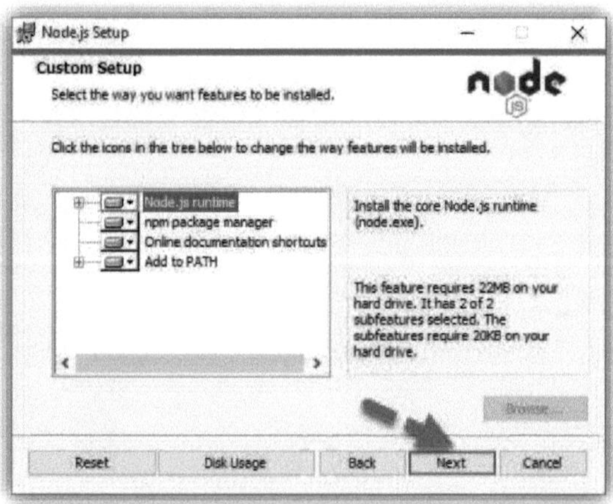

En este momento ya nos encontramos listos para poder iniciar el proceso de instalación, solamente deberá pulsar un click sobre el botón INSTALL.

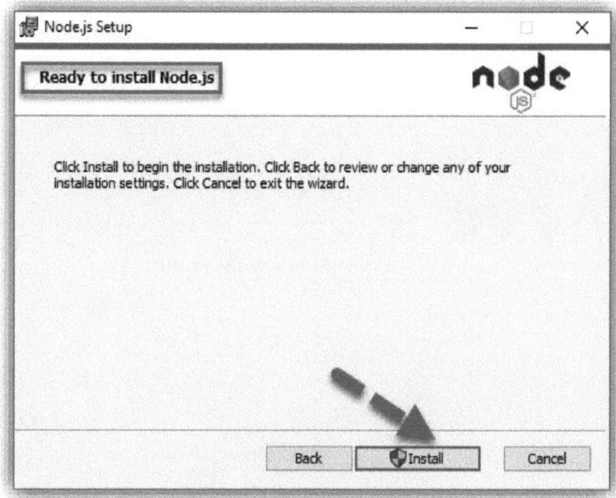

Podremos observar que inicia el progreso de instalación.

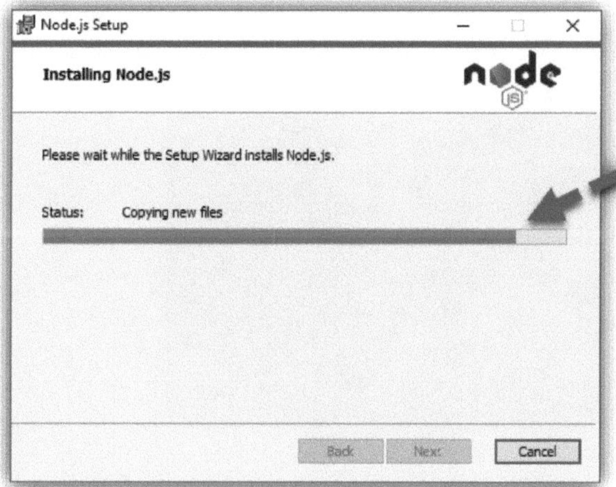

Una vez que ha concluido el proceso nos envía un mensaje indicándonos que el proceso ha concluido y solamente deberemos pulsar un click sobre el botón FINISH.

Podremos observar que Node.Js se ha añadido de modo exitoso, tal y como se muestra en la figura 25.

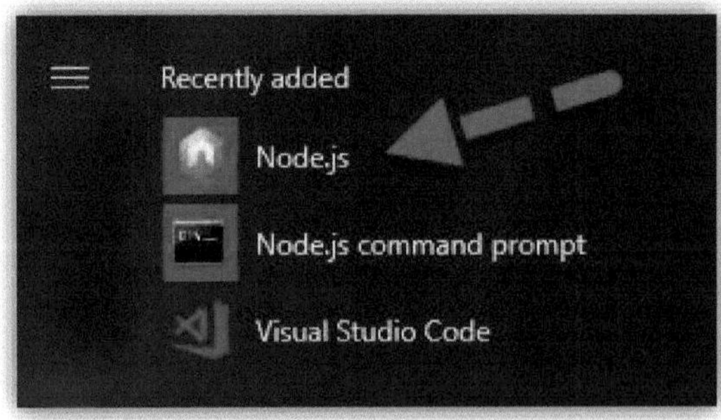

Figura 25: Vista del Icono Node.js desde la barra de tareas.

Lo primero que haremos, será dirigirnos a la siguiente URL:

- **http://www.typescriptlang.org/**

Una vez que estemos dentro de la página principal seleccionaremos la opción **DOWNLOAD**.

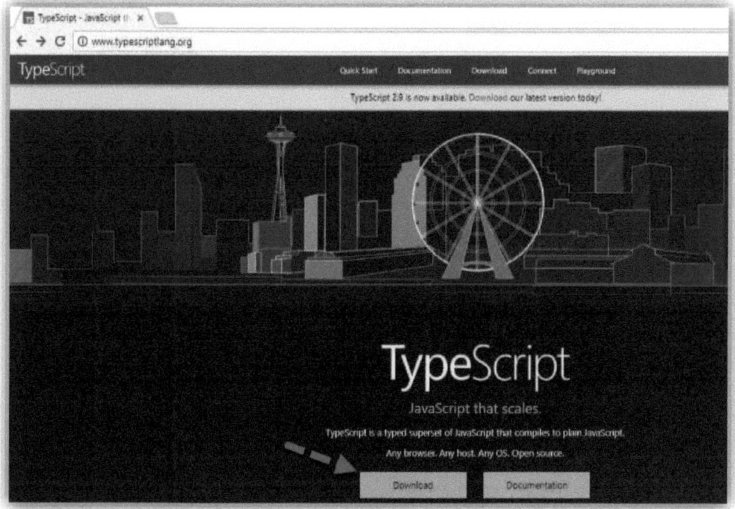

Continuaremos pulsando un click sobre el botón **DOWNLOAD**.

En este lugar encontraremos la línea de comando `npm install -g typescript`

Lo siguiente que haremos, será copiar el código y colocarlo en la terminal del sistema de Visual Studio Code, la combinación de teclas para la invocación de la terminal es CTRL +Ñ, tal y como se muestra en la figura 26

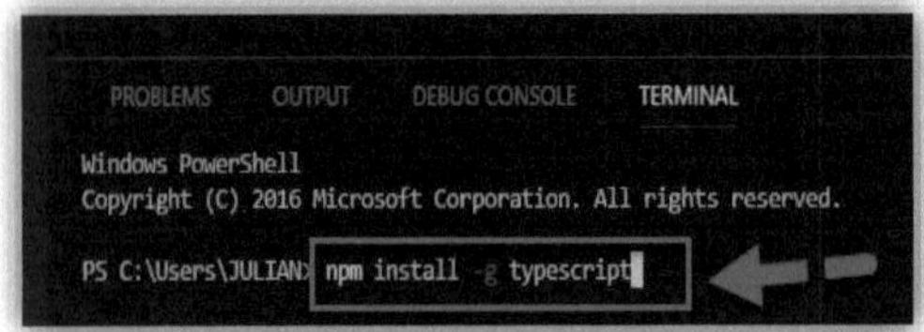

Figura 26: Código para instalar Typescript siendo ejecutado desde la Terminal.

Para ejecutar el comando, solo bastara con pulsar la tecla ENTER.

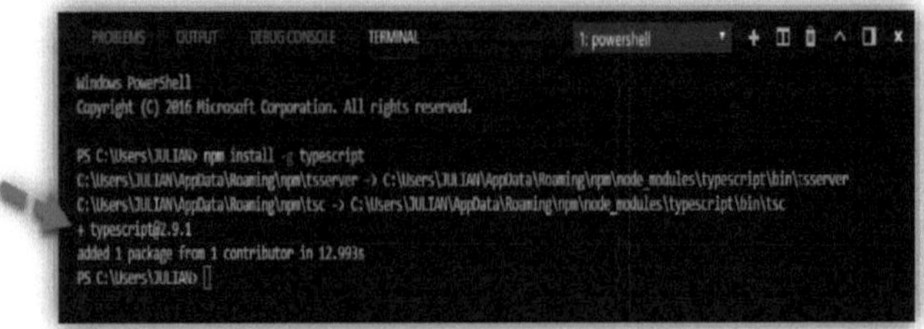

Lo primero que haremos, será crear un archivo, pulse un click sobre el icono NEW FILE, a continuación, se mostrara un cuadro de texto en el cual deberá ingresar el nombre del archivo, en este caso es PRUEBA.TS, una vez ingresado el nombre del archivo pulse sobre la tecla ENTER.

Podemos observar que el archivo se ha creado.

En el siguiente paso deberá ingresar la siguiente línea de código:

```
TS prueba.ts
1    console.log('BIENVENIDOS AL PRIMER DIPLOMADO!');
```

Continuaremos con la compilación del archivo, en este momento es necesario abrir la consola, esta se apertura con la combinación de teclas CTRL+Ñ, una vez abierta la consola, realizaremos la compilación con el comando *TSC nombre_archivo.ts*, una vez ingresada la instrucción pulsa sobre la tecla ENTER, podrás observar que se crea un archivo compilado.

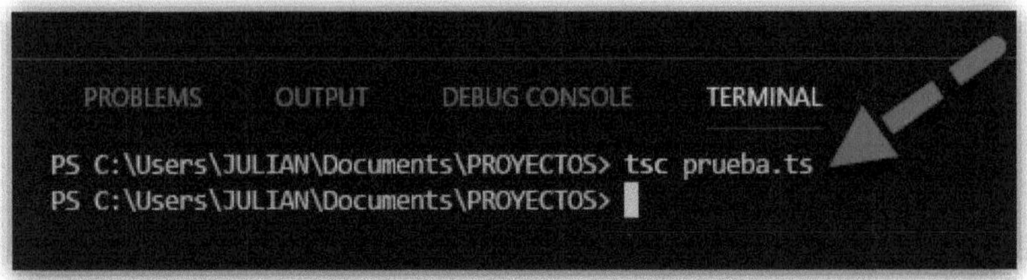

Archivo compilado, como el que se muestra en la figura 26.

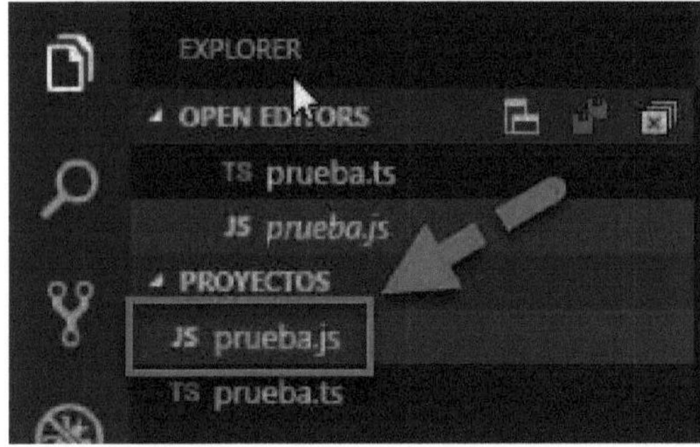

Figura 26: Vista que muestra el archivo compilado con la extensión JS.

Lo primero que haremos, será dirigirnos a la consola e ingresamos la instrucción:

```
npm install -g angular-cli
```

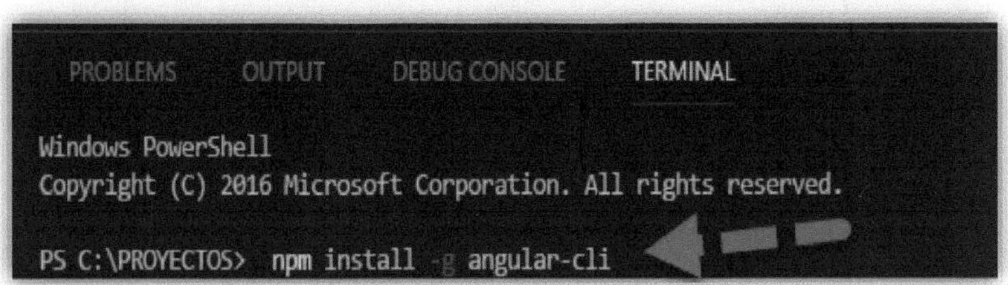

Pulse la tecla **ENTER** para ejecutar el comando, una vez que pulse la tecla, podrá observar que inicia el proceso de instalación de paquetes.

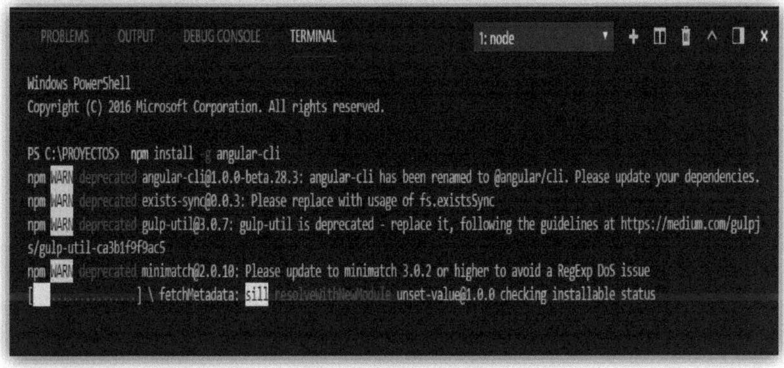

Finalizado el proceso podrás observar que ha quedado instalada la aplicación **ANGULAR-CLI@1.0.0-beta.28.3**, como se muestra en la figura 27.

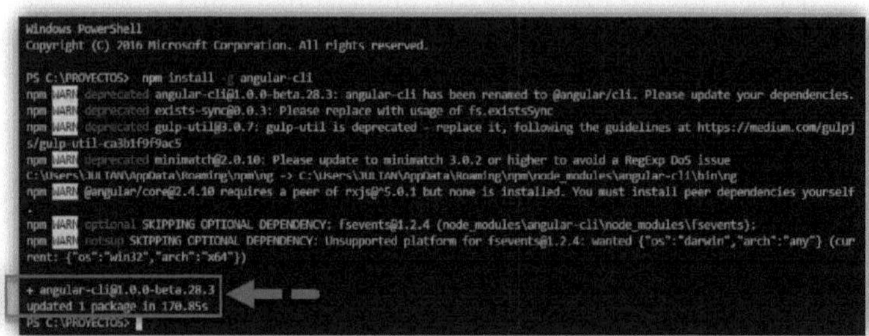

Figura 27: Vista que muestra ANGULAR instalado.

Lo siguiente que haremos, será limpiar el contenido de la terminal con el comando **cls**, continuaremos ingresando el comando: **ng new proyecto1**

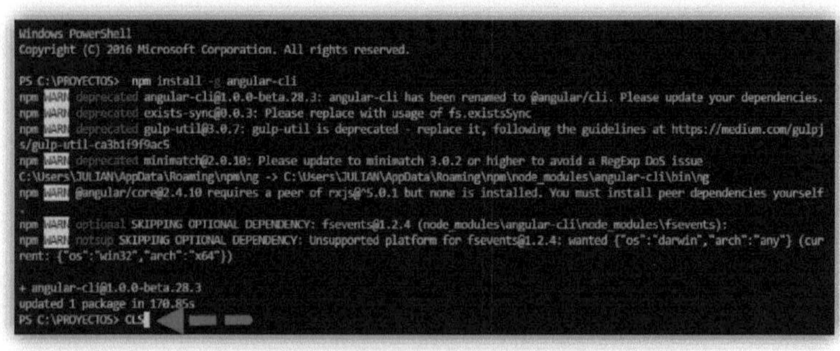

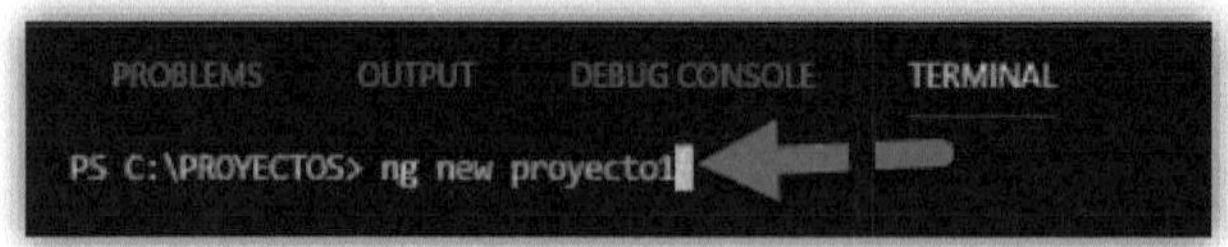

Una vez que ha ingresado la instrucción pulse sobre la tecla ENTER, podrá observar cómo se crean los paquetes para el proyecto y dentro de la estructura de directorios, se genera el directorio correspondiente a `proyecto1,` tal y como se muestra en la figura 28.

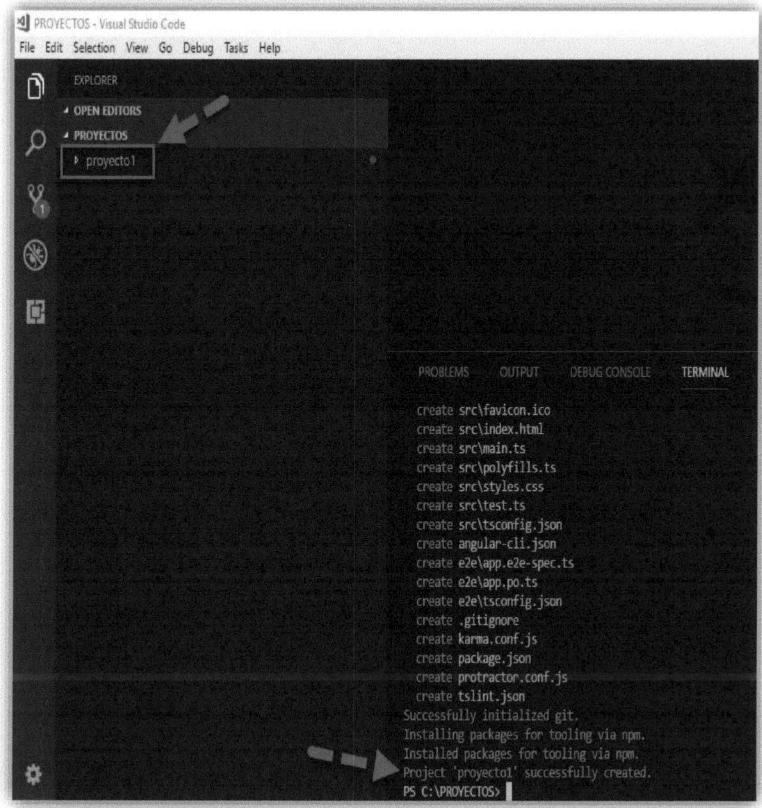

Figura 27: Vista del directorio correspondiente al proyecto recién creado.

Inicialización del Servidor

El siguiente paso será ingresar al directorio que contiene el proyecto y tiene por nombre `proyecto1`.

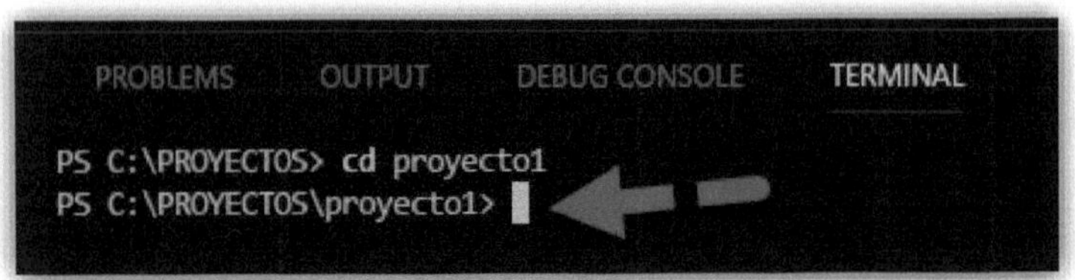

Lo siguiente que haremos, será crear un servidor con el comando: `ng serve`

Una vez que hemos ingresado el comando pulsamos sobre la tecla ENTER.

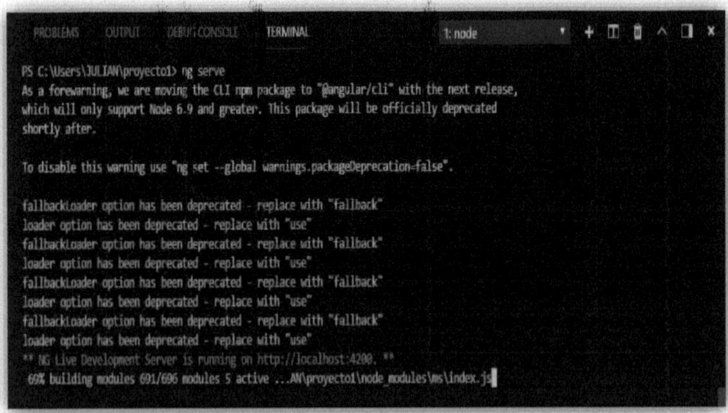

Lo que hace nuestra línea de comando es que compilara todos los archivos de **TypeScript**, también va a incluir todas las librerías y archivos necesarios, esto dará como resultado una página web funcional, el servidor inicializado se muestra en la figura 28.

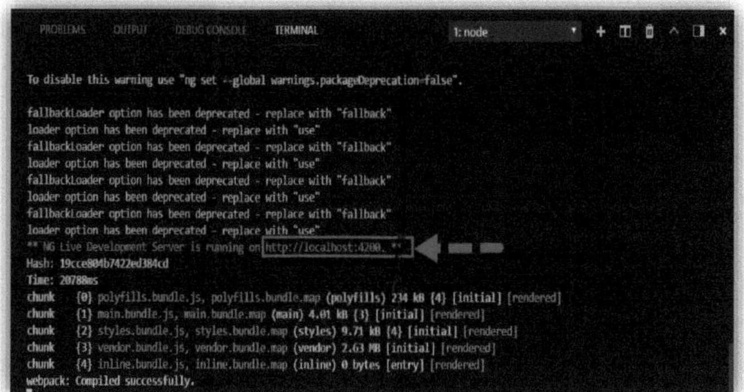

Figura 28: Vista del servidor inicializado.

Para comprobar la funcionalidad diríjase al navegador e ingrese:

- http://localhost:4200/

Podrá observar que la aplicación está funcionando, en la figura 29.

Figura 29: Vista de la página funcionando.

Localización de archivo .TS

El archivo que contiene el mensaje que usted ha visto en el navegador, lo podrá encontrar en el archivo con el siguiente nombre: `app.component.ts`

Modificaremos el mensaje:

```ts
TS app.component.ts ●
1    import { Component } from '@angular/core';
2
3    @Component({
4      selector: 'app-root',
5      templateUrl: './app.component.html',
6      styleUrls: ['./app.component.css']
7    })
8    export class AppComponent {
9      title = 'BIENVENIDOS ALUMNOS UES!';
10   }
```

Guardamos los cambios y nos dirigiremos al navegador para visualizar los cambios aplicados, tal y como se muestra en la figura 30.

Figura 30: Vista de la página con el mensaje modificado.

Para el desarrollo del presente curso, vamos a instalar el paquete **MAMP,** lo que deberá hacer es dirigirse a la siguiente URL: **https://www.mamp.info/en/**

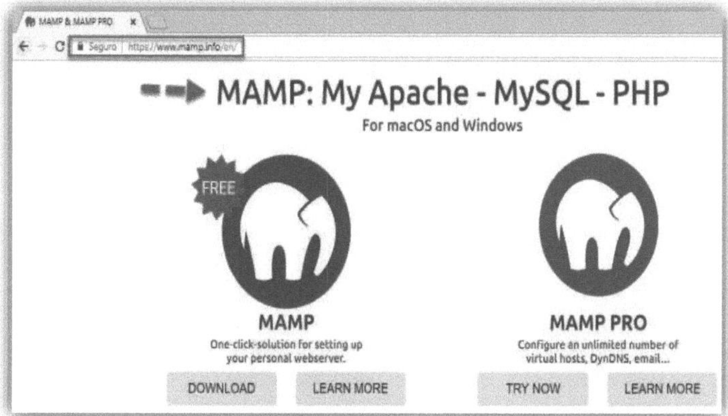

Continuaremos, eligiendo la version gratuita.

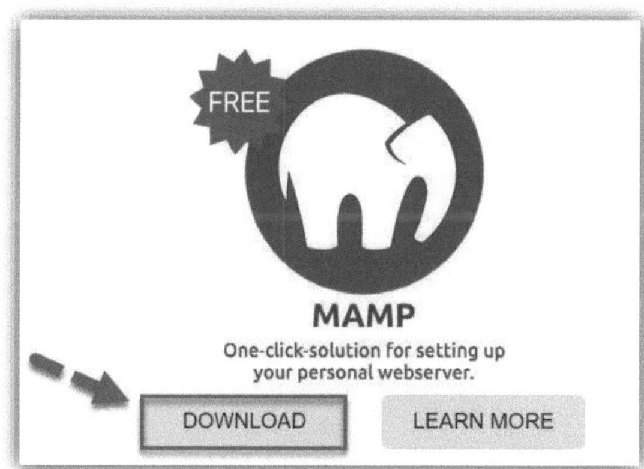

Seleccionaremos los paquetes que corresponden a nuestro sistema Operativo para nuestro caso es Windows.

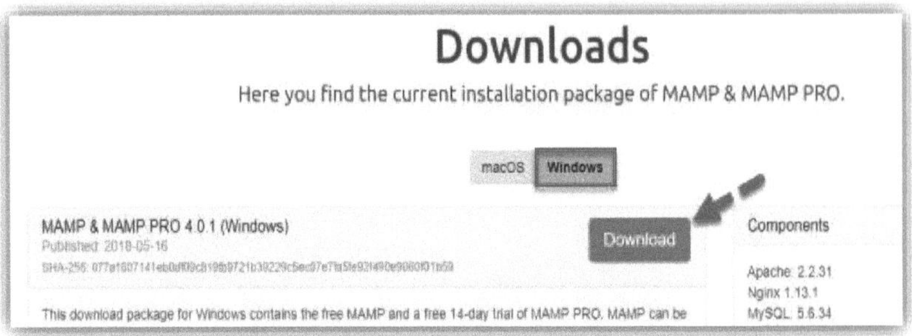

Seleccione la version **3.3.1** y podrá observar como inicia el proceso de descarga, en la esquina inferior izquierda de su navegador.

Una vez que el paquete instalador ha sido descargado, deberemos localizarlo, usualmente este se almacena en la carpeta DOWNLOADS.

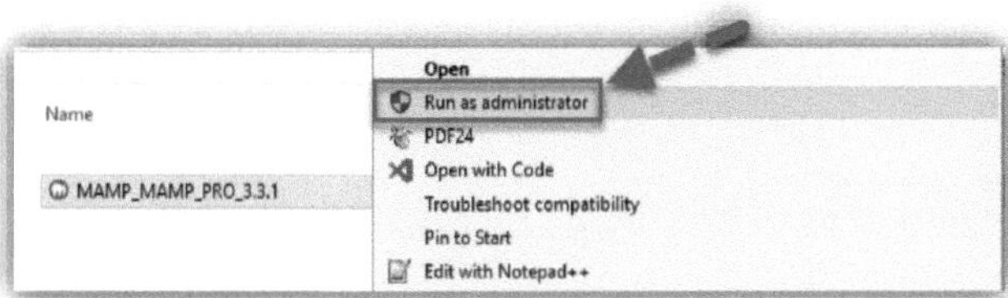

Le mostrará un cuadro de dialogo para seleccionar el Idioma que prefiera para realizar la instalación, pulse el botón OK

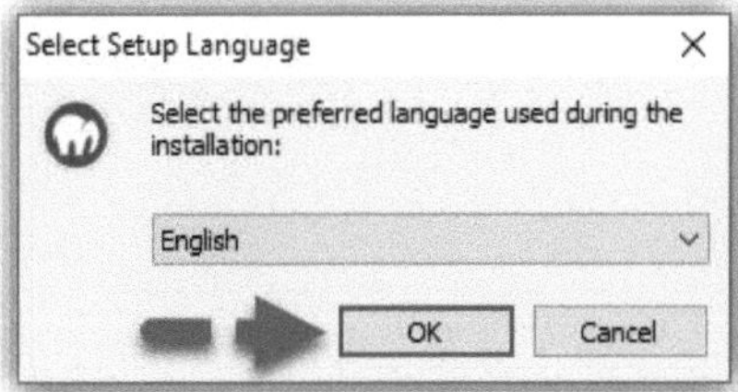

Le mostrará un asistente, el cual servirá como guía en el proceso de instalación de la aplicación, pulse el botón NEXT.

Contaremos con la opción de evaluar la version PRO, la marca de verificación esta activa de modo predeterminado, pulse un click sobre el botón NEXT.

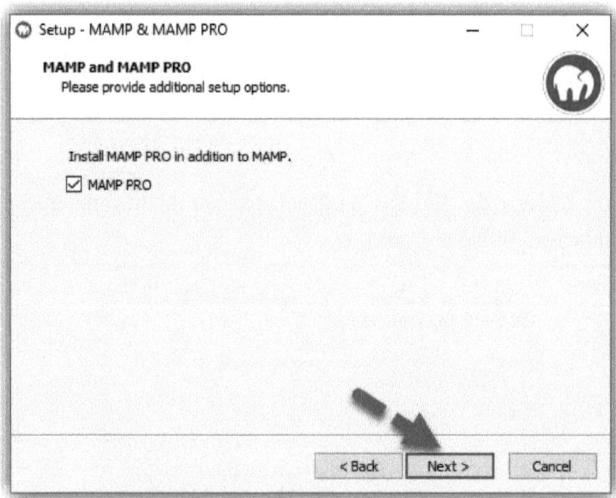

Acepte los términos de licencia y pulse un click sobre el botón NEXT.

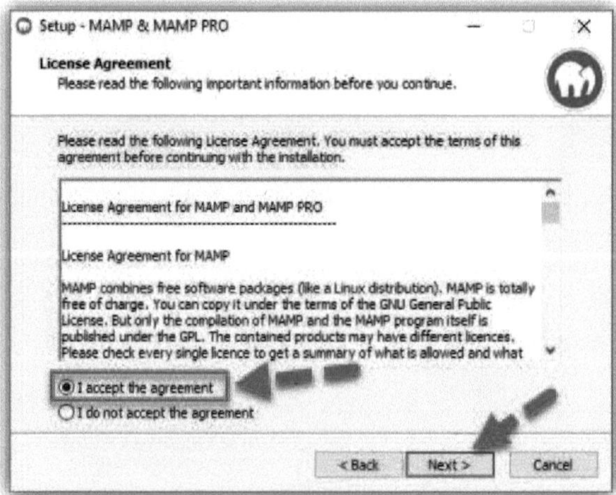

Le mostrará una ventana en la cual usted puede cambiar la ruta en donde se creará la carpeta contendora, le recomiendo dejar la carpeta establecida de modo predeterminado, pulse el botón NEXT.

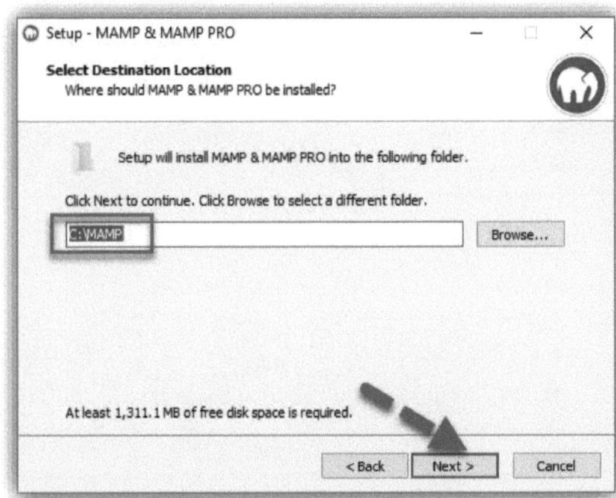

En la siguiente ventana le mostrará el nombre que tendrá la aplicación en la barra de menú inicio, le recomiendo dejar los valores predeterminados, pulse un click sobre el botón NEXT.

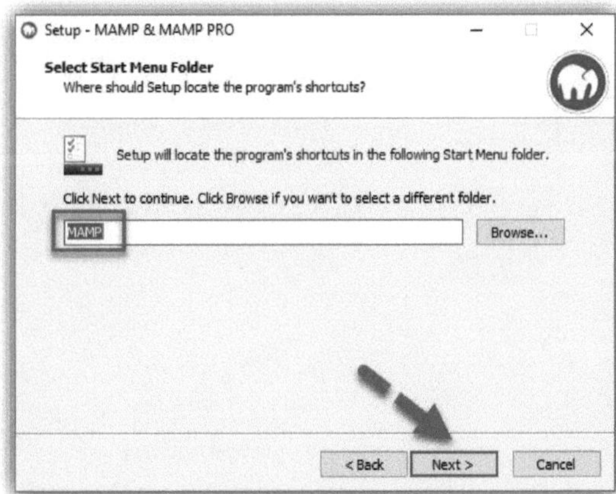

En la siguiente ventana se le permite la opción de establecer un acceso directo, le recomiendo que lo deje establecido, pulse un click sobre el botón NEXT.

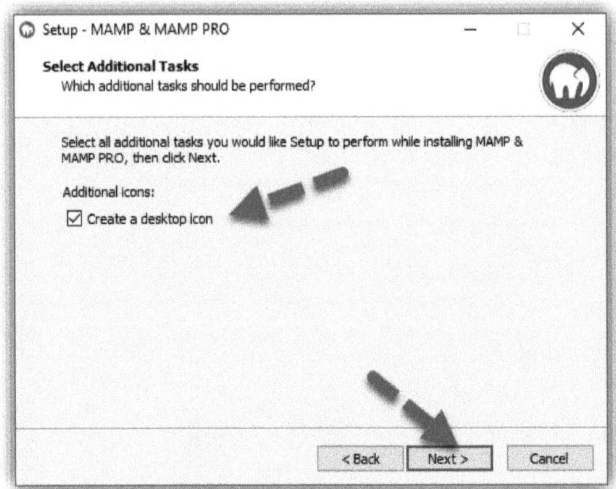

Seleccionados los parámetros, estamos listos para iniciar con la instalación, pulse un click sobre el botón **INSTALL**.

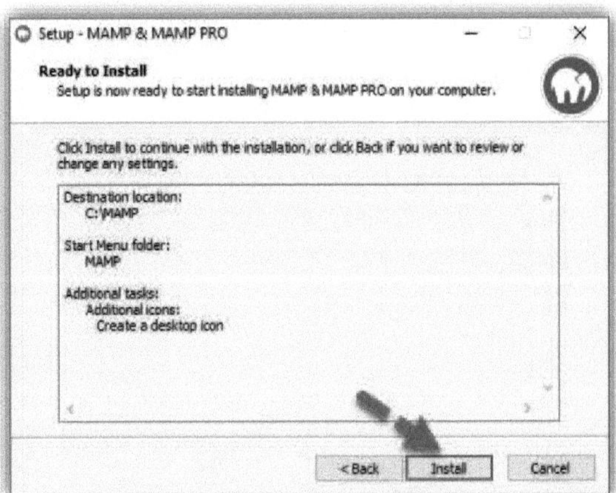

Podrá observar el proceso de extracción de archivos.

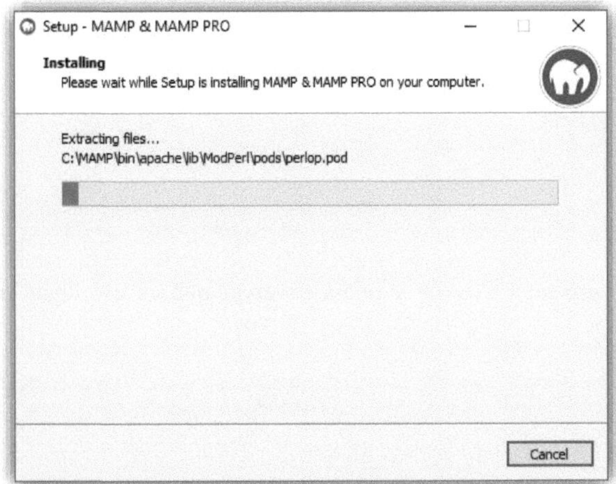

Finalizado el proceso podremos visualizar el siguiente mensaje.

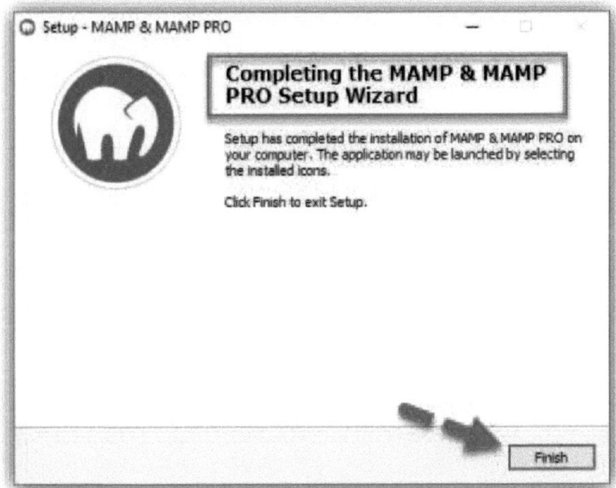

Podrá notar que en la raíz del disco duro se ha creado una carpeta con el nombre
MAMP

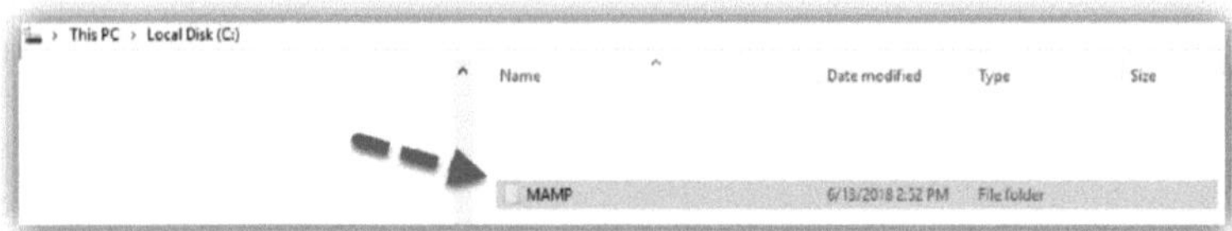

Ingrese a la carpeta: C:\MAMP y podrá observar que en ese lugar encontrará la
aplicación.

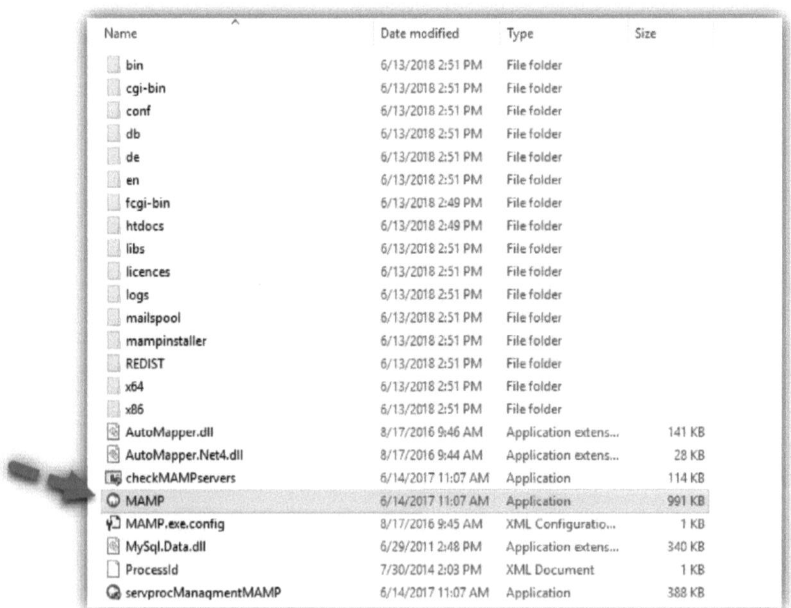

La carpeta que **MAMP** estará utilizando es: `C:\MAMP\htdocs` es importante identificar el directorio **HTDOCS** ya que esta la utilizaremos para almacenar nuestros proyectos.

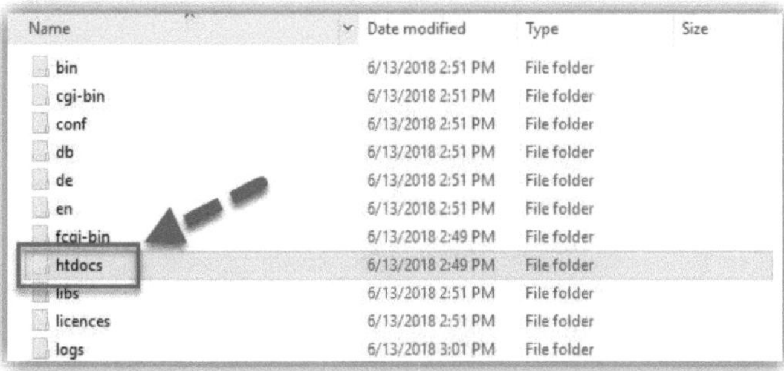

En el escritorio podrá notar que también se ha creado el acceso directo, pulse un click sobre el icono que tiene el nombre **MAMP**.

Una vez que se apertura la aplicación, podremos observar un cuadro de dialogo en el cual pulsaremos con un click el botón START SERVERS

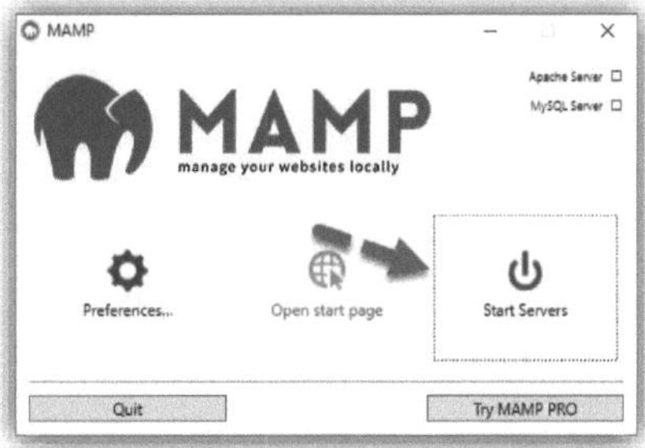

Cuando se inicien los servidores notaremos que se encienden los cuadros de selección de Apache Server y **MySQL** Server y la leyenda del botón de encendido ha cambiado, a **STOP** Servers y esto se debe a que los servidores ya están encendidos.

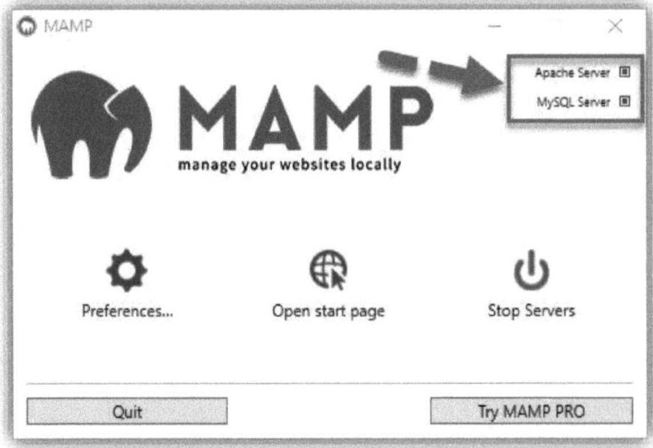

Pulse un click sobre la opción **Open Start Page.**

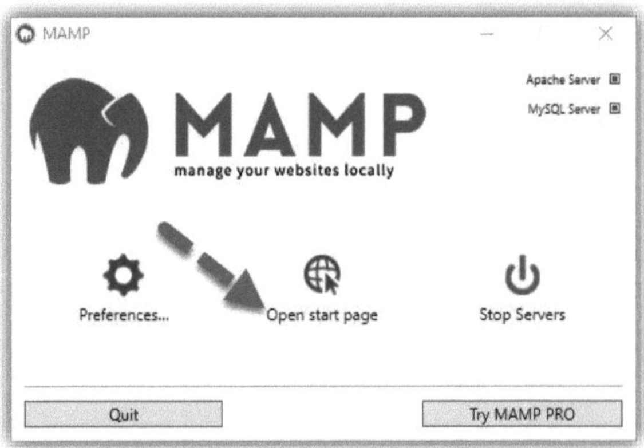

Nos mostrará la página de bienvenida, eso nos indica que **MAMP** está funcionando libre de errores, tal y como se muestra en la figura 31.

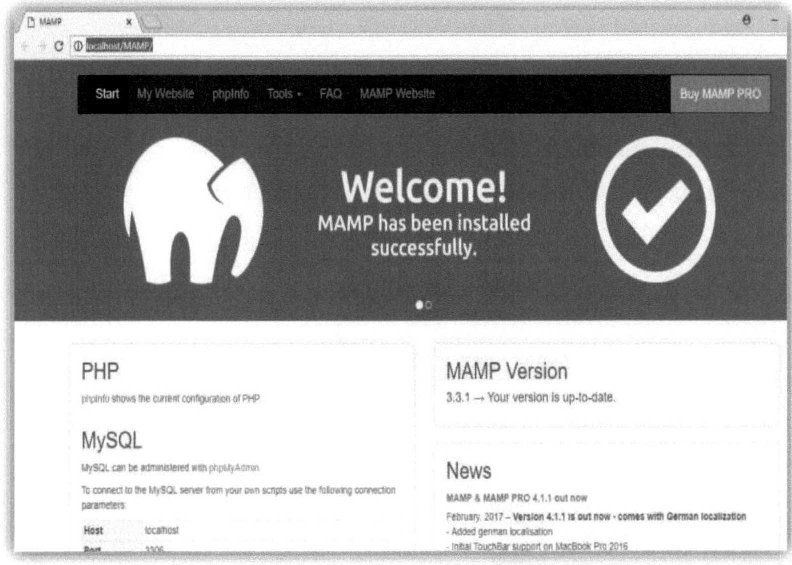

Figura 31: Vista del servidor MAMP.

Lo primero que haremos, será seleccionar el directorio **HTDOCS**.

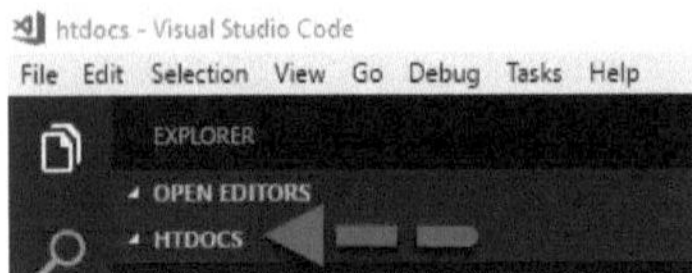

Continuaremos con la creación de un archivo con la extensión **PHP**.

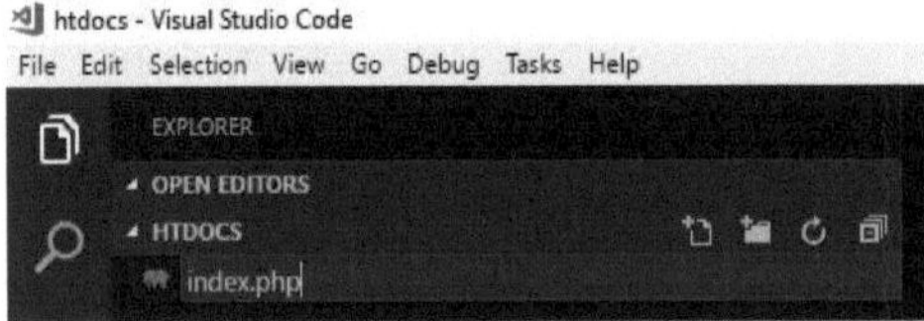

Una vez creado el archivo, creamos una estructura de archivo en **PHP** e incluimos la función **HECHO**, la cual nos desplegará un mensaje en el navegador.

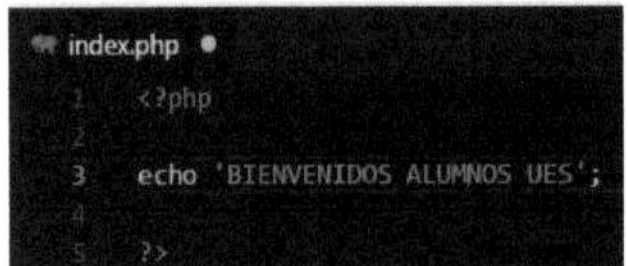

Nos dirigiremos al navegador e ingresamos el nombre del archivo recién creado, en este caso el llamado `index.php`, podremos observar que el mensaje se ha cargado con éxito: http://localhost/index.php, como se muestra en la figura 32.

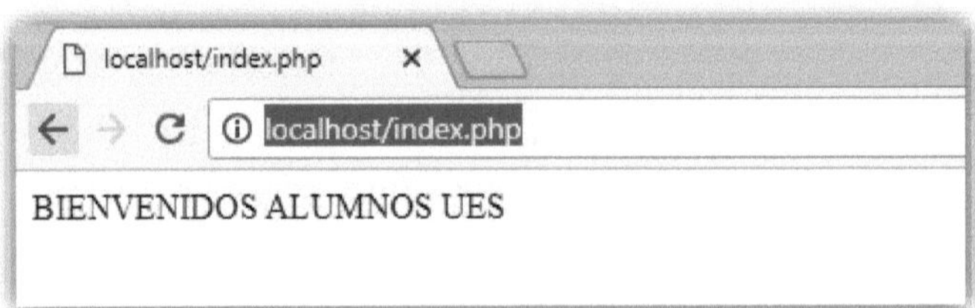

Figura 32: Vista de la página elaborada con PHP.

Para lograr la importación de datos, hacia nuestra base de datos, será necesario seguir los siguientes pasos, lo primero que haremos, será dirigirnos al servidor local de **MAMP**, una vez posicionados en la interface principal pulsaremos un click sobre el botón phpMyAdmin

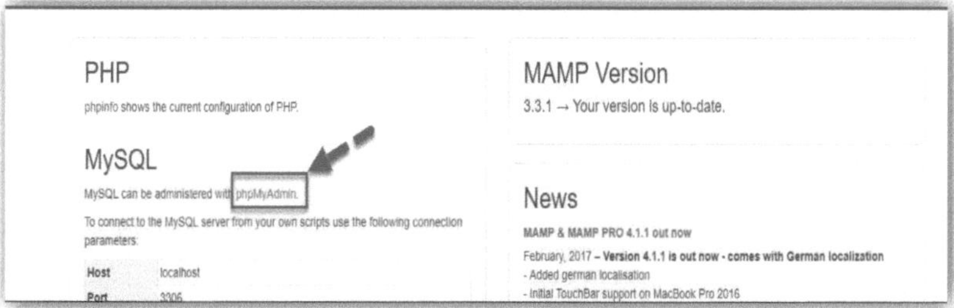

Podrá observar que se apertura la interface de phpMyAdmin.

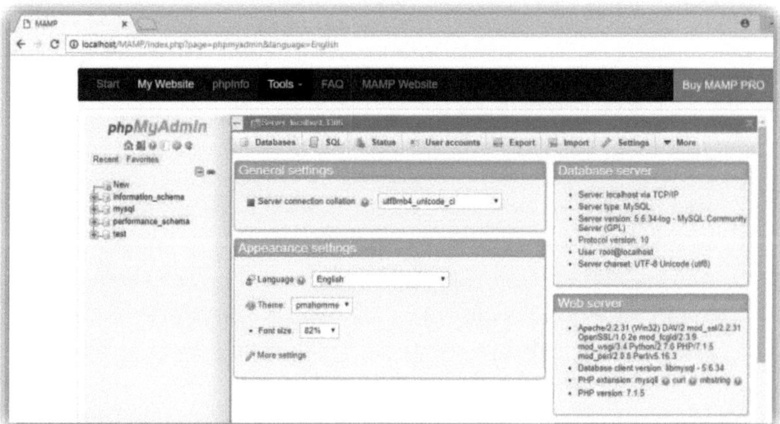

Pulsaremos un click sobre la pestaña `Databases`.

Lo siguiente que haremos, será establecer el nombre de la base de datos, en este caso
será `sitio_videos`. Y pulsaremos un click sobre el botón **CREATE**.

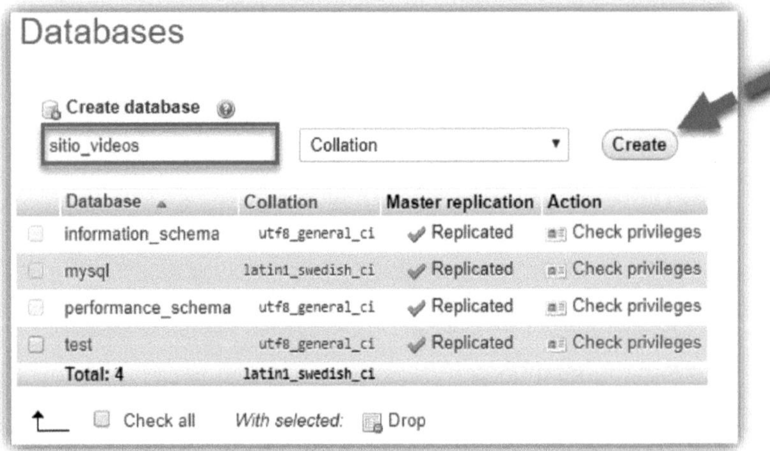

Podrá notar que se ha creado la base de datos

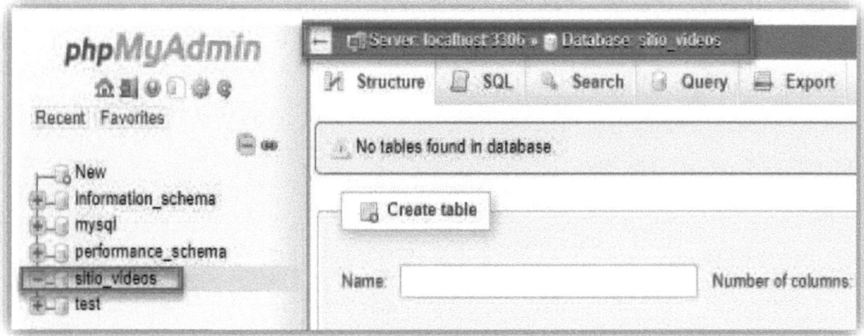

Importación de datos

Pulse un click sobre la pestaña IMPORT, en la pestaña que se apertura podrá observar que le muestra un botón para seleccionar un archivo.

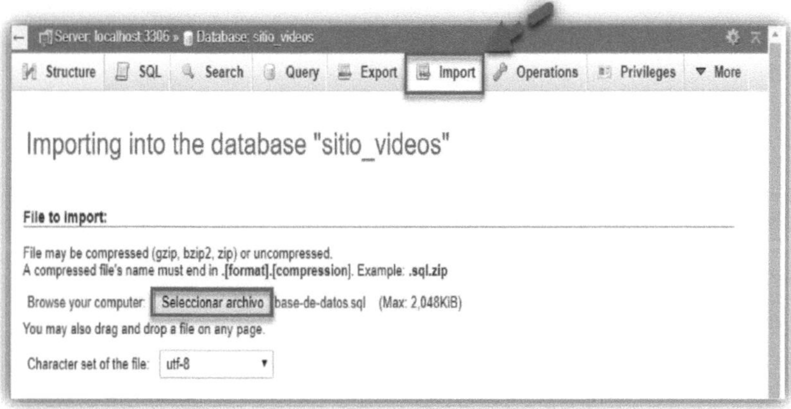

Cuando pulse un click sobre el botón seleccionar archivo, le abrirá una ventana, la cual le permite seleccionar el archivo en la carpeta en donde usted tiene la base de datos.

Podremos observar que el archivo de base de datos, se ha importado de modo éxito.

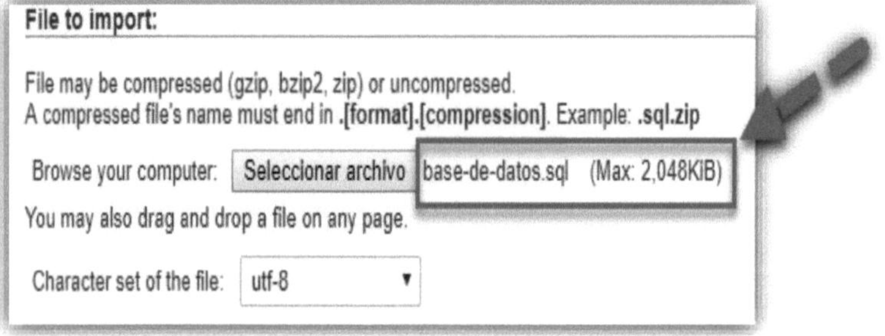

Busque el botón **GO**, este lo encontrará en la parte inferior del Navegador, pulse un click sobre él.

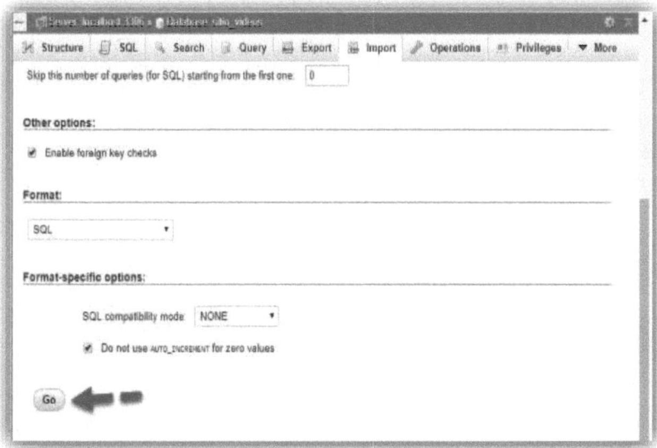

Le mostrará un informe, en el cual le indica que la importación ha sido exitosa, tal y como se muestra en la figura 33.

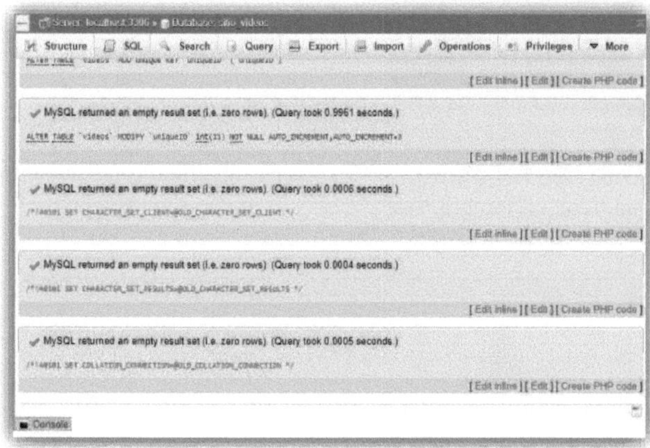

Figura 33: Vista la Importación de la Tabla a la Base de datos.

DESAROLLAR EL BACKEND

Conexión a la Base de datos

Lo que deberemos hacer, es dirigirnos a la aplicación **Visual Studio Code**, en donde nos aseguraremos de tener seleccionado el directorio HTDOCS, recuerda que el directorio htdocs es un directorio que se crea al momento de instalar **MAMP**.

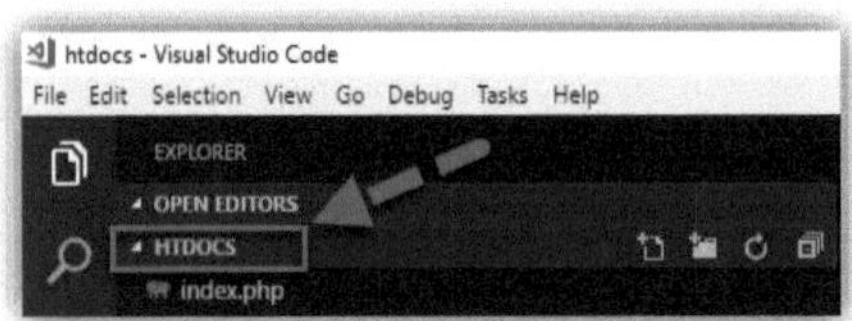

Lo siguiente que haremos, será crear una carpeta, pulsando el botón Add New Folder el nombre que deberá tener la carpeta que estamos creando será COMUN

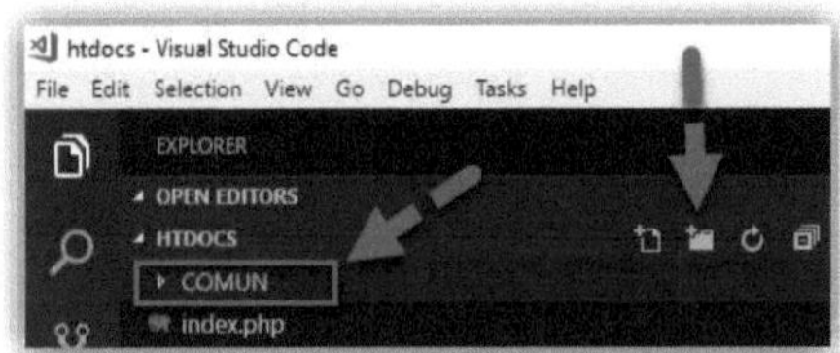

El siguiente paso será ingresar a la carpeta COMUN y crear un archivo pulsando un click sobre el icono que tiene el nombre New File y el archivo tendrá el nombre db.php

Lo primero que haremos en el archivo recién creado, será crear la estructura PHP y declaramos una `variable` de `tipo global`, llamada `$enlace`.

```php
<?php

global $enlace;


|

?>
```

Lo siguiente que haremos será definir el valor de la variable llamada `$enlace`.

```php
<?php

global $enlace;

$enlace = mysqli_connect("")

?>
```

Lo siguiente que haremos, será ingresar los parámetros, para esto utilizaremos los valores **MySQL** que están definidos en **MAMP**

To connect to the MySQL server from your own scripts use the following connection parameters:

Host	localhost
Port	3306
User	root
Password	root
Socket	/Applications/MAMP/tmp/mysql/mysql.sock

Nombre de la Base de datos:

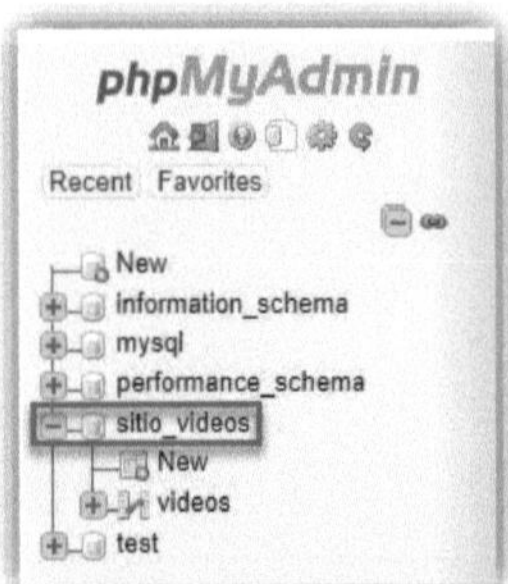

Lo siguiente que haremos será ingresar los parámetros:
`'localhost','root','root','sitio_videos'`

```php
<?php

global $enlace;

$enlace = mysqli_connect('localhost','root','root','sitio_videos');
```

Condición en caso de Negación del Servicio

Lo siguiente que haremos, será establecer una condición para el caso en el que la conexión no esté disponible.

```php
<?php

global $enlace;

$enlace = mysqli_connect('localhost','root','root','sitio_videos');

if(!$enlace){
    echo "NO SE PUEDE CONECTAR A MySQL".PHP_EOL;
    echo "ERROR DE DEPURACIÓN".mysqli_connect_error().PHP_EOL;
    exit;
}

?>
```

Lo que haremos, será dirigirnos a la interface **Visual Studio Code**, en donde **crearemos una carpeta** con el nombre API y dentro de esta un archivo llamado `lista_videos.php`

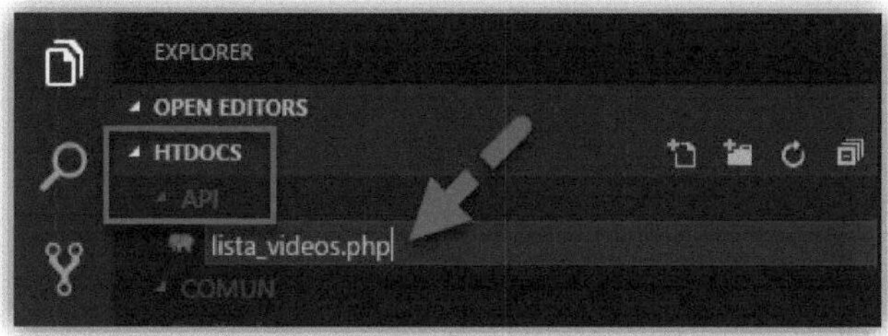

Conexión a la Base de datos

Nos dirigiremos al archivo recién creado y creamos la estructura PHP, dentro de la estructura invocaremos la información del archivo de conexión `db.php`, con la instrucción: `include_once ('');`

```php
<?php

    include_once('../COMUN/db.php');

?>
```

Lo siguiente que haremos, será una restricción en caso de que no lo estemos haciendo por el método **GET**, lo haremos con un **IF** condicional en el cual utilizaremos una variable del sistema llamada **$_SERVER** la cual nos brinda información específica del servidor, dentro de la variable llamaremos al **REQUEST_METHOD**, la cual nos dice cuál es el método en el que se realizó la petición de esta página, en donde le indicamos que si el método es igual a **GET**, entonces no mande ningún error, en caso contrario enviara un encabezado en donde indica que el método no es permitido.

```php
lista_videos.php ●
1  <?php
2
3      include_once('../COMUN/db.php');
4
5
6      if($_SERVER['REQUEST_METHOD']==='GET'){
7
8      }else{
9          header('METODO NO PERMITIDO');
10         exit;
11     }
12
13 ?>
```

Lo siguiente que haremos, será hacer que se muestre la información, deberemos declarar una variable llamada **$resultado** y está la vamos a igualar a una función llamada `lista_video ();`

```php
lista_videos.php ●
1  <?php
2
3      include_once('../COMUN/db.php');
4
5
6      if($_SERVER['REQUEST_METHOD']==='GET'){
7
8          $resultado = lista_video();
9
10     }else{
11         header('METODO NO PERMITIDO');
12         exit;
13     }
14
15 ?>
```

Lo siguiente que haremos será mostrar un resultado al final de nuestro código, en este caso mostrará un texto en formato **JSON** del valor contenido en la variable.

```php
<?php

    include_once('../COMUN/db.php');

    if($_SERVER['REQUEST_METHOD']==='GET'){

        $resultado = lista_video();

    }else{
            header('METODO NO PERMITIDO');
            exit;
    }

    echo json_encode($resultado);

?>
```

Crear la Función

Lo siguiente que haremos será crear la función que nos devolverá los valores requeridos la función se llama `lista_video ();`

```php
<?php

    include_once('../COMUN/db.php');

    function lista_video(){

    }

    if($_SERVER['REQUEST_METHOD']==='GET'){

        $resultado = lista_video();

    }else{
            header('METODO NO PERMITIDO');
            exit;
    }

    echo json_encode($resultado);

?>
```

Lo que se realizara con la función es crear la conexión a la base de datos, obtener la información contenida en la misma y devolverla para poder desplegarla dentro de nuestro documento, comenzaremos declarando una variable de tipo global llamada $enlace, esta variable también está declarada en el archivo db.php

```
include_once('../COMUN/db.php');

function lista_video(){
    global $enlace;
```

También declarare una variable de tipo local llamada $resultado, al cual le asignaremos el valor de una petición a la base de datos, la petición será una vez que logre la conexión a la base de datos por medio de la variable $enlace, entonces seleccionará todos los registros de la tabla videos.

```
function lista_video(){
    global $enlace

    $resultado = mysqli_query($enlace,"SELECT * FROM videos");

}
```

Generación de Bucle

Lo siguiente que haremos, será crear un bucle el cual realizará las iteraciones, sobre la información que se encuentra dentro de la tabla, dentro del bucle utilizaremos un ARRAY, siendo que por cada registro que exista en la base de datos vamos a inyectar un valor en el arreglo.

```
function lista_video(){
    global $enlace;

    $resultado = mysqli_query($enlace,"SELECT * FROM videos");

    while($fila=mysqli_fetch_array($resultado)){
        $todosLosVideos[] = $fila;
    }
```

Una vez que finaliza la iteración, vamos a utilizar la instrucción RETURN **$todosLosVideos** que nos devolverá los valores contenidos en el arreglo.

```php
function lista_video(){
    global $enlace

    $resultado = mysqli_query($enlace,"SELECT * FROM videos");

    while($fila=mysqli_fetch_array($resultado)){
        $todosLosVideos[] = $fila;
    }

    return $todosLosVideos;
}
```

El código completo queda de la siguiente manera:

```php
// lista_videos.php

<?php

    include_once('../COMUN/db.php');

    function lista_video(){
        global $enlace

        $resultado = mysqli_query($enlace,"SELECT * FROM videos");

        while($fila=mysqli_fetch_array($resultado)){
            $todosLosVideos[] = $fila;
        }

        return $todosLosVideos;

    }


    if($_SERVER['REQUEST_METHOD']==='GET'){

        $resultado = lista_video();

    }else{
            header('METODO NO PERMITIDO');
            exit;
    }


    echo json_encode($resultado);

?>
```

Vista desde el Navegador

Lo siguiente que haremos, será probar la información, diríjase al navegador e ingrese al **localhost** y seleccionaremos la carpeta con el nombre **API**

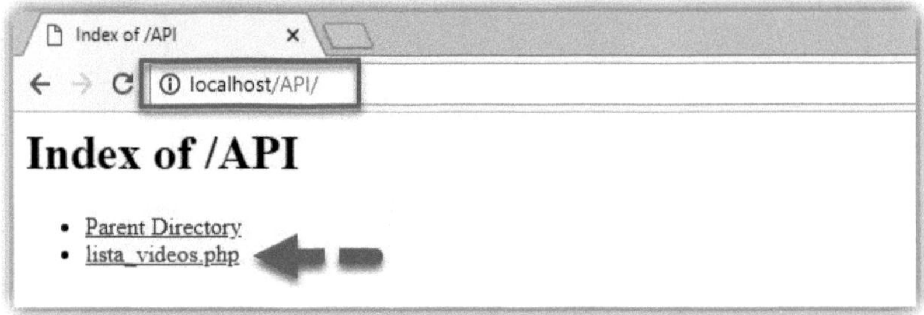

Le mostrará el contenido de la base de datos, específicamente de la tabla videos, tal y como se muestra en la figura 34.

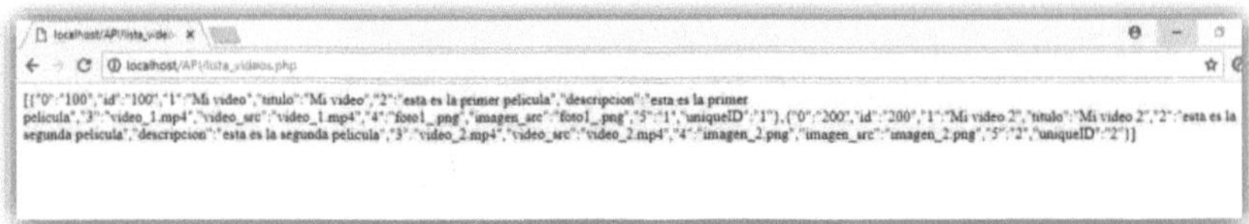

Figura 34: Vista del resultado de la consulta SQL.

Cuando queremos compartir información y archivos en **PHP** vamos a necesitar darle un formato especial, en el ejemplo que estamos desarrollando podemos observar que recabamos la información y la proporcionamos en un formato **JSON**

```php
<?php

    include_once('../COMUN/db.php');

    function lista_video(){
        global $enlace;

        $resultado = mysqli_query($enlace,"SELECT * FROM videos");

        while($fila=mysqli_fetch_array($resultado)){
            $todosLosVideos[] = $fila;
        }

        return $todosLosVideos;

    }


    if($_SERVER['REQUEST_METHOD'] === 'GET'){

        $resultado = lista_video();

    }else{
            header('METODO NO PERMITIDO');
            exit;
    }


    echo json_encode($resultado);

?>
```

Obteniendo el siguiente resultado.

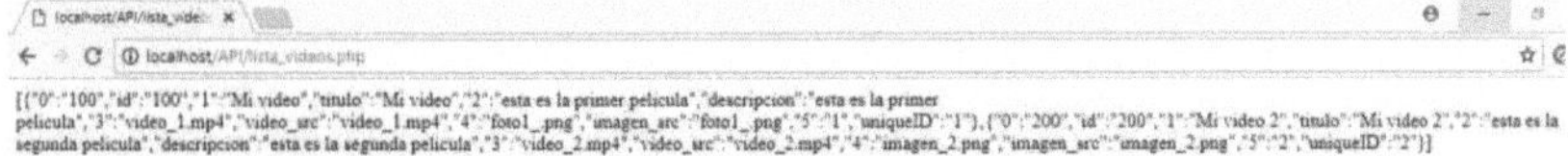

CORS

Sin embargo, al momento de compartir esta información, es muy posible que se tengan algunos problemas ya que debemos darle el formato correcto, para esto es necesario agregarle los HEADERS que sean compatibles con el formato CORS [1], esto significa que vamos a poder compartir a través de diferentes medios los archivos que se encuentran en este servidor , lo primero que haremos será definir el CORS para acceder nuestra información desde diferentes orígenes, así que lo que haremos será incluir el comando especial HEADER, este comando enviara información al inicio del documento o en algunos casos antes de poder visualizar el documento, a Header le vamos a definir "Acces-Control-Allow-Origin:", esto nos va a permitir acceder la información, desde otros servidores, en este caso vamos a definir el valor [*], esto significa que la información podrá ser accedida desde cualquier servidor ya sea local o externo, también vamos a permitir que se pueda acceder a la información utilizando diferentes métodos y esto lo definiremos a través de un HEADER y los valores que le incluiremos serán "Acces-Control-Allow-Methods: POST, GET, OPTIONS" , esto nos va permitirá que podamos mostrar la información a los servidores que la invocan por cualquiera de estos métodos, por último llamaremos a un HEADER para definir el formato y los valores que le incluiremos serán "Content-Type: Application/json"

```php
<?php

////CORS
header("Acces-Control-Allow-Origin: *");
header("Acces-Control-Allow-Methods: POST, GET, OPTIONS");


header("Content-Type: application/json");



include_once('../COMUN/db.php');
```

Le mostrará el resultado de la consulta, pero con el formato CORS aplicado, tal y como se muestra en la figura 35.

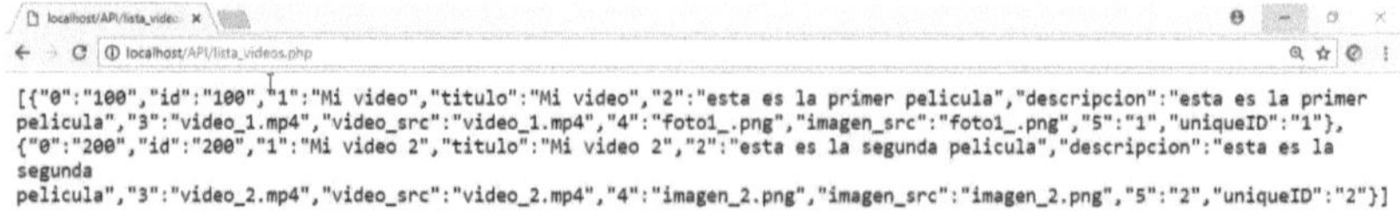

[{"0":"100","id":"100","1":"Mi video","titulo":"Mi video","2":"esta es la primer pelicula","descripcion":"esta es la primer pelicula","3":"video_1.mp4","video_src":"video_1.mp4","4":"foto1_.png","imagen_src":"foto1_.png","5":"1","uniqueID":"1"},
{"0":"200","id":"200","1":"Mi video 2","titulo":"Mi video 2","2":"esta es la segunda pelicula","descripcion":"esta es la segunda pelicula","3":"video_2.mp4","video_src":"video_2.mp4","4":"imagen_2.png","imagen_src":"imagen_2.png","5":"2","uniqueID":"2"}]

Figura 35: Vista del resultado de la consulta SQL con el formato CORS.

---

[1] Intercambio de recursos de origen cruzado

En esta parte del curso, vamos a obtener un registro especifico de la base de datos, lo primero que haremos, será crear un archivo llamado **Info-video.php**, lo que haremos con este archivo, será conectaros a la base de datos y obtener el registro especifico de un video, la construcción del archivo inicia con los formatos **CORS** y **la conexión a la base de datos.**

```php
info-videos.php    db.php
1   <?php
2       ///CORS
3       header("Acces-Controll-Allow-Origin: *");
4       header("Acces-Controll-Allow-Methods: POST, GET, OPTIONS");
5       header("Content-Type: application/json");
6
7       ///Conexión a la BD
8       include_once('../COMUN/db.php');
9
10
11  ?>
```

Creación de la Función

Lo siguiente que haremos, será crear una función llamada `obtener_info ()`, lo que hará esta función será devolver la información de la base de datos.

también vamos a crear la restricción condicionándola a que esta se realice por el método **GET** y en caso que esta petición se realice por otro método distinto está le deberá enviar un mensaje al usuario, indicándole que el método no es permitido.

```php
<?php
    ///CORS
    header("Acces-Controll-Allow-Origin: *");
    header("Acces-Controll-Allow-Methods: POST, GET, OPTIONS");
    header("Content-Type: application/json");


    ///Conexión a la BD
    include_once('../COMUN/db.php');


    //Función para obtener los datos de la BD
    function obtener_info(){


    }


    ///Crear la condicion para el método GET
    if($_SERVER['REQUEST_METHOD']==='GET'){



    }else{
        header('MÉTODO NO PERMITIDO');
        exit;
    }



?>
```

Lo siguiente que haremos será desarrollar el código para obtener los datos que se encuentran en la **B.D**, así que iniciamos definiendo una **B.D** llamada `$enlace`, también declaramos una variable de tipo local llamada `$resultado` y la utilizaremos para hacer la petición de tipo condicional utilizando la cláusula **WHERE**.

También crearemos la iteración que nos devuelva todos los registros, según el parámetro proporcionado.

```php
<?php
    ///CORS
    header("Acces-Controll-Allow-Origin: *");
    header("Acces-Controll-Allow-Methods: POST, GET, OPTIONS");
    header("Content-Type: application/json");

    ///Conexión a la BD
    include_once('../COMUN/db.php');

    //Función para obtener los datos de la BD
    function obtener_info(){

        global $enlace;

        $resultado = mysqli_query($enlace,"SELECT * FROM videos WHERE id='1'");

        while($fila=mysqli_fetch_array($resultado)){
            $todosLosVideos[]=$fila;
        }

        return $todosLosVideos;

    }

    ///Crear la condicion para el método GET
    if($_SERVER['REQUEST_METHOD']==='GET'){



    }else{
        header('MÉTODO NO PERMITIDO');
        exit;
    }
?>
```

Lo siguiente que haremos, será establecer la invocación desde la estructura condicional **IF**, en el caso que estemos trabajando con la variable **GET**:

```php
24
25    ///Crear la condicion para el método GET
26    if($_SERVER['REQUEST_METHOD']==='GET'){
27
28        $resultados= obtener_info();
29
30
31    }else{
32        header('MÉTODO NO PERMITIDO');
33        exit;
34    }
35
36
37    ?>
```

Como siguiente paso lo que haremos, será mostrar la información dentro del documento, podrá notar que esta se muestra de forma total, sin contener ningún tipo de filtro, tal y como se muestra en la figura 36.

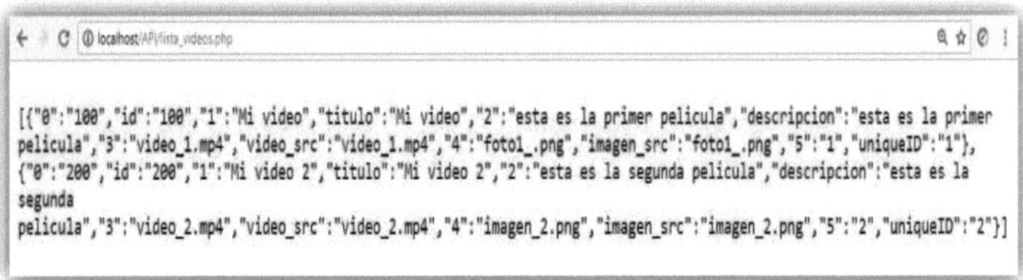

[{"0":"100","id":"100","1":"Mi video","titulo":"Mi video","2":"esta es la primer pelicula","descripcion":"esta es la primer pelicula","3":"video_1.mp4","video_src":"video_1.mp4","4":"foto1_.png","imagen_src":"foto1_.png","5":"1","uniqueID":"1"},
{"0":"200","id":"200","1":"Mi video 2","titulo":"Mi video 2","2":"esta es la segunda pelicula","descripcion":"esta es la segunda pelicula","3":"video_2.mp4","video_src":"video_2.mp4","4":"imagen_2.png","imagen_src":"imagen_2.png","5":"2","uniqueID":"2"}]

Figura 36: Información total de la tabla

Lo siguiente que haremos, será modificar la estructura de modo que permita búsquedas de modo dinámico y para lograrlo nos vamos a dirigir a la función `obtener_info ();` y lo que haremos será capturar un argumento el cual es proporcionado por medio del **URL**.

```php
25    ///Crear la condicion para el método GET
26    if($_SERVER['REQUEST_METHOD']==='GET'){
27
28        $resultados= obtener_info($_GET['id']);
29
30
31    }else{
32        header('MÉTODO NO PERMITIDO');
33        exit;
34    }
35
36    echo json_encode($resultados);
37
38
39 ?>
```

También modificaremos la sintaxis de la función

```php
//Función para obtener los datos de la BD
function obtener_info($id){

    global $enlace;

    $resultado = mysqli_query($enlace,"SELECT * FROM videos WHERE id= '".$id."' ");

    while($fila=mysqli_fetch_array($resultado)){
        $todosLosVideos[]=$fila;
    }

    return $todosLosVideos;

}
```

Lo siguiente que haremos, será dirigirnos al navegador y actualizar, al hacerlo podremos observar que nos envía un valor NULL y esto se debe a que ahora por medio de la URL, nosotros deberemos ingresarle el valor.

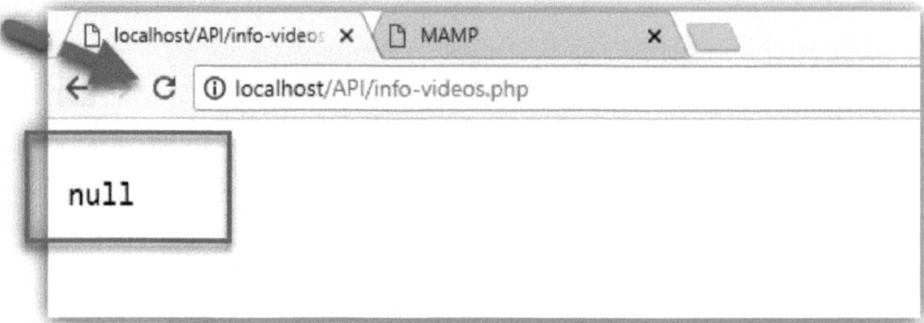

Para ingresar un valor por medio de la URL debemos anteponer el símbolo de pregunta (?), seguido del campo id y el valor que buscamos, los resultados se muestran en la figura 37 y 38.

ⓘ localhost/API/info-videos.php?id=100

[{"0":"100","id":"100","1":"Mi video","titulo":"Mi video","2":"esta es la primer pelicula","descripcion":"esta es la primer pelicula","3":"video_1.mp4","video_src":"video_1.mp4","4":"foto1_.png","imagen_src":"foto1_.png","5":"1","uniqueID":"1"}]

Figura 37: Resultado de la consulta cuando el id = 100

[{"0":"200","id":"200","1":"Mi video 2","titulo":"Mi video 2","2":"esta es la segunda pelicula","descripcion":"esta es la segunda pelicula","3":"video_2.mp4","video_src":"video_2.mp4","4":"imagen_2.png","imagen_src":"imagen_2.png","5":"2","uniqueID":"2"}]

Figura 38: Resultado de la consulta cuando el id=200

INTEGRACIÓN DE ANGULAR

En esta parte del curso vamos a crear un proyecto en **Angular**, el cual posteriormente se integrará con **PHP**.

Lo primero que haremos será crear un **directorio** con el nombre ANGULAR, tal y como se muestra en la figura 39.

Figura 39: Vista del directorio recién creado.

Lo siguiente que haremos, será invocar con el método abreviado CTR+Ñ la **Terminal** e ingresamos al **directorio** que tiene por nombre ANGULAR recién creado, tal y como se muestra en la figura 40.

Figura 40: Vista de la consola ejecutando el comando CD

Lo siguiente que haremos, será utilizar el comando de Angular para crear un nuevo proyecto, tal y como se muestra en la figura 41.

- `ng new sitio-videos`

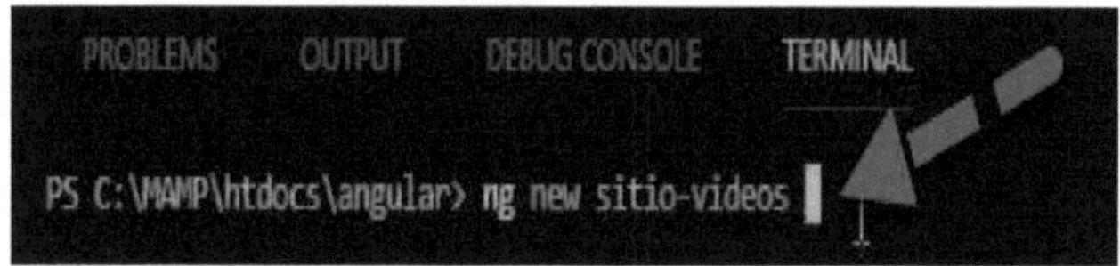

Figura 41: Vista de la terminal contendiendo el comando ng

Podrás observar como inicia de modo automático la creación de paquetes necesarios para el proyecto, tal y como se muestra en la figura 42.

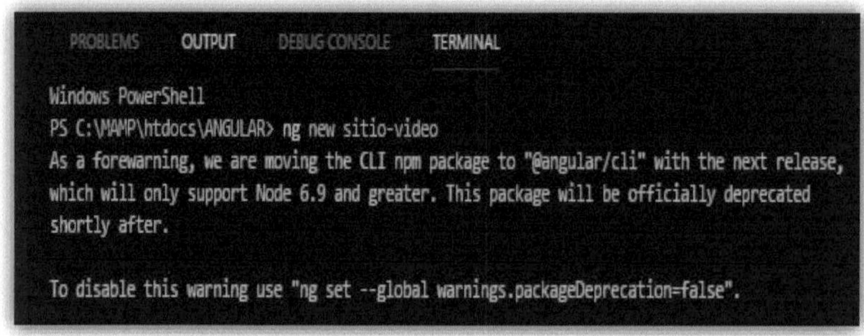

Figura 42: Vista de la terminal contendiendo el comando ng

Una vez que han terminado instalarse los paquetes, nos envía una notificación por medio de la consola y al mismo tiempo, podremos desplegar el contenido del directorio **ANGULAR.**, tal y como se muestra en la figura 43.

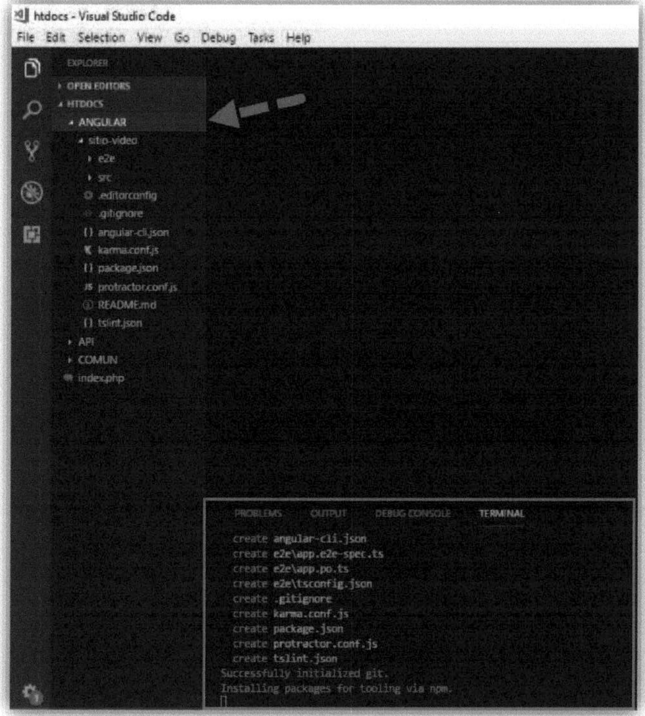

Figura 43: Vista del proceso completo y de la creación del directorio

Inicializar el Servidor

Lo siguiente que haremos, será dirigirnos al directorio del proyecto `SITIO-VIDEOS`, por medio de la **Terminal**.

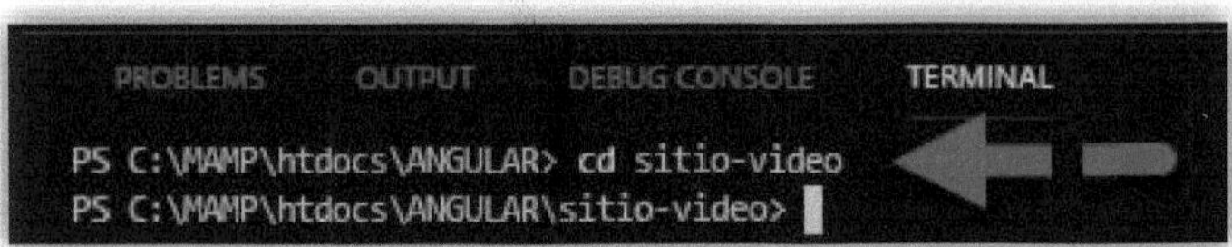

Lo siguiente que haremos, será inicializar el servidor por medio del comando:

* `ng serve`.

Podremos observar como inicia el proceso de instalación de paquetes, necesarios:

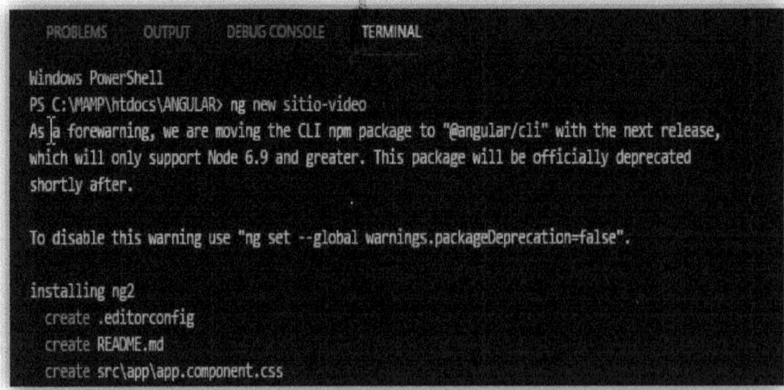

Le pedirá autorización para que la aplicación sea permitida en el cortafuego, en nuestro caso permitiremos el acceso.

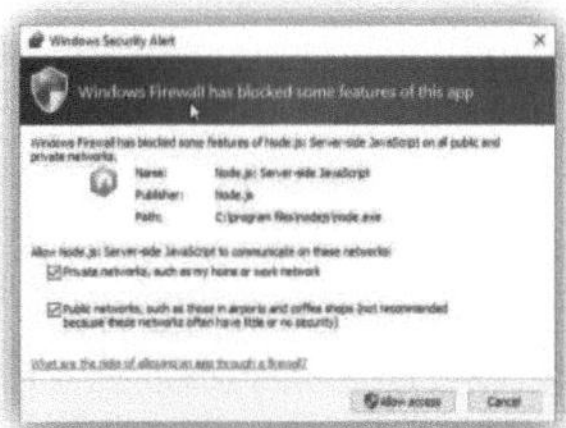

Podremos observar que el proceso ha concluido de modo exitoso y nos habilita el **puerto 4200** para ingresar a nuestro sitio, tal y como se muestra en la figura 44.

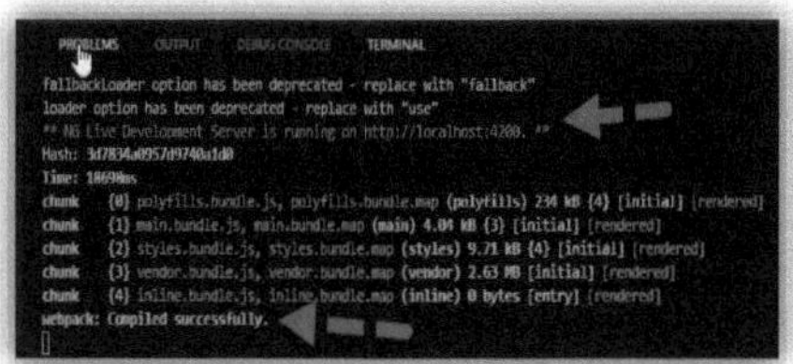

Figura 44: Vista del servidor inicializado

Lo podemos comprobar si abrimos nuestro navegador y nos dirigimos al **localhost** en el **puerto 4200,** tal y como se muestra en la figura 45.

Figura 45: Vista de la página funcionando en el Navegador

Componentes: Controla una zona de espacio de la pantalla que podríamos denominar vista, estas nos permitirán crear nuevas pantallas.

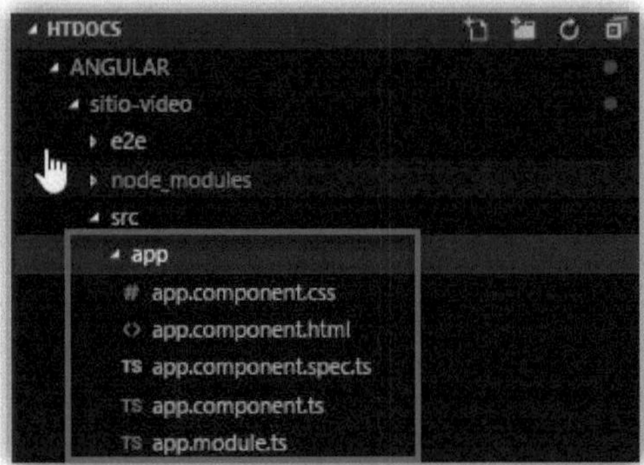

Figura 46: Vista de los componentes de la aplicación.

`app. component.ts:` Es el corazón de nuestro componente, un archivo con código TypeScript, que se traducirá a JavaScript antes de entregarse al navegador.

```
TS app.component.ts  ×
1    import { Component } from '@angular/core';
2
3    @Component({
4      selector: 'app-root',
5      templateUrl: './app.component.html',
6      styleUrls: ['./app.component.css']
7    })
8    export class AppComponent {
9      title = 'app works!';
10   }
```

Figura 45: Vista de la estructura del archivo app.component.ts `app.component.spec.ts`: Un archivo TypeScript destinado a tareas de testing de componentes, tal y como se muestra en la figura 46.

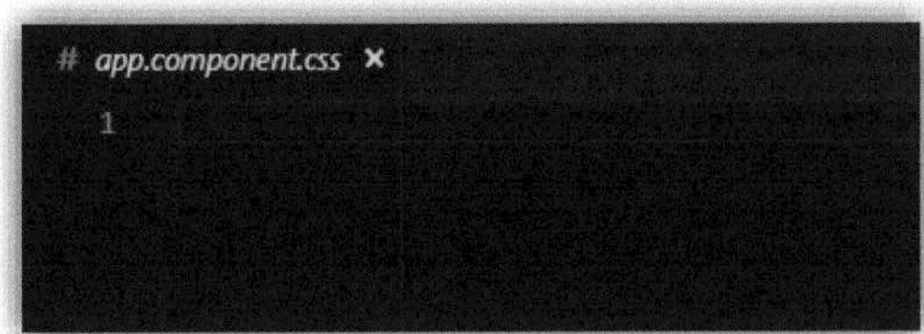

Figura 45: Vista de la estructura del archivo app.component.spec.ts

`app.component.css`: Permite colocar estilos al contenido, siendo que éstos están encapsulados en este componente y no salen afuera, tal y como se muestra en la figura 45.

Figura 45: Vista de la estructura del archivo app.component.css `app.component.html`: Equivale a lo que conocemos por "vista" en la arquitectura **MVC**[2], tal y como se muestra en la figura 46.

```ts
TS app.component.ts ✕
1    import { Component } from '@angular/core';
2
3    @Component({
4      selector: 'app-root',
5      templateUrl: './app.component.html',
6      styleUrls: ['./app.component.css']
7    })
8    export class AppComponent {
9      title = 'app works!';
10   }
```

Figura 46: Vista de la estructura del archivo app.component.ts

Crear un componente

Utilizaremos la línea de comandos de angular, lo siguiente que haremos, será dirigirnos a la consola e ingresar a la ruta que corresponde al proyecto:

```
PROBLEMS       OUTPUT       DEBUG CONSOLE

PS C:\MAMP\htdocs> cd angular
PS C:\MAMP\htdocs\angular> cd sitio-video
PS C:\MAMP\htdocs\angular\sitio-video>
```

---

[2] Modelo Vista Controlador

Lo siguiente que haremos, será crear un componente que tendrá por nombre HEADER con el comando: `ng g component header`

Podremos observar como inicia la instalación de componentes.

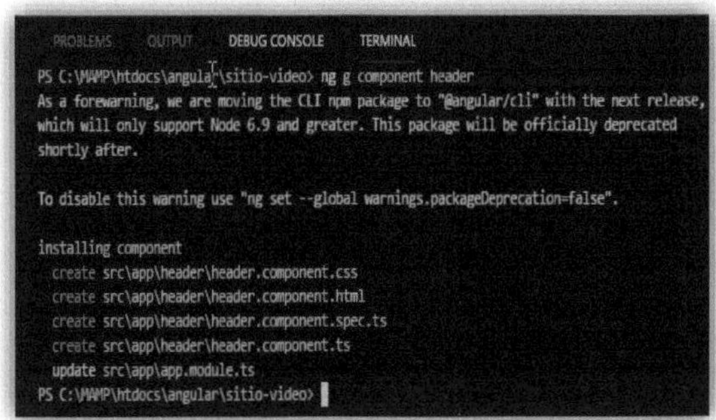

Podemos comprobar la creación del módulo al dirigirnos a la carpeta SRC. Tal y como se muestra en la figura 47.

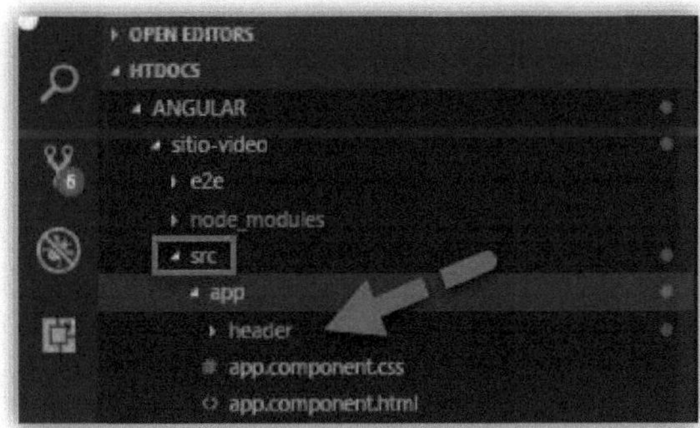

Figura 47: Vista del directorio header

Y podrás observar que dentro de la carpeta **HEADER** se han creado los archivos con las extensiones: **.css, .html, y ts**

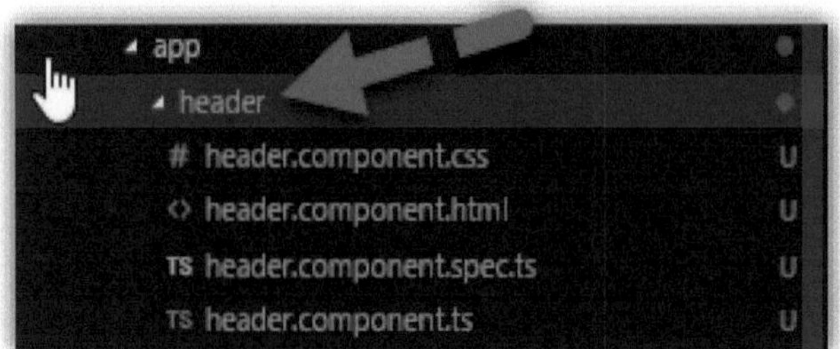

Podemos comprobar, si entramos al archivo `app.modules.ts` que la línea de código se ha creado de modo automático, tal y como se muestra en la figura 48.

- `import { HeaderComponent } from './header/header.component';`

Figura 48: Vista la creación de la importación del componente header

Inicialización del Servidor

Lo siguiente que haremos, será activar el servidor con el comando: `ng serve`

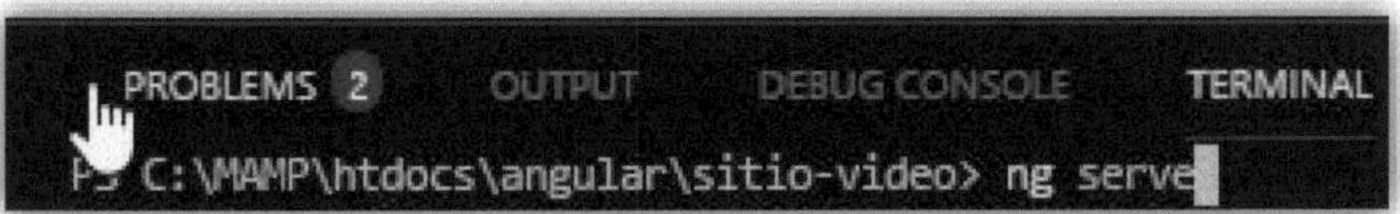

Podremos observar como inicia el proceso de instalación de los paquetes.

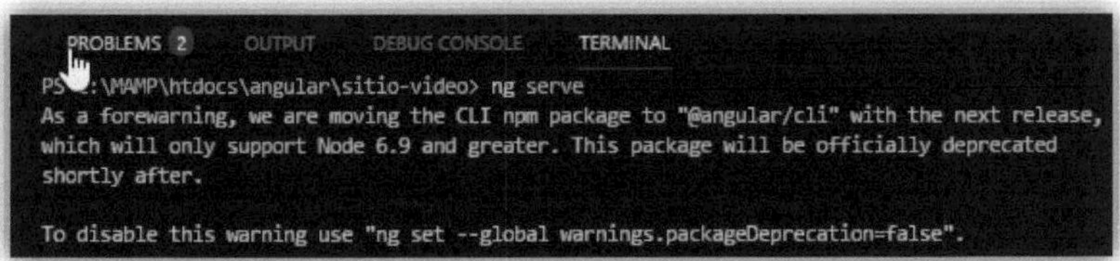

Una vez que ha finalizado el proceso de modo exitoso.

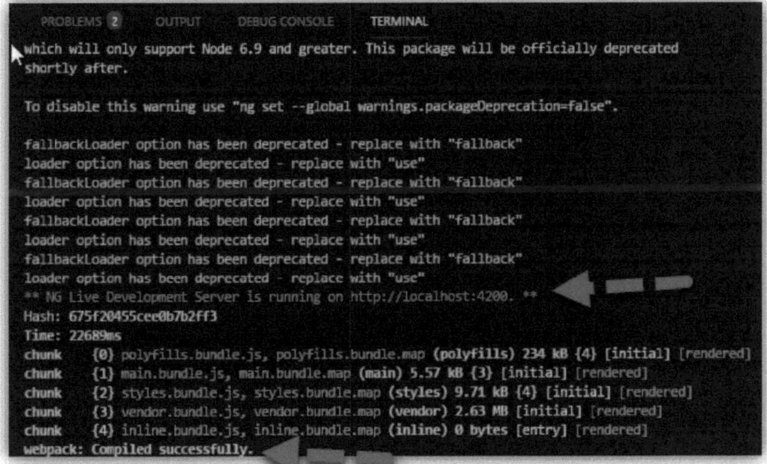

Modificar el Mensaje

Como siguiente paso vamos a modificar el mensaje contenido en el archivo:

* `app. component.ts`

Podremos observar que la invocación se realiza desde el archivo

* **app.component.html**

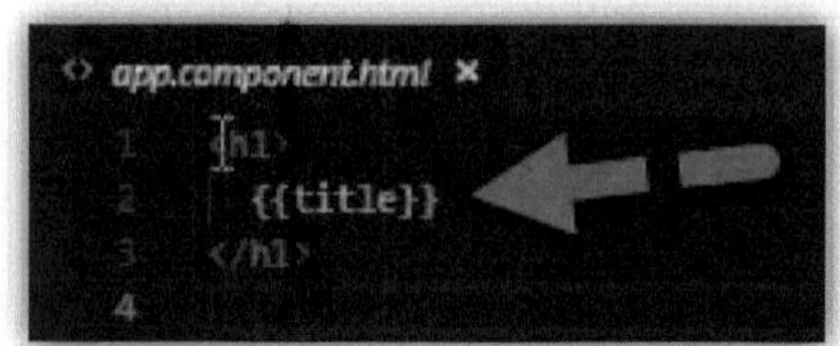

Lo comprobaremos desde el navegador, tal y como se muestra en la figura 49.

Figura 49: Vista del mensaje desde el Navegador., después de modificar la variable **title**

Mostrar el mensaje desde el componente HEADER

Para mostrar el mensaje nos dirigiremos al archivo `header.component.html` y modificaremos el mensaje.

```html
<> header.component.html ●
1    <h1>
2      ***** BIENVENIDOS AL CURSO DE LA UES (HEADER)***
3    </h1>
4
```

Lo siguiente que haremos será dirigirnos al archivo **app.component.html** y agregaremos la etiqueta **<app-header></app-header>,** con el nombre de mi nuevo componente:

```html
<> app.component.html ●
1    <app-header> </app-header>>
2
3    <h1>
4      {{title}}
5    </h1>
```

¿Cómo es que puedo saber el nombre del nuevo componente?

El nombre del selector lo obtendremos del archivo **header. component.ts**

```ts
TS header.component.ts ✕
1    import { Component, OnInit } from '@angular/core';
2
3    @Component({
4      selector: 'app-header',
5      templateUrl: './header.component.html',
6      styleUrls: ['./header.component.css']
7    })
```

Nos dirigiremos al Navegador para observar los cambios, podremos observar que ahora se muestra el mensaje que se ha establecido en la etiqueta **<h1>,** perteneciente al archivo header.component.html, lo cual deja más claro que al utilizar el selector, nos carga el contenido perteneciente a cada uno de los módulos creados.

Figura 50: Vista del mensaje desde el Navegador., después de modificar el contenido de la etiqueta <H1>, del archivo header.component.html

INCLUIR BOOTSTRAP EN ANGULAR.

En esta lección lo que haremos, será aprender como instalar elementos adicionales tales como Boostrap dentro de nuestro proyecto.

¿Qué es Boostrap?

Es un FrameWork desarrollado y liberado por Twitter que tiene como objetivo facilitar el diseño web. Permite crear de forma sencilla Webs de diseño adaptable, es decir, que se ajuste a cualquier dispositivo y tamaño de pantalla y siempre se vean igual de bien.

Proceso de Instalación

Lo primero que haremos será dirigirnos a la siguiente URL:

- https://getbootstrap.com/

Le mostrará la siguiente interface, de la página principal de Bootstrap, tal y como se muestra en la figura 51.

Figura 51: Vista de la página principal de Boostrap.

Desplácese por la página y localice la etiqueta **BootstrapCDN** y pulse un click.

Lo siguiente que haremos, será copiar el código que se muestra a continuación.

CSS

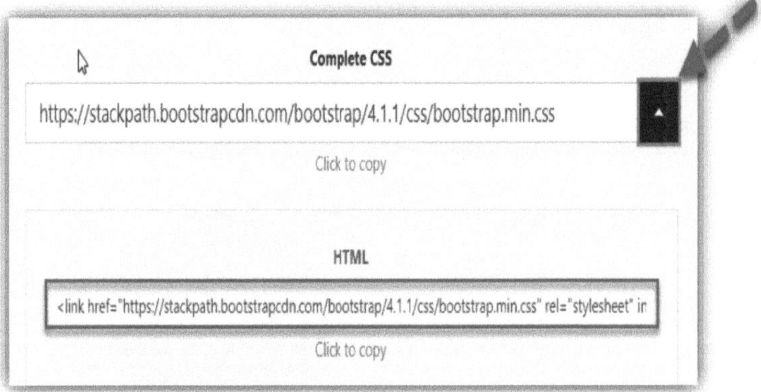

JAVASCRIPT

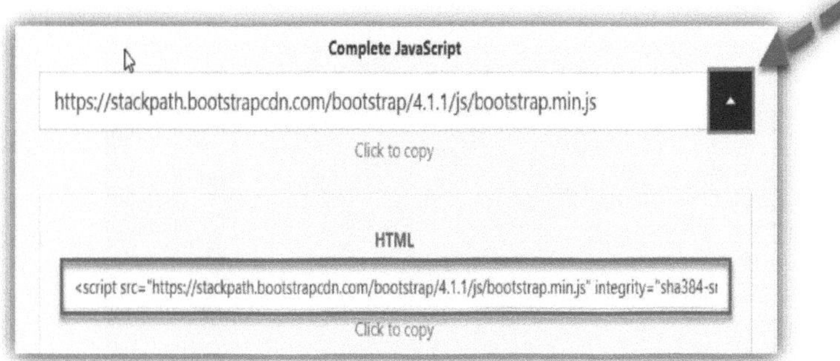

Lo siguiente que haremos, será dirigirnos al proyecto que estamos trabajando y buscaremos el archivo nombrado como **index.html**

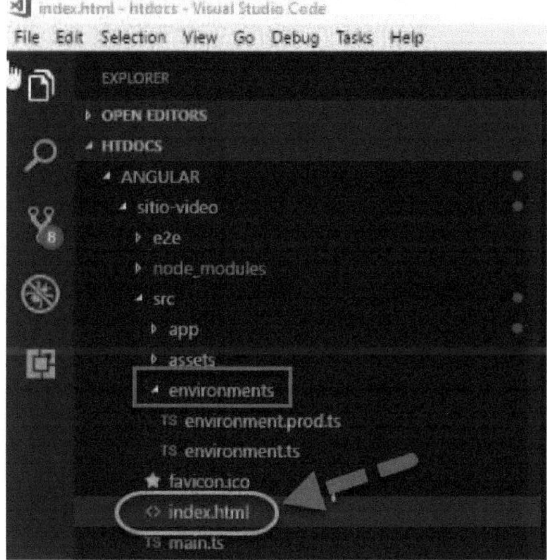

Una vez que has localizado el archivo deberás dirígete a la sección <head> y es en ese lugar en donde colocaremos el código que hemos copiado, de las secciones: CSS y JAVASCRIPT, tal y como se muestra en la figura 52.

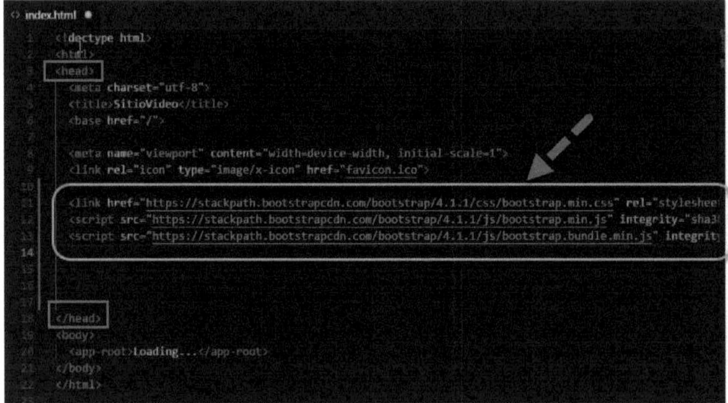

Figura 52: Vista los enlaces colocados en la etiqueta <head>

Instalación JQUERY

También es importante instalar JQUERY para lo cual nos vamos a dirigir a la siguiente URL: **https://jquery.com/** una vez que se encuentre en la página principal, pulse un click sobre el botón DOWNLOAD.

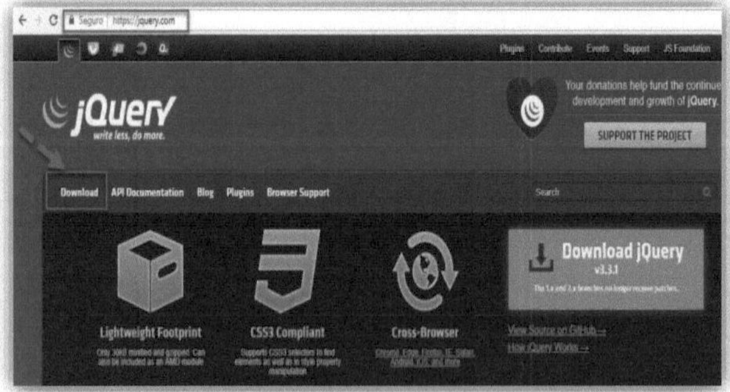

Nos mostrará una página, en donde buscaremos la etiqueta Google CDN, sobre la cual pulsaremos con un click.

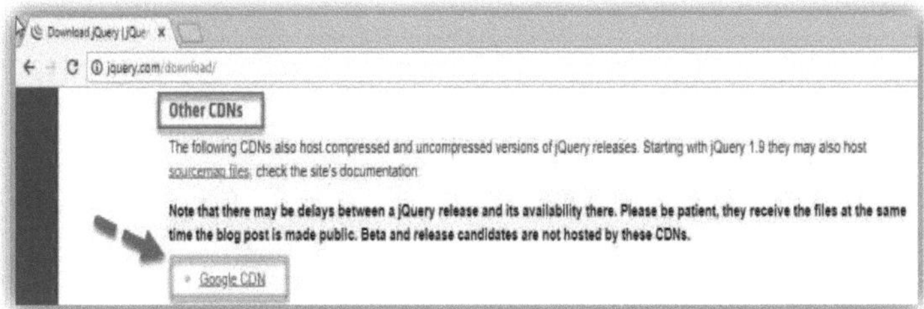

Le mostrará una página con un script, el cual deberemos copiar y pegar en la sección del <head> antes mencionada.

Quedando de la siguiente manera, tal y como se muestra en la figura 53

Figura 53: Vista del script JQUERY

Instalación FONT AWESOME

Otra librería que vamos a descargar la encontraremos en la siguiente URL:
https://fontawesome.com/ una vez que se encuentre en la página principal pulse un click sobre la etiqueta **GET STARTED**

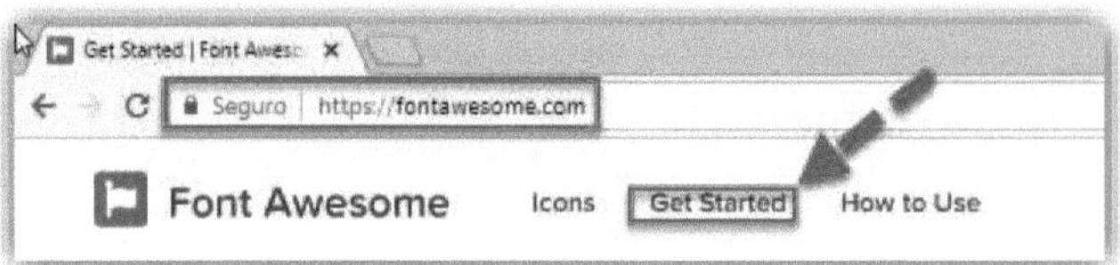

Nos mostrará una página en la cual buscaremos la sección A Web Font with CSS y pulsaremos un click sobre el botón DOWNLOAD FONT AWESOME FREE

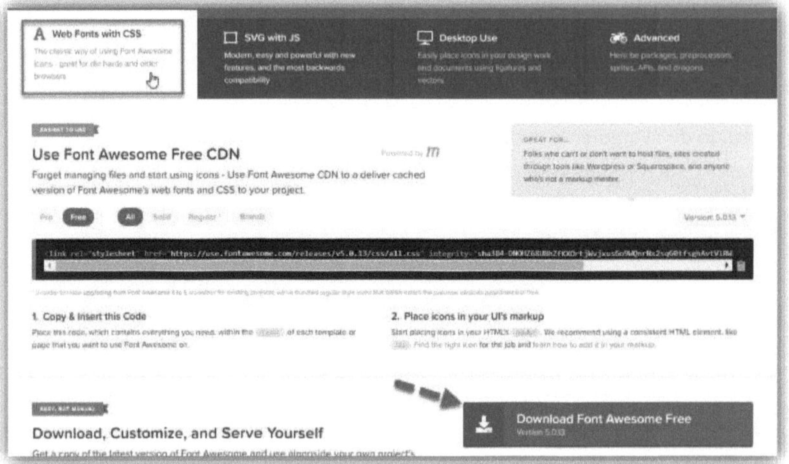

Podrá observar que en su carpeta de descargas se agregó un archivo, el cual deberá descomprimir.

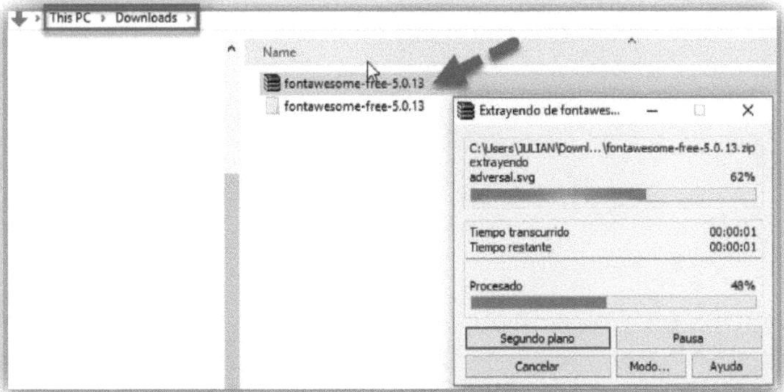

Una vez que la carpeta que la carpeta ha quedado lista, te recomiendo reducir el nombre, quedando de la siguiente manera: fontawesome

Lo siguiente que haremos, será copiar los directorios, **CSS** y **FONTS** a la ruta del proyecto, específicamente en la carpeta **ASSETS**

C:\MAMP\htdocs\ANGULAR\sitio-video\src\assets

Ahora dirígete a la interface de Visual Studio Code y localiza dentro del proyecto la carpeta **ASSETS**, podrás observar que ya se encuentra disponible el directorio **CSS**.

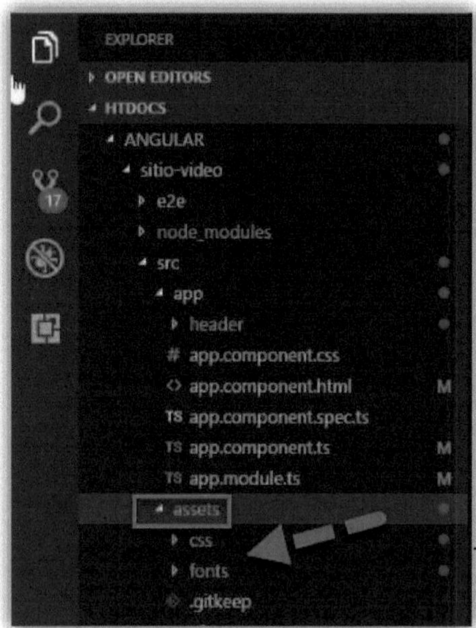

Para el desarrollo del siguiente ejercicio seleccionaremos el archivo:

- **fontawesome.css**

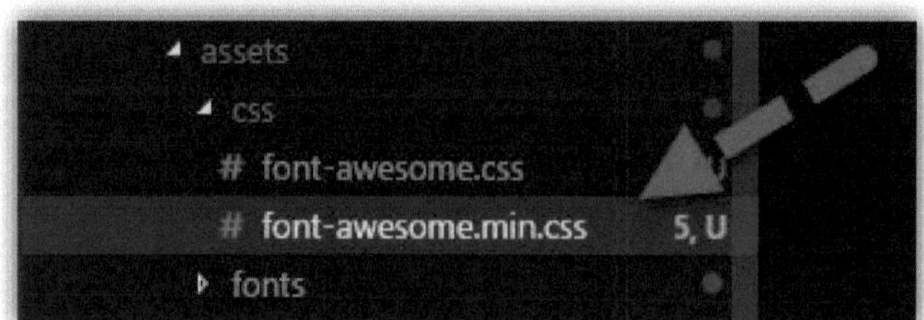

Enlazar las Fuentes

Lo siguiente que haremos, será enlazarlo con nuestro documento, buscaremos el archivo **index.html** y dentro de la etiqueta <head> para lo cual utilizaremos la etiqueta <link>, en la siguiente imagen se muestra el resultado, tal y como se muestra en la figura 54.

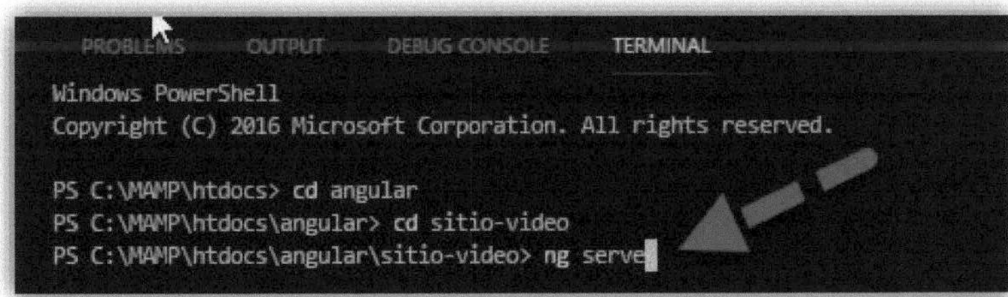

Figura 54: Vista del enlace con el archivo CSS

Inicialización del Servidor

Lo siguiente que haremos, será inicializar el servidor desde la terminal con el comando: **ng serve,** es importante que se encuentre en la ruta del proyecto, para ejecutar el comando.

Podremos observar como inicia la carga de paquetes.

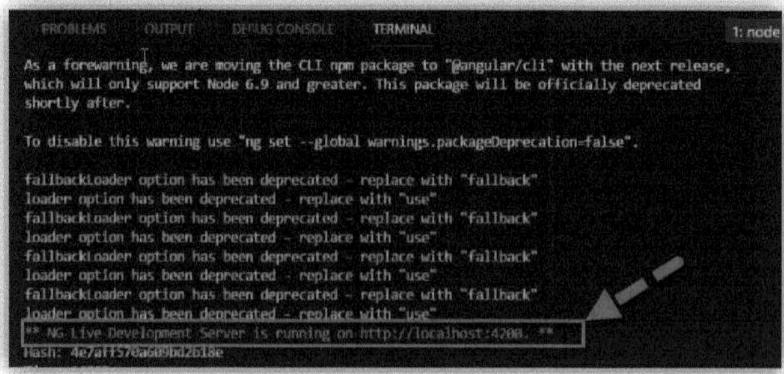

Podremos observar que el proceso ha finalizado de modo éxitos y el servidor está disponible en el **puerto 4200**

Vista desde el Navegador

Podemos comprobar los cambios desde el navegador

Modificar Componentes

Lo siguiente que haremos, será dirigirnos al archivo `header.component.css` el cual se encuentra en la carpeta de proyecto **HEADER**.

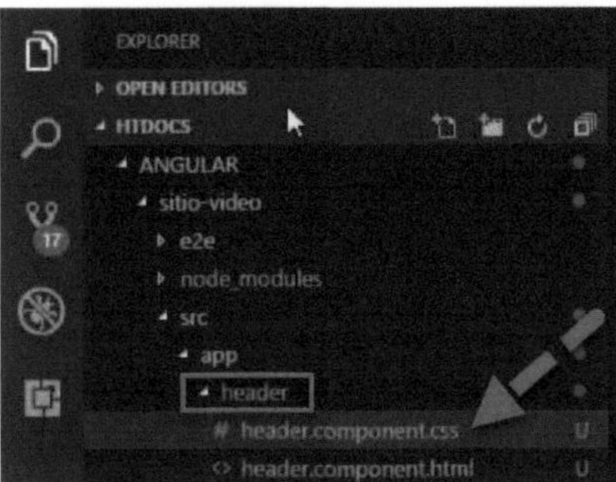

Localizado el archivo, modificare los parámetros de la siguiente manera.

```css
.navbar{
    background-color: green;
    border-color:white;
    border-radius: 50px;
}

.navbar a{
    color:white;
}

.navbar a.active{
    background: red;
}

navbar ul a:hover{
    color:green;
}

.navbar i{
    color: yellow;
    text-shadow: none;
}
```

Nos dirigiremos al archivo `header.component.html` el cual también se encuentra en el directorio que hemos nombrado como **HEADER**.

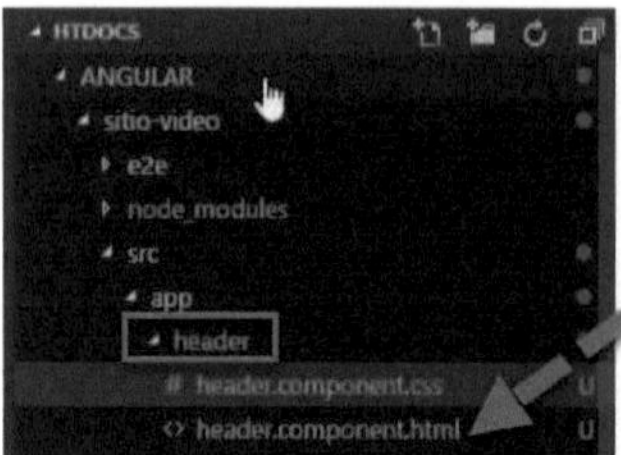

Ingresaremos al archivo y escribiremos el siguiente código.

```html
<div class="encabezado"></div>
<div class="container"></div>

<nav class="navbar">
    <div class="container">
        <a href="/" class="navbar-brand">MENSAJE ENVIADO DESDE LA CABECERA!</a>
    </div>
</nav>
```

Podrá observar la página en el navegador con la delimitación de un color verde y un cambio aplicado a la tipografía, tal y como se muestra en la figura 54

Figura 55: Vista del archivo index.html con las propiedades de estilo CSS aplicadas

COMPONENTES

En esta parte del curso, vamos a crear un componente que se conecta con datos externos en nuestra aplicación y los trae para que podamos procesarlos.

Lo que haremos, será dirigirnos a la terminar e ingresaremos a la ruta del proyecto y utilizando el comando: `ng g component lista-videos`, instalaremos un componente.

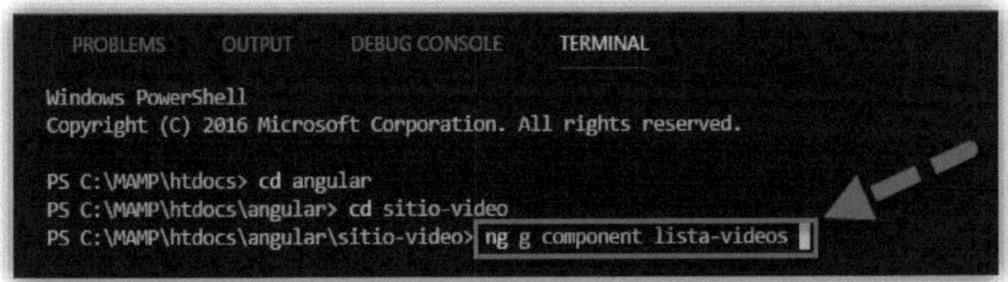

Podremos observar que, al finalizar el proceso, el componente se ha creado.

Lo siguiente que haremos, será buscar el componente principal que en este caso modificaremos el archivo con el nombre: `app.component.html`

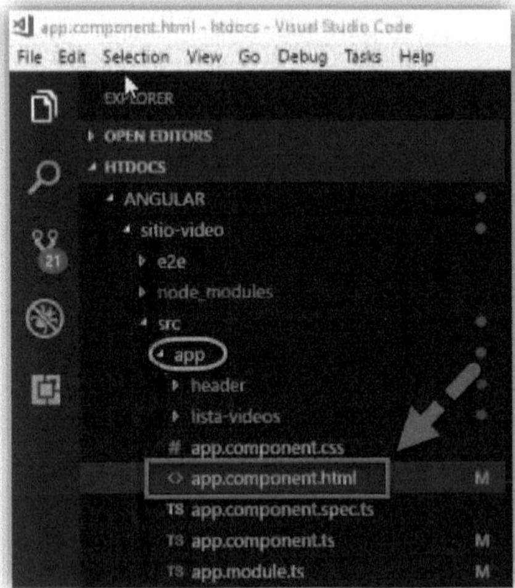

Una vez localizado el archivo **app.component.html**, ingresamos al archivo y añadiremos una etiqueta <APP> y para utilizarla es necesario conocer el nombre del componente, el cual encontraras en el archivo nombrado como: `lista-videos.component.ts,` en la línea del selector.

```ts
import { Component, OnInit } from '@angular/core';

@Component({
  selector: 'app-lista-videos',
  templateUrl: './lista-videos.component.html',
  styleUrls: ['./lista-videos.component.css']
})
```

Al incluir la etiqueta le quedara de la siguiente manera el archivo, tal y como se muestra en la figura 56.

- `app.component.html`

Figura 56: Vista de la etiqueta en el archivo app.component.html

Inicializar el Servidor

Lo siguiente que haremos será inicializar el servidor.

Podremos observar que el proceso se ha ejecutado con éxito.

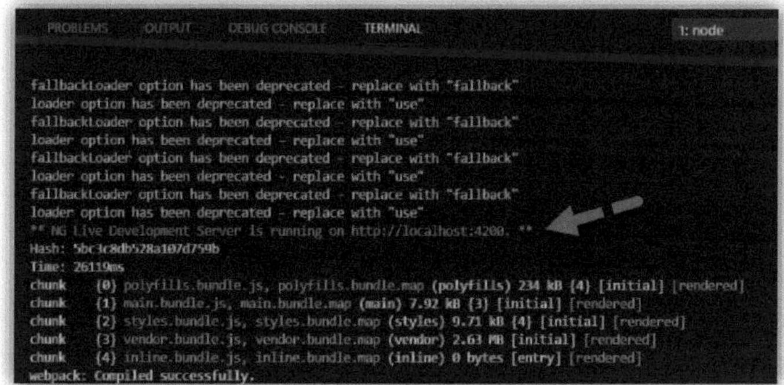

Nos dirigiremos al Navegador para observar los cambios, en donde podremos observar que se muestra el mensaje que este contenido en el archivo: `lista-videos.component.html` del módulo recién creado, tal y como se muestra en la figura 56.

Figura 56: Vista del mensaje enviado desde el Módulo añadido

Código desde el archivo: `lista-videos.component.html`, tal y como se muestra en la figura 57.

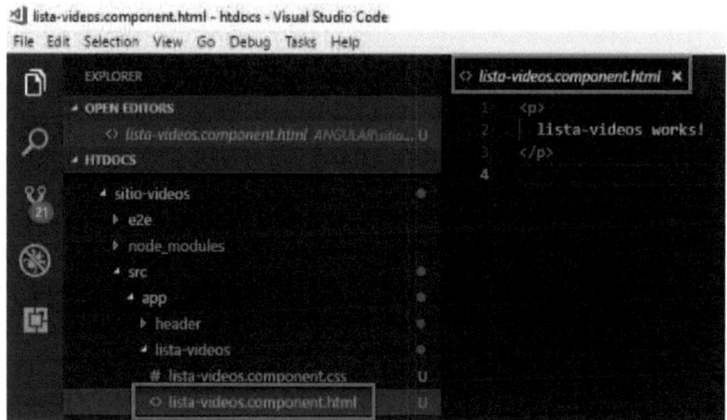

Figura 57: Vista del mensaje manipulado en el archivo lista-videos.component.html

COMPILAR LOS ARCHIVOS TS-JS

Lo que haremos, será crear una carpeta de proyecto la cual tendrá por nombre: `compilar` y dentro de esta carpeta crearemos un archivo llamado index.php

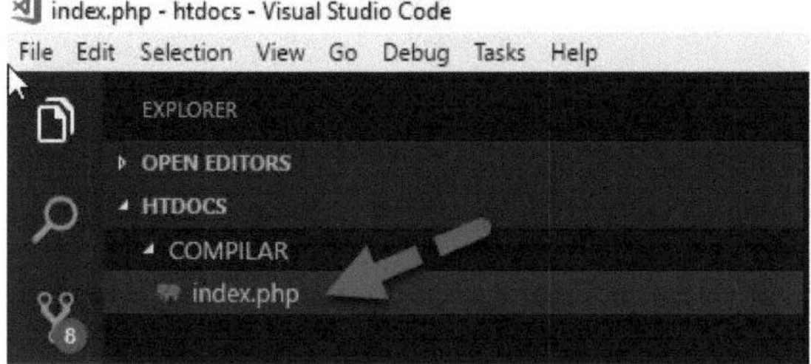

Editaremos nuestro archivo PHP

El cual puede ser observado desde el navegado de la siguiente manera, tal y como se muestra en la figura 58.

Figura 58: Vista del mensaje elaborado en PHP.

Lo siguiente que haremos, será crear un archivo con la extensión `ts`, el cual tendrá por nombre: `app1.ts`

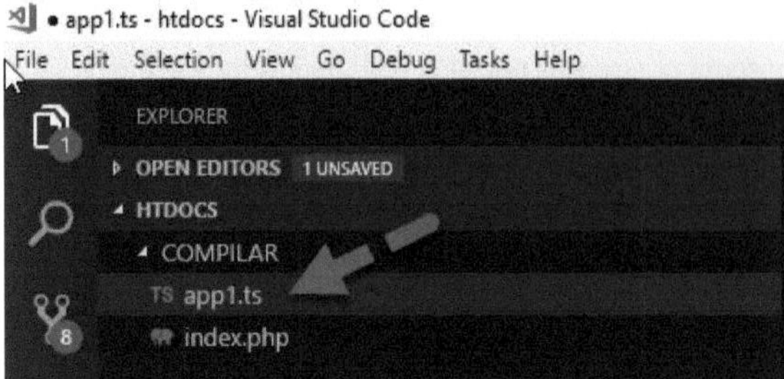

Creamos un mensaje utilizando `console.log()`

```
console.log('Hola Mundo desde APP1');
```

Podremos observar que la extensión que tiene el archivo es `ts`, sin embargo, nosotros necesitaremos un archivo con la extensión `js`, por lo tanto, es necesario realizar su compilación de la siguiente manera:

Ingresamos a la ruta del proyecto, utilizando la `terminal` y colocamos el comando: `ts`, y pulsando un `ENTER` para que se ejecute, podrás observar que se compila el archivo de modo exitoso.

Después de haberse compilado el archivo, podrás notar que se ha creado un archivo con el mismo nombre, pero con la extensión JS.

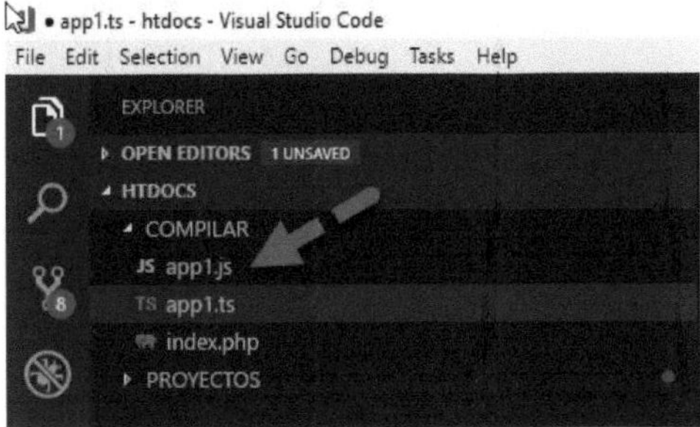

Lo siguiente que haremos, será declarar una variable en el archivo con la extensión TS, quedando de la siguiente manera:

Diríjase ahora al archivo con la extensión JS y podrá notar que en forma automática el archivo ha quedado compilado, esto se debe al parámetro -W que hemos colocado y este permite que esté trabajando en modo watch.

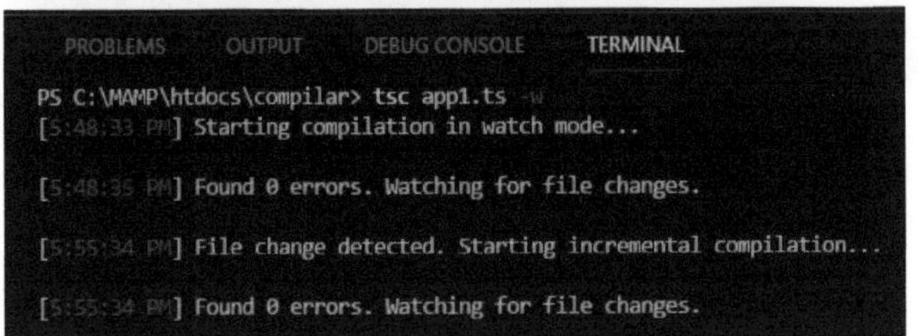

Para salir del modo watch, diríjase a la consola y pulse la combinación de teclas CTRL+C, nos pregunta si deseamos terminar el trabajo, a lo que respondemos Y.

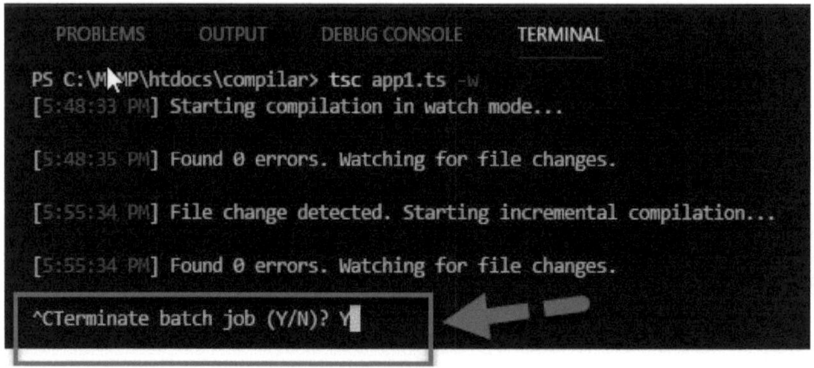

¿Cómo podemos hacer para que se aplique el modo watch en toda la Carpeta?

Será muy sencillo, solamente ejecutaremos el comando:

- `tsc -init y el comando tsc -w`

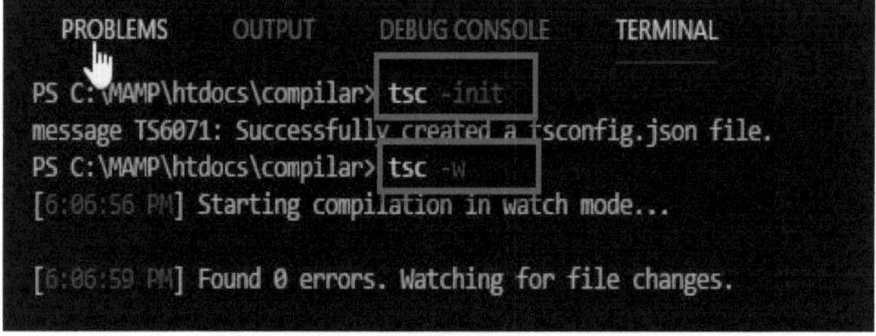

TIPOS DE DATOS

```ts
app1.ts   ✕
1   // Tipos de datos
2
3   //String: Son de tipo texto
4   let texto:string="El contenido en esta variable es texto";
5
6   //Number: Son númericos
7   let numero:Number=123456789;
8
9   //Boolean: Verdadero o Falso
10  let Verdadero:boolean=true;
11  let Falso:boolean=false;
12
13  //any: cualquier tipo de dato
14  let cualquier:any="soy un texto";
15  let cualquier2:any=123456789;
16
17  //String[]: array de caracteres, number[]: array de numeros, any[]: array de cualquier
18  let ArrayCaracter:string[]=["texto1","texto2","texto3"];
19  let ArrayNumber:number[]=[1,2,3,4,5,6,7,8,9];
20  let ArrayVerdaderoFalso:boolean[]=[true,false];
21  let ArrayCualquier:any[]=[1,2,3,"Soy un Texto"]
```

CLASES Y CONSTRUCTORES

Lo primero que haremos, será crear un archivo llamado `index.html`, dentro del directorio **COMPILAR** y utilizando la etiqueta `<script>` haremos la invocación a los archivos `JS`, quedando de la siguiente manera:

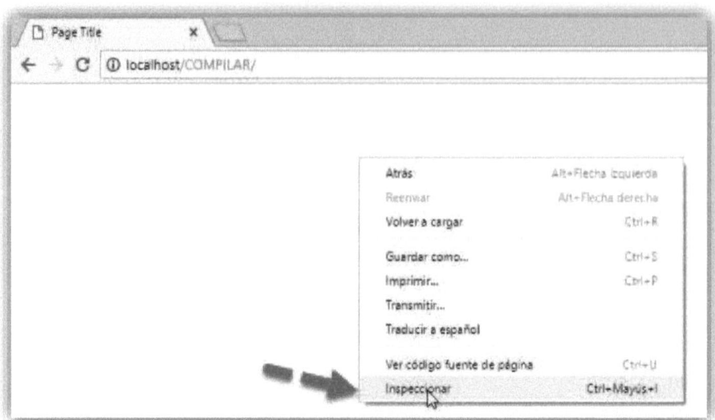

Para visualizar los mensajes, deberemos dirigirnos al navegador y pulsar un click con el botón derecho del mouse y seleccionar la opción **INSPECCIONAR**.

Le mostrará el mensaje por medio de la consola, tal y como se muestra en la figura.

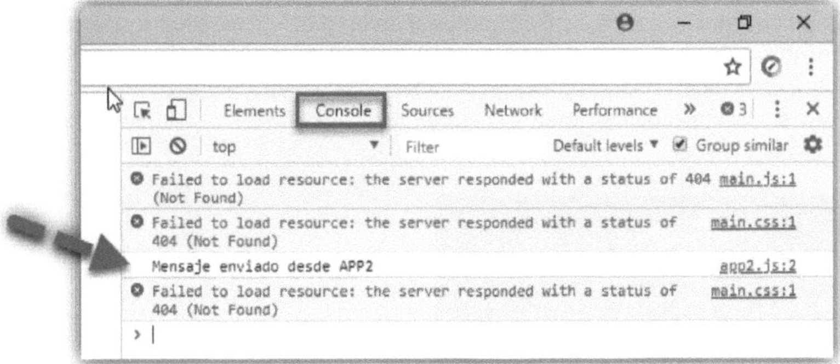

Figura 59: Vista del mensaje enviado por consola, desde la APP2

Creación de una Calculadora

Lo que haremos, será crear un archivo con la extensión TS y lo compilaremos, el archivo tendrá por nombre: `clases.ts,` una vez compilado será: `clases.js`

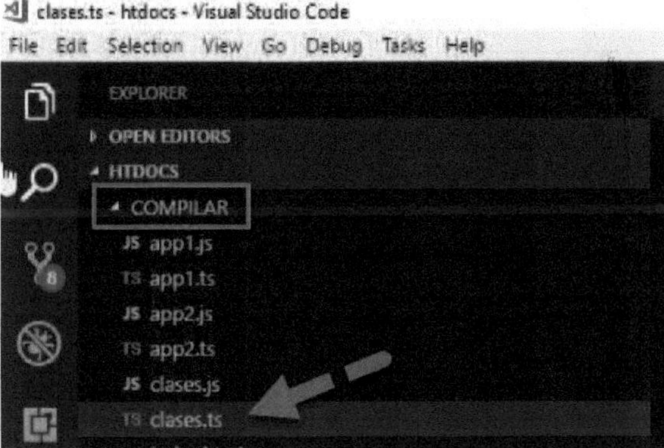

Creación de la Clase Calculadora

Lo siguiente que haremos, será dirigirnos al archivo recién creado e iniciaremos con la construcción de la clase llamada `calculadora`, esta clase la iniciaremos con la palabra reservada `class` seguida del nombre `Calculadora` y seguido de sus llaves dentro de la clase deberá estar contenido el `constructor`, con sus respectivos paréntesis y llaves.

```typescript
class Calculadora{
    constructor(){


    }
}
```

Para iniciar la clase, vamos a crear una variable llamada `Calc`

```typescript
class Calculadora{
    constructor(){

    }
}



let Calc = new Calculadora();
```

Ingresaremos un mensaje dentro del constructor

```typescript
class Calculadora{
    constructor(){
        console.log('Inicializando la calculadora');
    }
}


let Calc = new Calculadora();
```

El siguiente paso, será invocar el archivo con el nombre `clases.js`, dentro de la etiqueta `<script>` desde el archivo con el nombre, `index.html`

Al inspeccionarlo en el navegador podremos observar el siguiente cambio, tal y como se muestra en la figura.

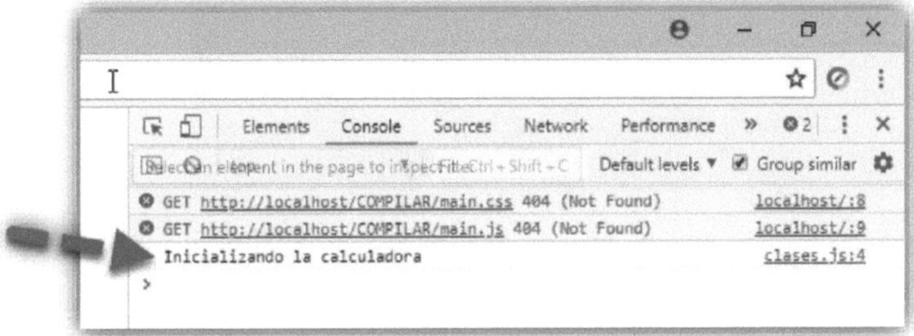

Figura 60: Vista del mensaje de la clase calculadora, enviado por consola

Lo siguiente que haremos:

- Será dirigirnos al archivo `clases.ts`, declararemos una variable llamada `numero` de tipo `number`.
- También deberemos pasarlo al constructor como un argumento en este caso se llamará `valor` de tipo `number`.
- Dentro del constructor le vamos a decir `this.numero=valor;` además de pasarle un valor numérico en la invocación de la clase y utilizando un `console.log,` para enviar el mensaje por medio de la consola.

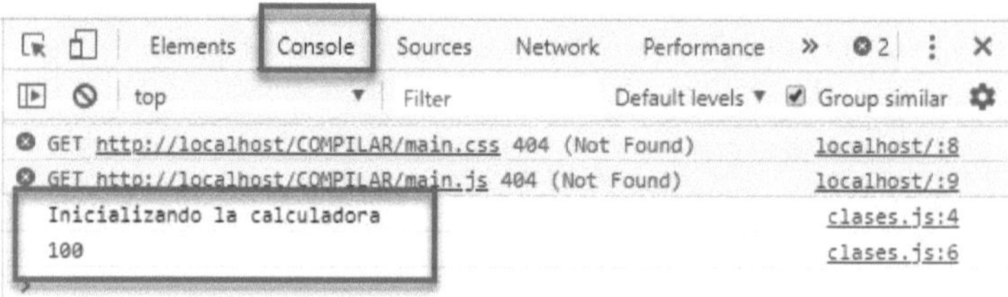

Al inspeccionar el navegador podremos observar el siguiente cambio, tal y como se muestra en la figura.

Figura 61: Vista del mensaje que se encuentra en el constructor de la clase calculadora.

Lo siguiente que haremos, será crear una **suma** utilizando una función a la cual llamaremos **sumar()**, la cual retornara la suma de los números contenidos en la variable llamada **número**.

```ts
TS clases.ts
1    class Calculadora{
2
3
4        numero:number;
5
6        constructor(valor:number){
7            console.log('Inicializando la calculadora');
8
9            this.numero=valor;
10           console.log(this.numero);
11       }
12
13       suma(){
14           return this.numero + this.numero;
15       }
16   }
17
18
19   let Calc = new Calculadora(100);
```

Lo siguiente que haremos, será enviar el resultado por consola.

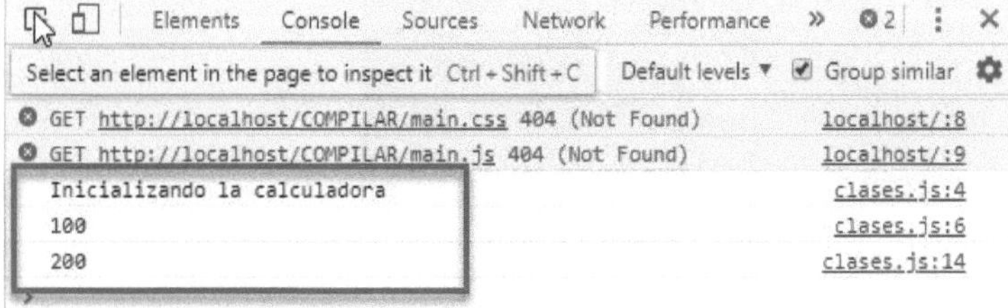

Al inspeccionar el navegador, podremos observar los siguientes cambios, tal y como se muestra en la figura.

Elements Console Sources Network Performance » ⊗2 ⋮ ×	
Select an element in the page to inspect it Ctrl+Shift+C Default levels ▼ ☑ Group similar ⚙	
⊗ GET http://localhost/COMPILAR/main.css 404 (Not Found)	localhost/:8
⊗ GET http://localhost/COMPILAR/main.js 404 (Not Found)	localhost/:9
Inicializando la calculadora	clases.js:4
100	clases.js:6
200	clases.js:14

Figura 62: Vista de operación realizada por la función suma.

MÓDULOS, IMPORTAR Y EXPORTAR CLASES

Lo primero que haremos, será crear un directorio llamado MODULOS.

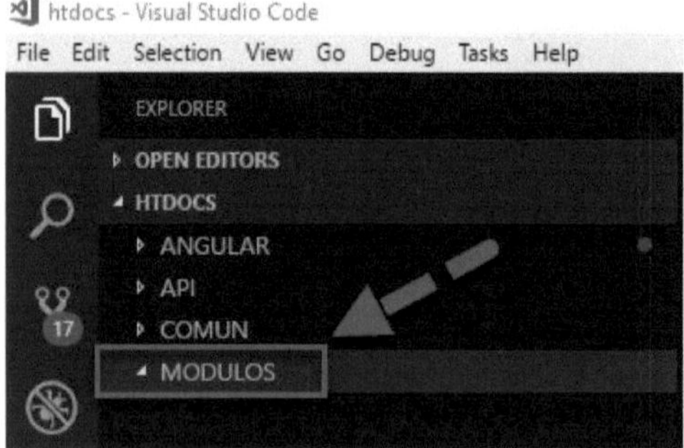

Ingresaremos al directorio módulos recién creado y **crearemos un archivo** con la extensión HTML, el cual tendrá por nombre: INDEX.HTML.

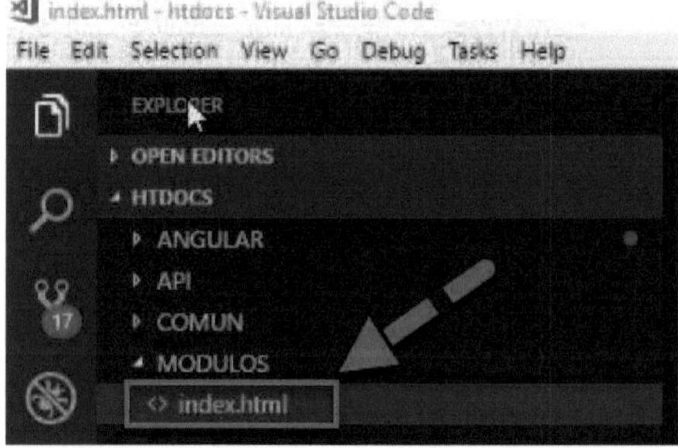

Creación de estructura HTML

Lo siguiente que haremos, será dirigirnos al archivo recién creado y diseñar la estructura HTML, tal y como se muestra en la figura 62.

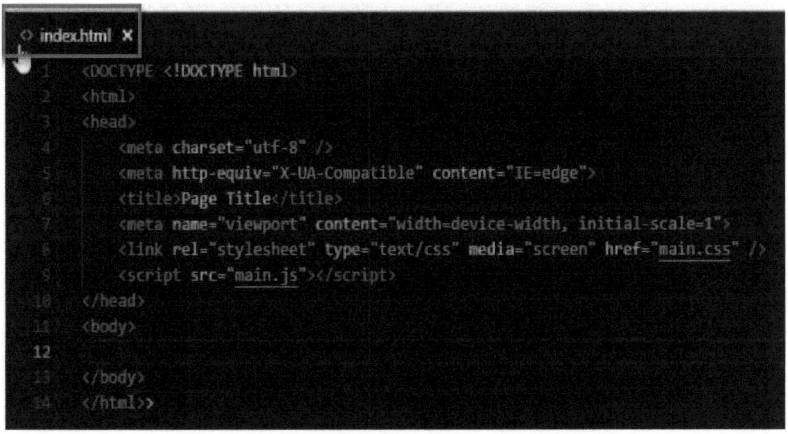

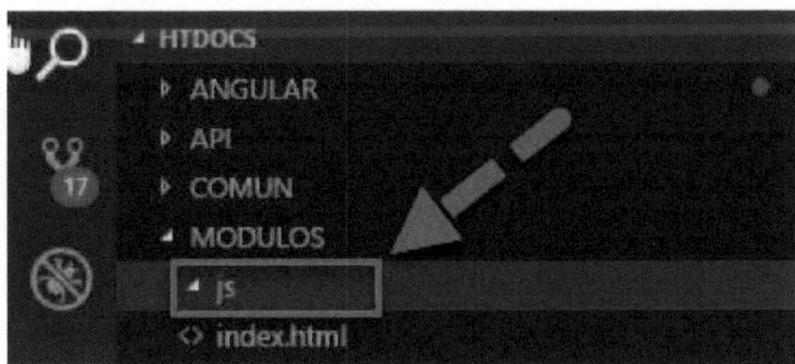

Figura 62: Vista de la estructura HTML.

Creación del Directorio contenedor y archivos

Lo siguiente que haremos, será crear una carpeta llamada JS, tal y como se muestra en la figura 63.

Figura 63: Vista del directorio js.

Una vez que has creado el directorio JS, deberás crear tres archivos con la extensión TS, los cuales tendrán por nombres: `alumnos, profesores y principal`, tal y como se aprecia en la figura 64.

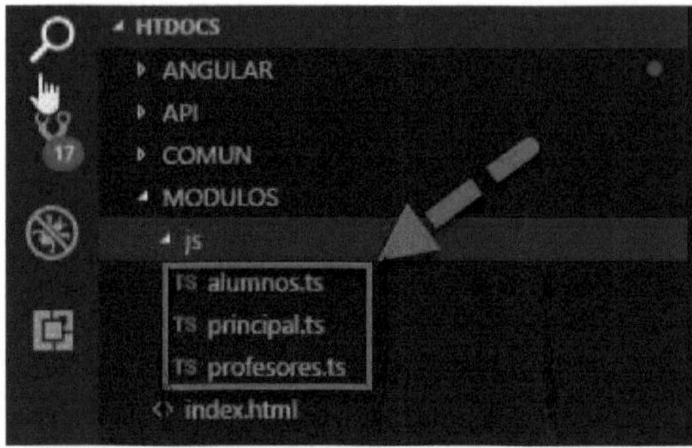

Figura 64: Vista de los archivos creados dentro del directorio js.

Compilación de archivos TS de forma GENERAL

Para lograr la compilación de modo automático, lo siguiente que haremos, será compilar los archivos de tipo TS a tipo JS, esto lo lograremos con la terminal y desde la ruta del proyecto, la terminal se invoca con la combinación de teclas CTR+Ñ, y con los comandos que a continuación se mencionan se ejecuta la compilación, tal y como se muestran en la figura 65.

- `tsc -init`
- `tsc -w`

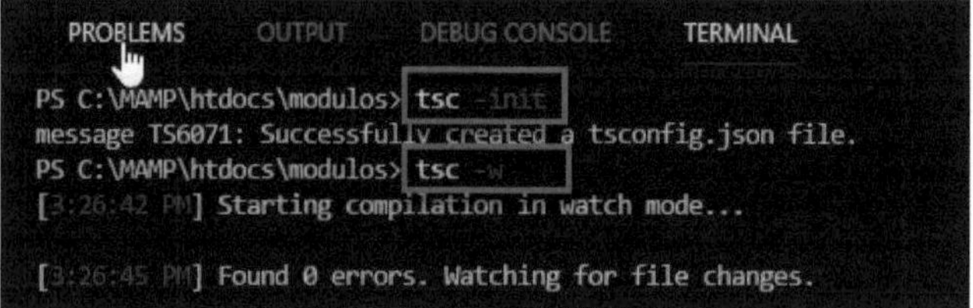

Figura 65: Vista de los comandos ejecutándose en la terminal

Podremos Observar que los archivos compilados han tomado la extensión JS:

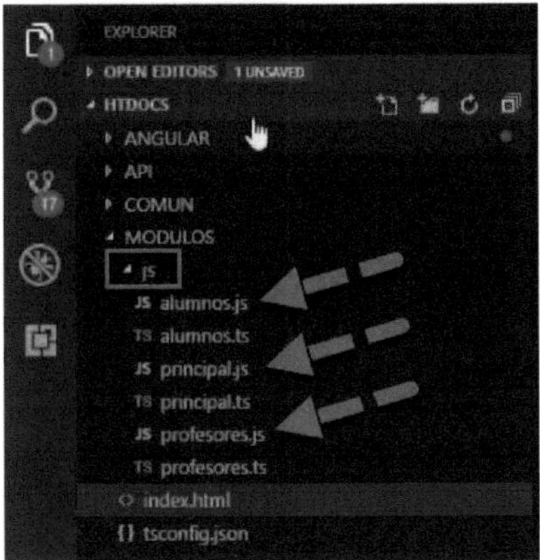

Trabajar con Módulos

Para trabajar con módulos, lo que tendremos que hacer es dirigirnos a la siguiente URL. https://cdnjs.com/libraries/systemjs

Una vez dentro de la página, vamos a localizar el archivo con el nombre: `System.js,` y lo vamos a copiar.

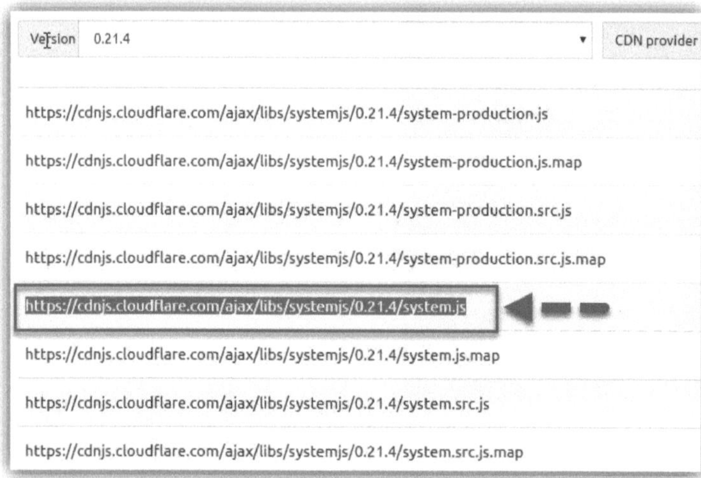

Nos vamos a dirigir a la etiqueta **HEAD**, del archivo **INDEX.HTL** y utilizando una etiqueta **<SCRIPT>** vamos a utilizar la línea que hemos copiado.

Figura 66: Vista del link contenida dentro del head del archivo index.html.

Creación del SCRIPT

Lo siguiente que tendremos que hacer, es dirigirnos a la etiqueta `<BODY>` del archivo `index.html` y construir el siguiente script, tal y como se muestra en la figura 67.

	CÓDIGO SYSTEM JS
	```<script>` ` SystemJS.config({` ` packages: {` ` "js": {` ` "main": "principal",` ` "defaultExtension": "js"` ` }` ` }` `});` `System.import("js");` `</script>```

```
<script>
    SystemJS.config({
    packages: {
        "js": {
            "main": "principal",
            "defaultExtension": "js"
        }
    }
});
System.import("js");
</script>
```

Figura 67: Vista del script dentro del body.

Creación de clases

Lo siguiente que haremos, será crear las clases para los archivos: `alumno.ts` y `profesores.ts`, tal y como se muestra en la figura 68.

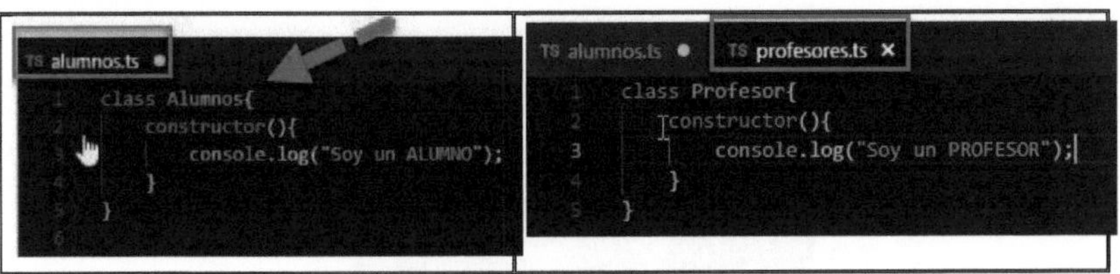

Figura 68: Vista de las clases creadas

Exportación de Clases

Para poder exportar las clases, es necesario anteponer la instrucción `export`, en cada una de las clases, tal y como se muestran en la figura 69.

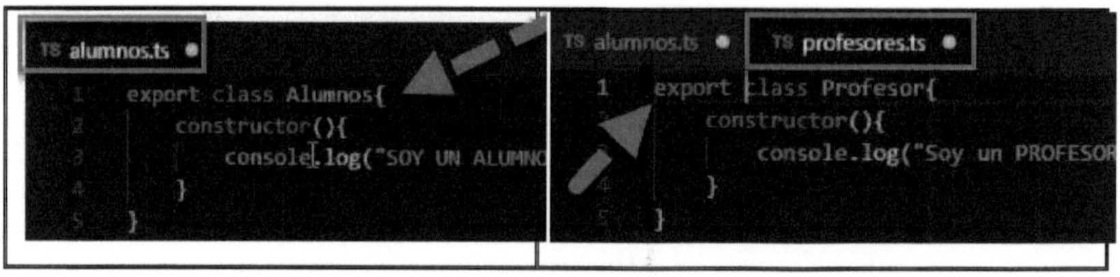

Figura 69: Vista de las clases con el comando para exportación

Importación de Clases

Lo siguiente que haremos, será dirigirnos al archivo principal.ts y establecer las importaciones de las clases, tal y como se muestra en la figura 70.

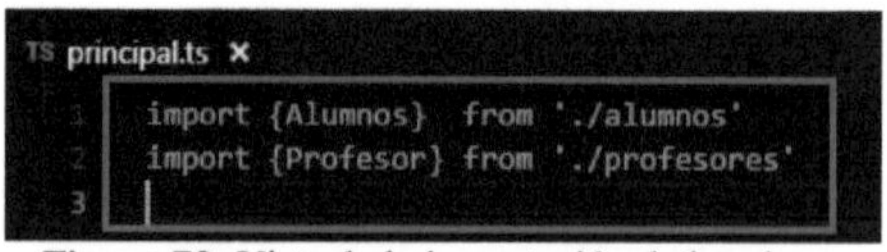

Figura 70: Vista de la importación de las clases

Crear las Instancias

Lo siguiente que haremos, será crear la instancia de la clase `Alumnos y Profesor`, tal y como se muestra en la figura 71.

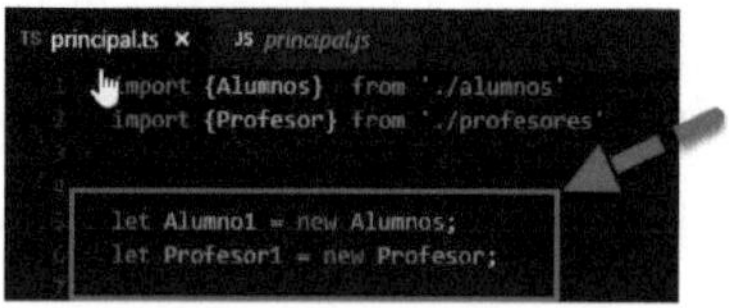

Figura 71: Vista de las instancias de las clases

Visualización del Navegador

Lo siguiente que haremos, será inspeccionar en el navegador la página `index.html,` tal y como se muestra en la figura 72.

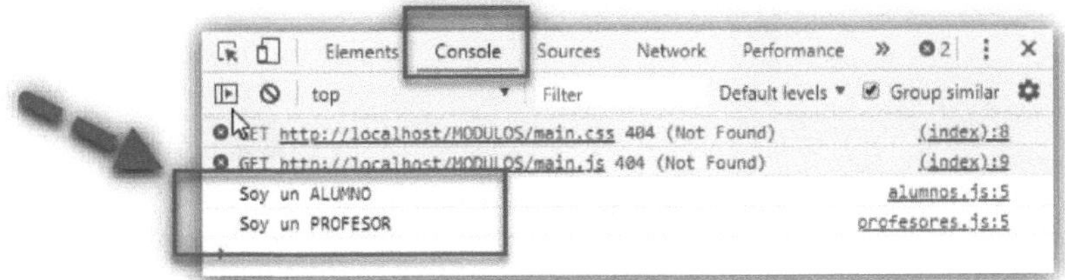

Figura 72: Vista de las clases importadas, desde la consola.

INSTALACIÓN DEL PRIMER PROYECTO

Para crear nuestro primer proyecto, lo que haremos, será crear un directorio el cual contendrá los archivos necesarios, el nombre del directorio es: `PRIMER_PROYECTO`.

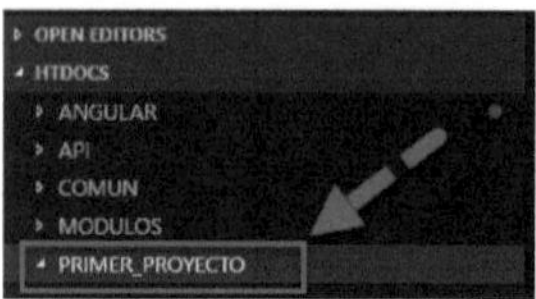

Lo siguiente que haremos, será ingresar al directorio por medio de terminal a la ruta que contiene el directorio nombrado como `PRIMER_PROYECTO` y ejecutar el comando: `ng new proyecto1`.

Al pulsar `ENTER` podrá observar como inicia el proceso de instalación

Finalizado el proceso, podrá observar un mensaje el cual le indica que el proceso concluyo de modo exitoso.

Podremos observar que se ha creado el directorio de modo automático con el nombre
PROYECTO1

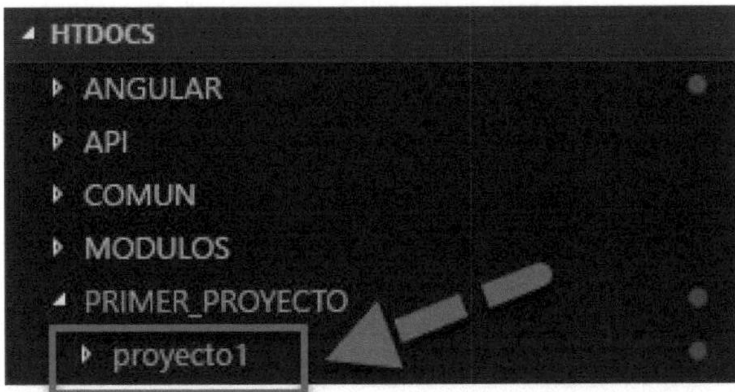

Inicialización del Servidor

Lo siguiente que haremos, será ingresar con la terminal al directorio del **PROYECTO1**
que hemos creado y ejecutar el comando: `ng serve`

Al momento de ejecutar el comando, podrás observar cómo se inicia la rutina de
carga de archivos y muestra un mensaje el cual te indica que el proyecto está siendo
ejecutado en el servidor **localhost:4200**

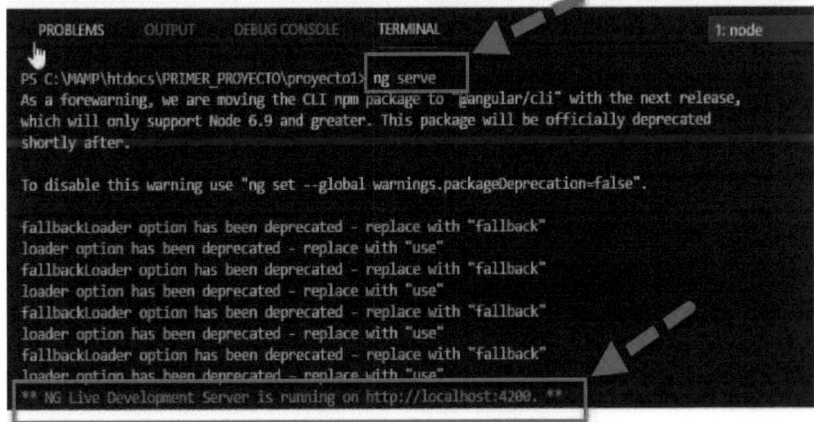

Visualización desde el Navegador

Dirígete al Navegador y podrás observar el mensaje, que está contenido en el archivo `app.component.ts`, tal y como se muestra en la figura 73.

Figura 73: Vista de la página correspondiente a proyecto1.

Cambiar el Mensaje predeterminado

Para cambiar el mensaje predeterminado, diríjase al archivo `app.component.ts,` y modifique el contenido de `title.`

```
TS app.component.ts ×
1   import { Component } from '@angular/core';
2
3   @Component({
4     selector: 'app-root',
5     templateUrl: './app.component.html',
6     styleUrls: ['./app.component.css']
7   })
8   export class AppComponent {
9     title = 'app works!';
10  }
```

El mensaje que vamos a establecer es: ¡MI PRIMER APLICACIÓN CON ANGULAR!

```
TS app.component.ts ●
1   import { Component } from '@angular/core';
2
3   @Component({
4     selector: 'app-root',
5     templateUrl: './app.component.html',
6     styleUrls: ['./app.component.css']
7   })
8   export class AppComponent {
9     title = 'MI PRIMER APLICACIÓN CON ANGULAR!';
10  }
```

Nos dirigiremos al navegador y observaremos el siguiente cambio aplicado, tal y como se muestra en la figura 74.

Figura 74: Vista del mensaje modificado en el archivo app.component.ts

Ingresar un Segundo Mensaje

Para poder ingresar un segundo mensaje, para lograrlo nos dirigiremos al archivo `app.component.ts` y utilizando el comando `description`, ingresamos un segundo mensaje.

```
TS app.component.ts ×
import { Component } from '@angular/core';

@Component({
  selector: 'app-root',
  templateUrl: './app.component.html',
  styleUrls: ['./app.component.css']
})
export class AppComponent {
  title = '¡MI PRIMER APLICACIÓN CON ANGULAR!';
  description='MENSAJE ENVIADO DESDE LA DESCRIPCIÓN';
```

Lo siguiente que deberás hacer, es dirigirte al archivo `app.component.html` e ingresar, la etiqueta `{{description}}` dentro de `<h1>`

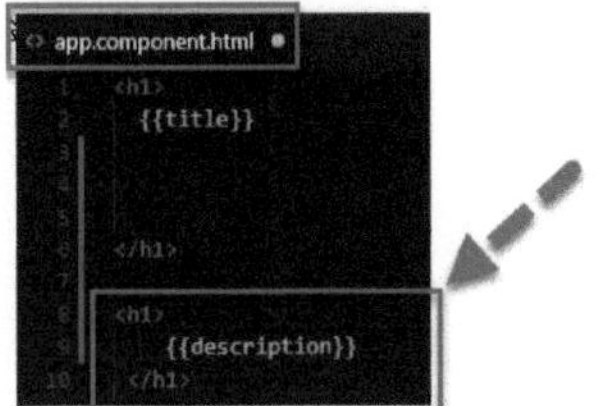

Lo siguiente que haremos, será ingresar al Navegador para visualizar los cambios, tal como se muestran en la siguiente figura 75.

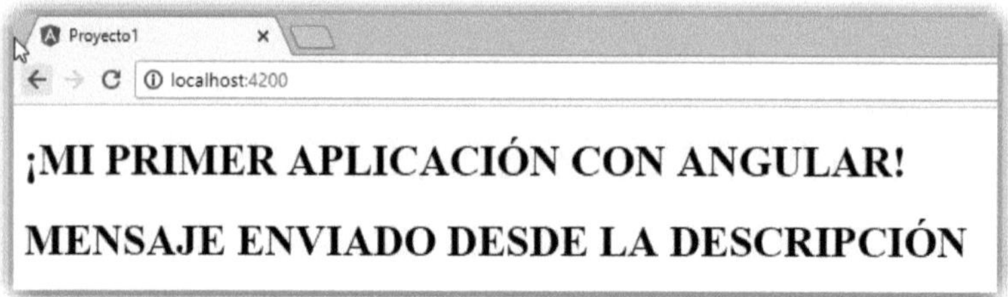

Figura 75: Vista del mensaje modificado desde la variable description.

ELEMENTOS DE LA ESTRUCTURA DE ANGULAR

El objetivo de esta sección del curso, es conocer los principales elementos que componen la estructura de un proyecto en **ANGULAR**.

Iniciaremos identificando el directorio **APP** el cual se encuentra dentro del directorio **SRC**, estos directorios son pertenecientes al `proyecto1`

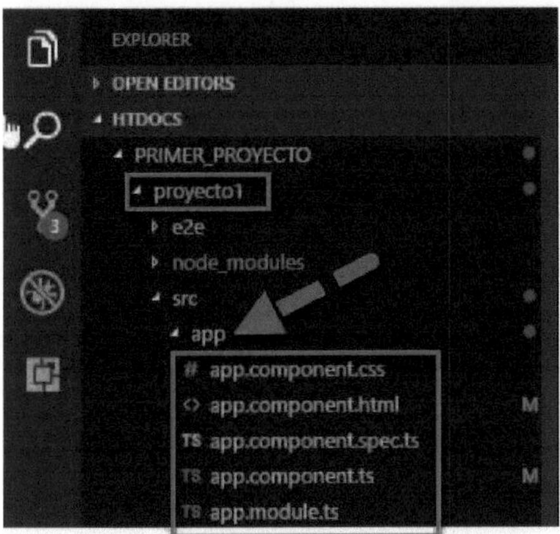

El primer archivo que abriremos será app.component.html, en donde podrás notar la invocación a una variable, dentro de una etiqueta `<h1>`, es importante mencionar que podemos hacer combinación de un texto con la variable.

Lo siguiente que haremos, será ingresar al archivo `index.html`, que es donde vamos a encontrar una estructura `HTML`, en donde se establece el título de la aplicación, establece el Icono de la APP y también encontramos la etiqueta `<app-root>`, la cual está llamando al archivo `app.component.ts`

```html
<!doctype html>
<html>
<head>
  <meta charset="utf-8">
  <title>Proyecto1</title>
  <base href="/">

  <meta name="viewport" content="width=device-width, initial-scale=1">
  <link rel="icon" type="image/x-icon" href="favicon.ico">
</head>
<body>
  <app-root>Loading...</app-root>
</body>
</html>
```

El archivo `app.component.ts`, contiene las importaciones y además tiene un selector con el nombre `'app-root'`, y ese selector es el mismo que se está ocupando en el archivo `index.html`, esta propiedad nos permite asignar un título a nuestro componente, contiene además la plantilla y los estilos.

```typescript
import { Component } from '@angular/core';


@Component({
  selector: 'app-root',
  templateUrl: './app.component.html',
  styleUrls: ['./app.component.css']
})
export class AppComponent {
  title = '¡MI PRIMER APLICACIÓN CON ANGULAR!';
  description='MENSAJE ENVIADO DESDE LA DESCRIPCIÓN';
}
```

Lo siguiente que haremos, será abrir el archivo `app.component.ts`, que es el lugar en donde podemos establecer el diseño del nuestro sitio web, como ejemplo cambiaremos el color del contenido de las etiquetas `<h1>,` utilizando css.

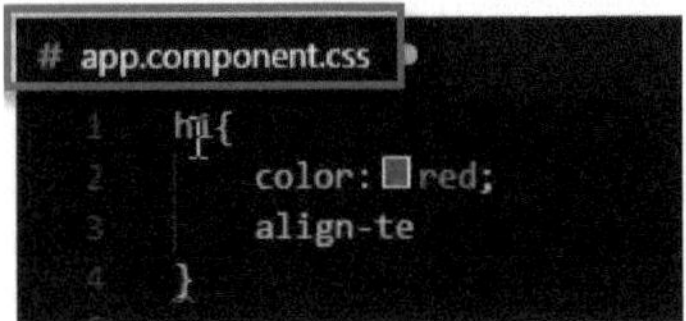

Al dirigirnos al navegador, observaremos como el texto se ha tornado color rojo, y esto se debe a que se incluyó la instrucción CSS en el archivo app.component.ts, tal y como se muestra en la figura 76.

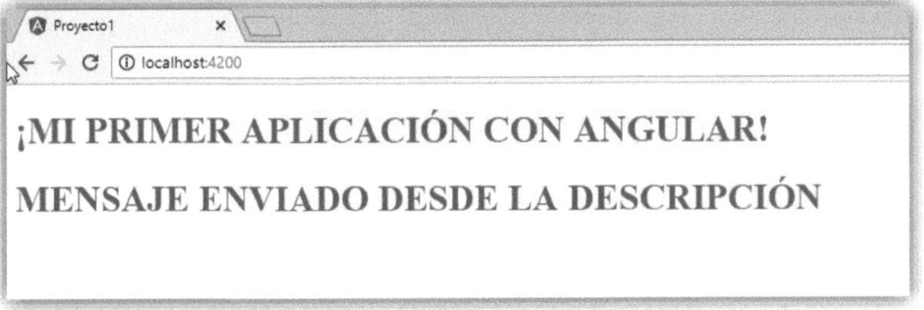

Figura 76: Vista del Mensaje modificado con CSS.

CREACIÓN DE COMPONENTES

Lo primero que haremos, será crear un directorio para la aplicación, la cual tendrá por nombre `MI_PRIMER_APLICACION`.

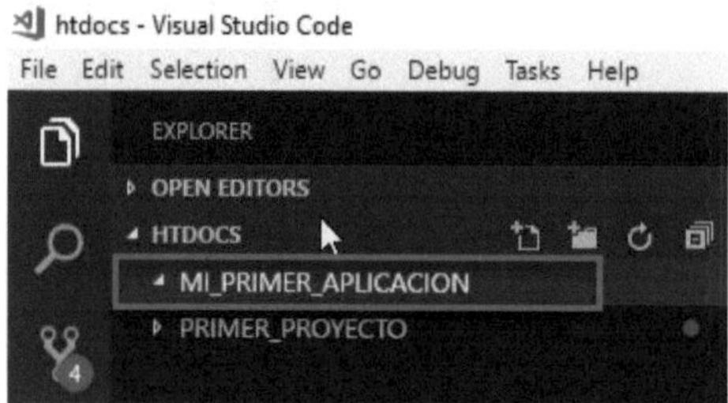

Como siguiente paso, ingresaremos a la ruta del proyecto, utilizando la terminal de Visual Studio y creamos nuestra aplicación con el comando: `ng new aplicacion`

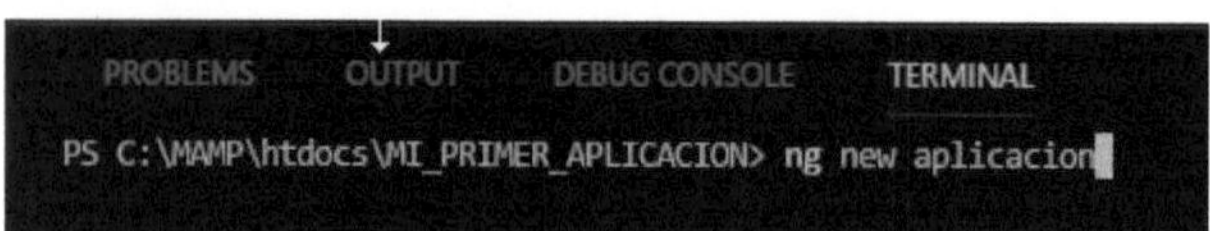

Podrás observar cómo se crean y se instalan los paquetes necesarios para el desarrollo de la aplicación.

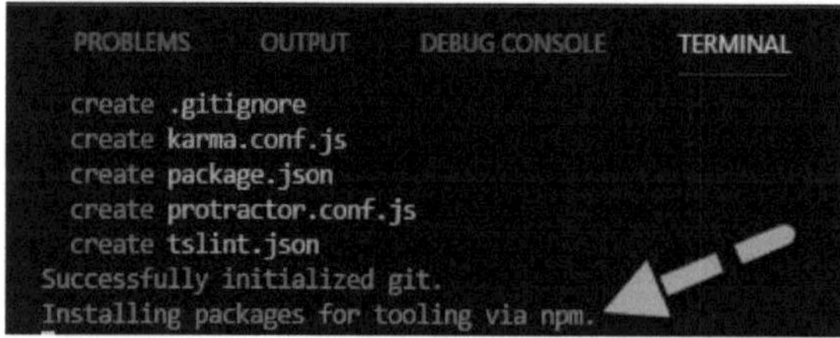

Podrás observar cómo se han creado los archivos base con las extensiones, css, html, y ts, nosotros podremos dividir nuestro sitio web por medio de la utilización de componentes.

`app.component.html`: Sera nuestra estructura básica llamando a cada uno de los componentes.

`index.html`: Es desde donde se invocan los componentes.

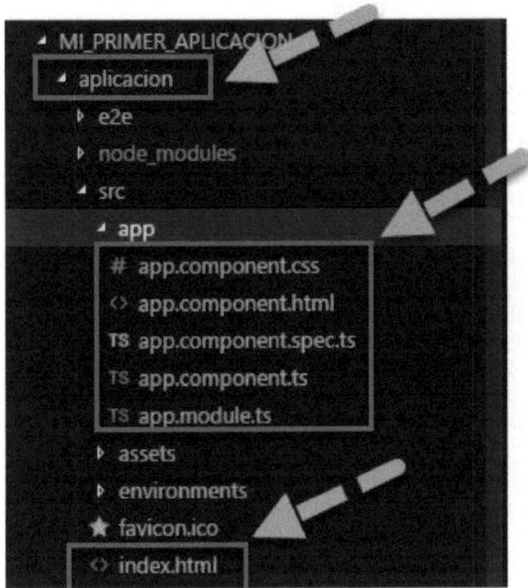

Lo que haremos, para ilustrar el ejemplo, será dirigirnos al archivo `app.component.html` y borrar todo el contenido.

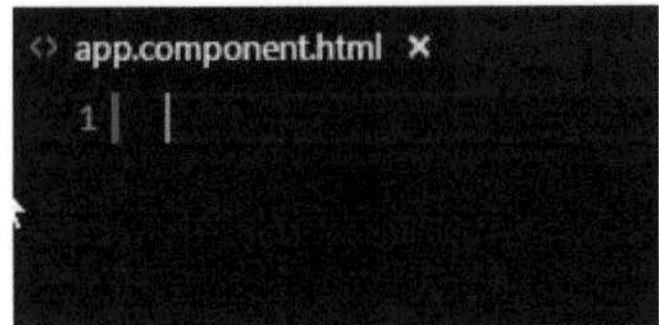

Creación del componente

Lo siguiente que haremos, será dirigirnos a nuestra terminal e ingresar el comando
que nos permitirá la creación de nuevos componentes: `ng g c cabecera`

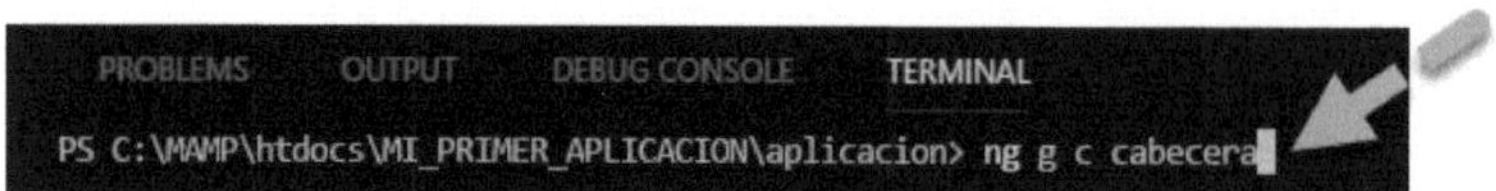

Podrás observar que ANGULAR nos ha creado los archivos base los cuales tienen
las extensiones, css, html, y ts, además es importante mencionar que se ha
actualizado el archivo `app.module.ts`, cada vez que se agrega un nuevo
componente nos deberemos asegurar que este archivo se actualice ya que este
contiene las importaciones de los componentes

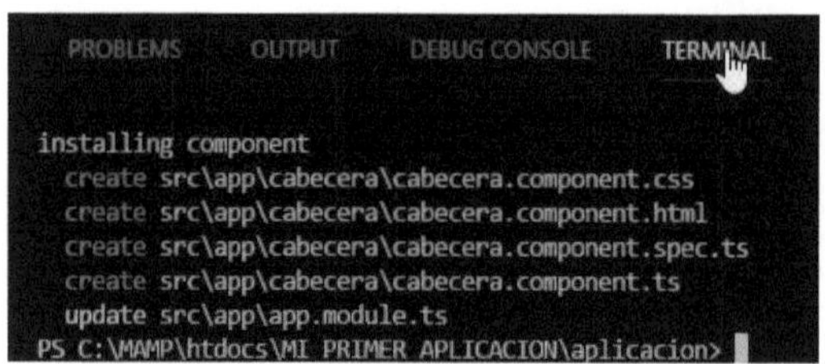

En la sección derecha del monitor podrás observar que se ha creado un directorio
con el nombre cabecera, al desplegarlo podrás notar que están incluidos los archivos
base.

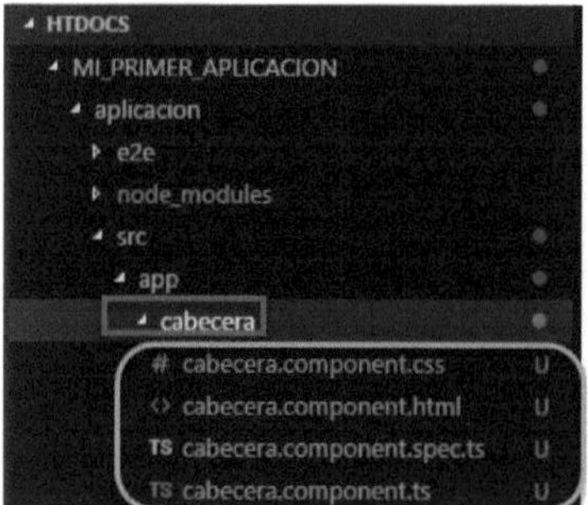

Lo siguiente que haremos, será dirigirnos al archivo `cabecera.component.ts`, en donde podremos observar que se realiza una importación y se ha creado el selector con el nombre **app-cabecera**, seguido está ocupando una plantilla con el archivo con extensión html y en la tercer línea tenemos el archivo de estilo css.

Podremos observar también que se está realizando la exportación de la clase, la cual a su vez cuenta con un constructor.

```typescript
import { Component, OnInit } from '@angular/core';

@Component({
  selector: 'app-cabecera',
  templateUrl: './cabecera.component.html',
  styleUrls: ['./cabecera.component.css']
})
export class CabeceraComponent implements OnInit {

  constructor() { }

  ngOnInit() {
  }

}
```

Lo siguiente que haremos, será dirigirnos al archivo **cabecera.component.html**, ¡en donde podremos notar que de modo automático se ha generado la leyenda **cabecera Works!**

```html
<p>
  cabecera works!
</p>
```

Lo siguiente que haremos, será dirigirnos al archivo app.component.html, y desde ese lugar utilizando el selector vamos a invocar al componente **<app-cabecera>**, dentro de una etiqueta **HTML**, al hacer esta invocación, lo que se está logrando es agregar todo el contenido del componente en el archivo **cabecera.component.html**

Inicializar el servidor

Lo siguiente que haremos, será inicializar el servidor desde la terminal y esto se logra con el comando: **ng serve**

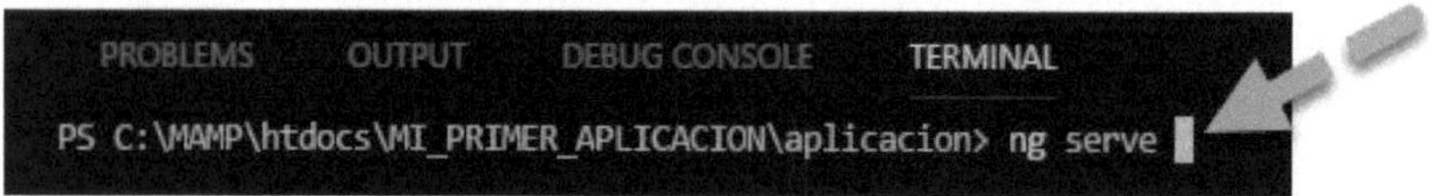

Podrás observar como se ha inicializado el servidor y para ingresar tu página al deberás dirigirte al localhost en el puerto 4200

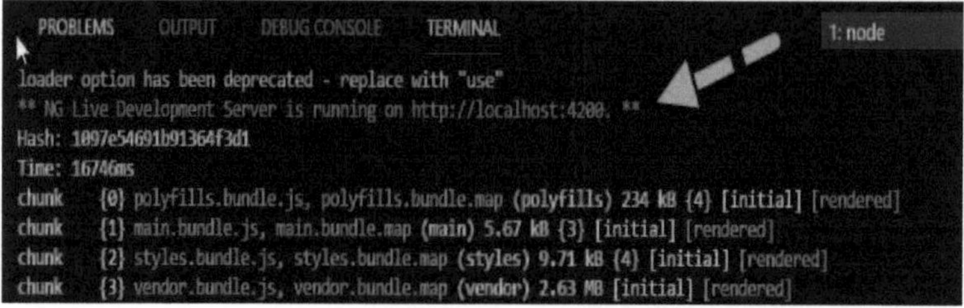

Al dirigirte a tu navegador observaras el mensaje que proviene desde el componente nombrado como cabecera, tal y como se muestra en la figura 77.

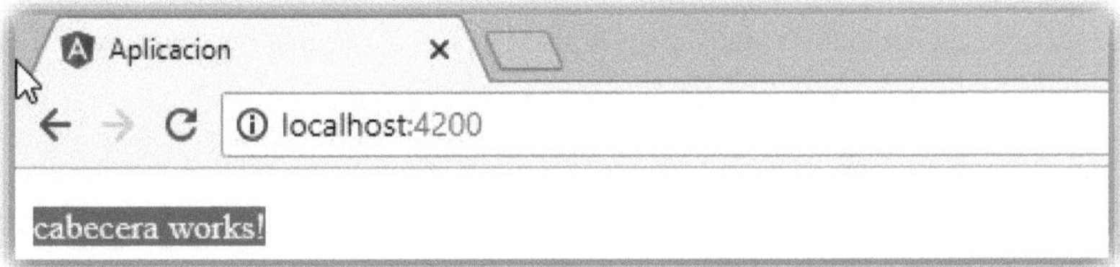

Figura 77: Vista del Mensaje modificado con CSS.

Lo siguiente que haremos, será dirigirnos a la terminal y crear un nuevo componente

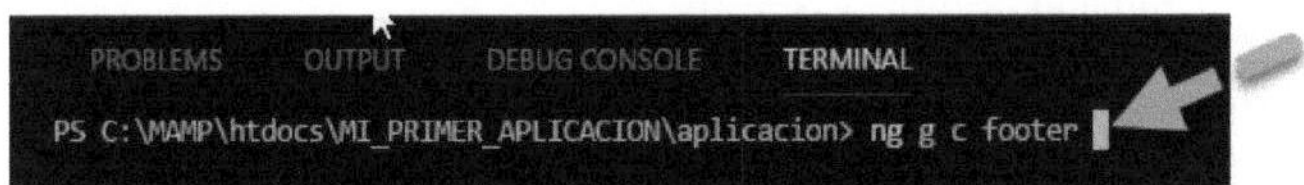

Lo siguiente que haremos, será invocar al componente <app-footer>, dentro de una etiqueta HTML

Al dirigirte a tu navegador observaras el mensaje que proviene desde el componente nombrado como footer, tal y como se muestra en la figura 78.

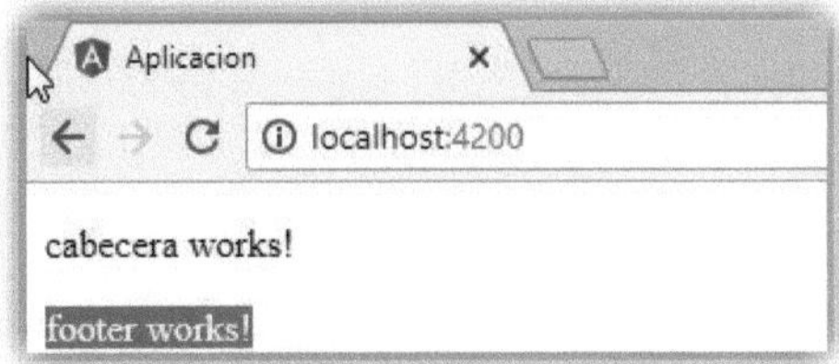

Figura 78: Vista del Mensaje desde el componente footer.

DIRECTIVA NGIF

En esta sección del curso vamos a ver la directiva ngIF, lo que haremos, será crear un directorio el cual tendrá por nombre DIRECTIVAS

Ingresaremos al directorio utilizando la terminal y con la utilización de comando, crearemos un proyecto llamado directivas_ng

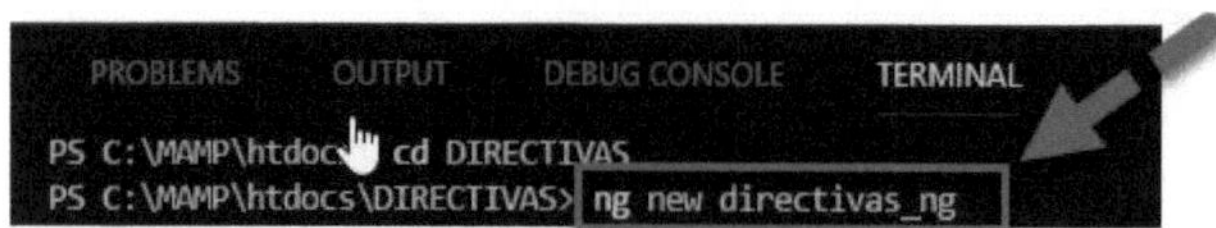

Lo siguiente que haremos, será dirigirnos al archivo app.component.html, y borraremos el contenido del mismo.

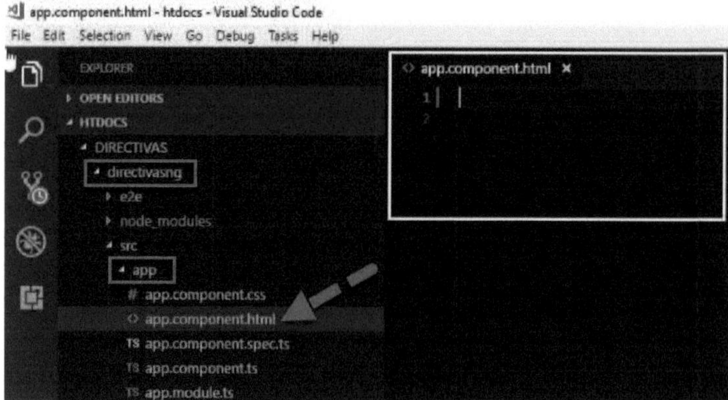

Inclusión de Bootstrap

Lo siguiente que haremos, será dirigirnos a la siguiente URL:

- https://getbootstrap.com/docs/4.0/getting-started/introduction/

Una vez que se encuentre en la página, diríjase a la sección de los estilos en **CSS**.

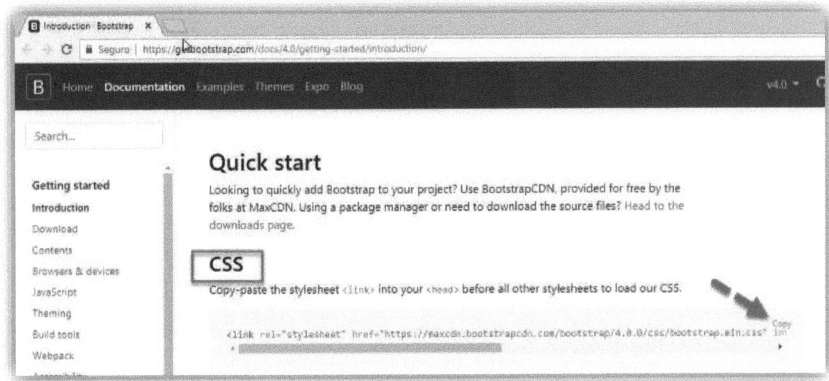

Una vez copiado el enlace al servidor externo, nos dirigiremos al archivo `index.html`, y antes de la etiqueta de cierre de `<head>` lo voy a pegar.

Lo siguiente que haremos, será dirigirnos al archivo **app.component.html** y definir una etiqueta **<h1>**, con la clase container

Inicialización del servidor

Para inicializar el servidor, deberá dirigirse a la terminal de visual studio con la combinación de teclas CTRL+Ñ e ingresar el comando: `ng serve`

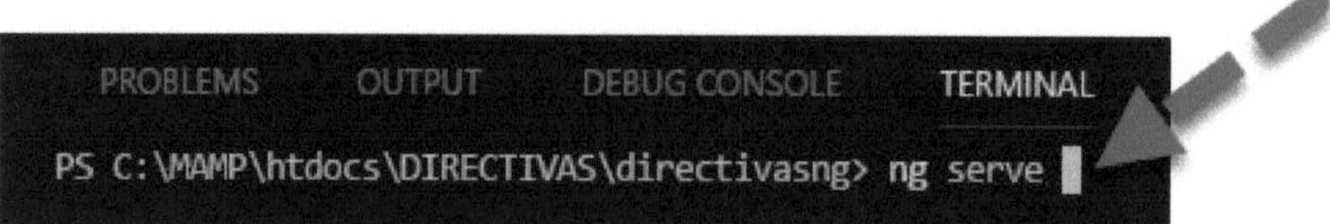

Observaremos que el servidor se ha iniciado sin complicaciones, ahora nos dirigiremos por medio del localhost y el puerto 4200 a visualizar el contenido de la página.

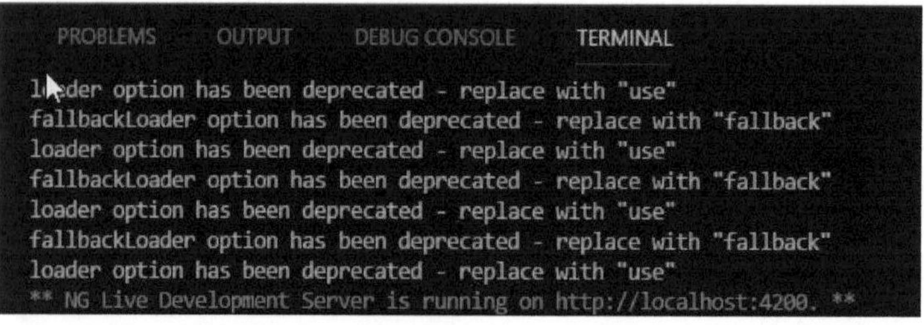

En el navegador Observaremos el texto que hemos agregado desde el archivo `app.component.html`, en donde podrás apreciar la tipografía un poco distinta, además de notar un margen, son características propias de Boostrap, tal y como se aprecia en la figura 79.

Figura 79: Vista del Mensaje con características de Bootstrap.

Lo siguiente que haremos, será modificar las características.

```html
app.component.html
<h1 class="container bg-dark text-white text-center my-4 py-4">ngIF</h1>
```

Nos dirigiremos nuevamente al navegador y podremos observar los cambios

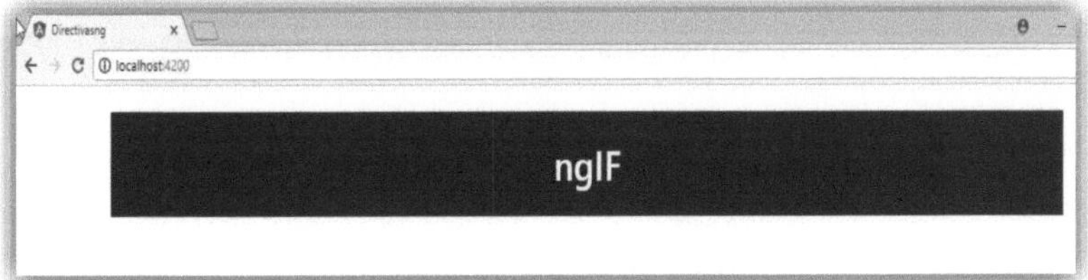

Figura 80: Vista de la clase de Boostrap.

Utilización de la Directiva ngIF

Esta directiva nos permitirá mostrar u ocultar elementos de nuestro sitio web, para poder visualizarlo, vamos a crear un `<div>,` con la clase container y dentro de la div agregaremos dos párrafos, cada párrafo con la intensión de distinguirlos les colocaremos clases, la primera será `<class "text-info">` y la segunda `<class "text-dark">`, el contenido del párrafo lo agregaremos con un `lorem`.

```html
app.component.html

<h1 class="container bg-dark text-white text-center my-4 py-4">ngIF</h1>

<div class="container">

    <p class="text-info">
        Lorem ipsum dolor sit amet consectetur adipisicing elit. Minus accusamus labore, veritatis quos obc
    </p>

    <p class="text-dark">
        Lorem ipsum dolor sit amet, consectetur adipisicing elit. Accusantium, necessitatibus error tenetur
    </p>

</div>
```

Al visualizar nuestro sitio web podremos observar aplicados los cambios, es decir se muestran los dos párrafos, tal y como se muestra en la figura 80.

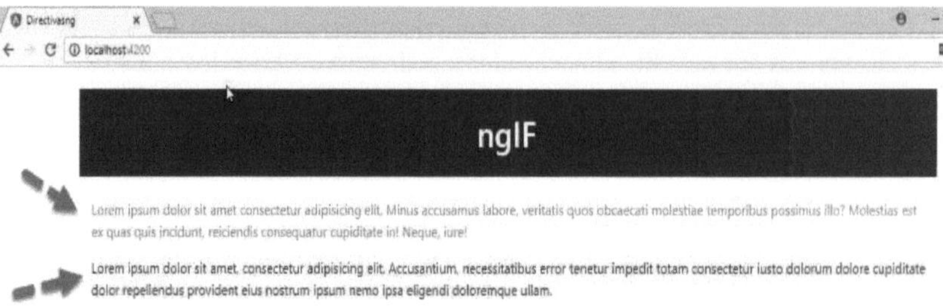

Figura 80: Vista de los párrafos.

Lo siguiente que haremos será dirigirnos al primer párrafo y utilizamos la directiva de la siguiente manera: `* ngIf="false"`, al hacer esta indicación le estamos indicando a nuestra página que no muestre el contenido del primer párrafo.

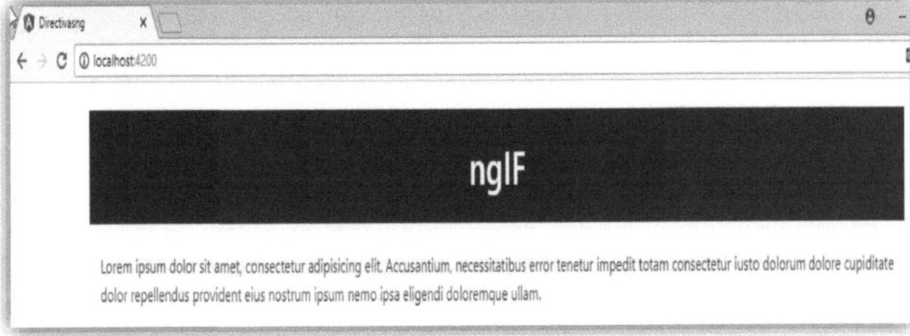

Al dirigirte a tu sitio web, podrás observar que el primer párrafo ya no se encuentra visible, a pesar de no haber eliminado el párrafo en la codificación, tal y como se aprecia en la figura 80.

Figura 80: Vista de la página en donde se observa la aplicación de la propiedad ngIf.

Lo siguiente que haremos, será crear un botón de acción, al cual le agregaremos una evento, utilizando paréntesis y dentro la palabra click, fuera de los paréntesis el igual y las comillas dobles, dentro de las comillas creamos una variable que se llame mostrar y esta será igualada a true, de tal manera que cada vez que pulsemos el botón que tiene por nombre acción se va a inicializar la variable a true, nos dirigiremos a la propiedad ngIf y le pasamos la variable.

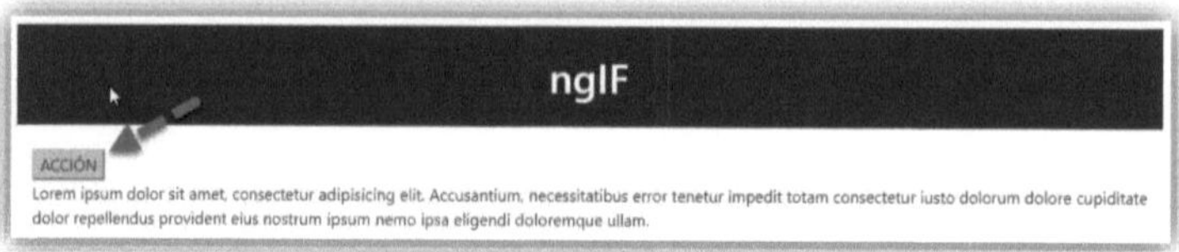

Nos dirigiremos al navegado, en donde podremos observar que efectivamente el botón se ha agregado, lo pulsaremos con un click, tal y como se muestra en la figura 81.

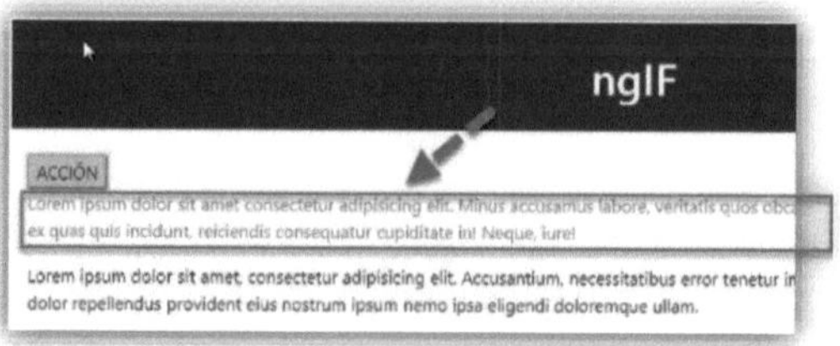

Figura 81: Vista del botón creado

Una vez que pulsamos el botón, podremos observar que el párrafo se ha cargado y esto se debe a que la variable ha tomado el valor de true y por lo tanto se mostrará el contenido, tal y como se muestra en la figura 82.

Figura 82: Párrafo mostrado al cambiar la propiedad a true de la propiedad ngIf

El siguiente paso es mostrar la variable mostrar directamente en el archivo HTML, para hacerlo nos dirigiremos a la etiqueta `<h1>` y dentro ingresaremos llaves dobles, y dentro de estas llaves podremos establecer una variable.

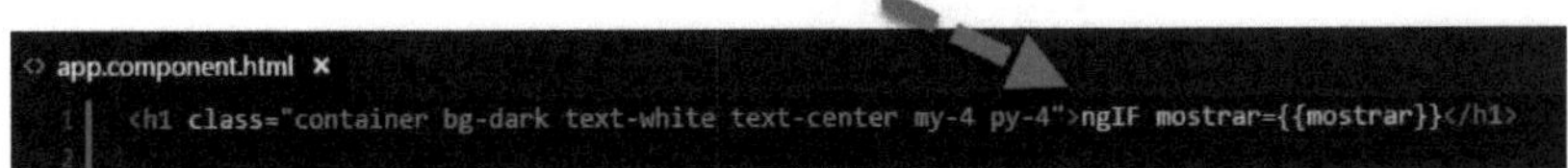

Nos dirigiremos al sitio web, en donde podremos observar que la variable no está iniciada, tal y como se muestra en la figura 83.

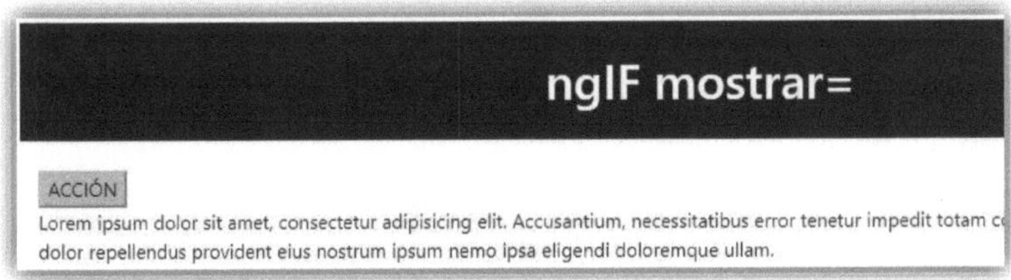

Figura 83: Vista de la página con la variable no iniciada

Al momento de presionar el botón, observaremos que a la variable se le asigna el valor=true y muestra el contenido del primer párrafo, tal y como se muestra en la figura 84.

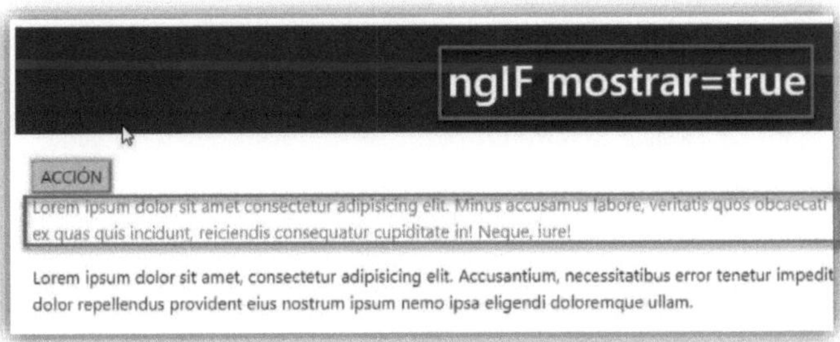

Figura 84: Vista de la página con la variable iniciada

Lo siguiente que haremos, ser dirigirnos al archivo `app.component.ts` y establecemos la variable de tipo boolean `mostrar`=true, con esta acción que acabamos de realizar la variable mostrar todo el tiempo iniciara en verdadero.

```ts
import { Component } from '@angular/core';

@Component({
  selector: 'app-root',
  templateUrl: './app.component.html',
  styleUrls: ['./app.component.css']
})
export class AppComponent {
  mostrar:boolean=true;
}
```

Lo siguiente que haremos, será dirigirnos al archivo `app.component.html`, e indicarle que mostrar será igual a su opuesto.

```html
<h1 class="container bg-dark text-white text-center my-4 py--4">ngIF mostrar={{mostrar}}<
<div class="container">
    <button class="btn-warning" (click)="mostrar=!mostrar" >ACCIÓN</button>
    <p class="text-info" *ngIf="mostrar">
        Lorem ipsum dolor sit amet consectetur adipisicing elit. Minus accusamus labore,
    </p>
```

Al dirigirnos a nuestro sitio web, podremos observar cómo es que se inicia con el valor verdadero, pulsaremos con un click el botón de acción, tal y como se muestra en la figura 85.

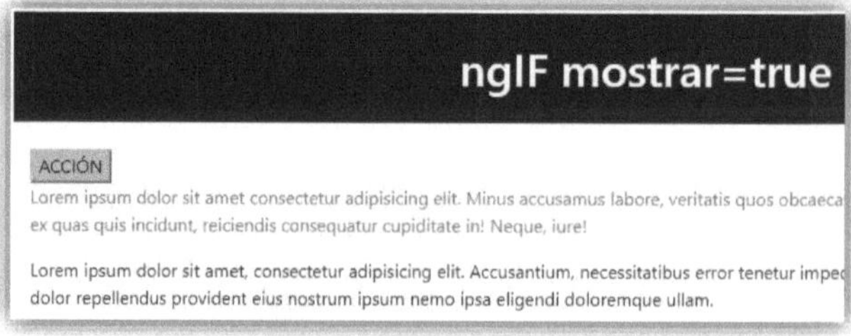

Figura 85: Vista de la página con la variable iniciada en true

Podremos observar que el valor de la variable cambia a false y esta oculta el valor del primer párrafo ya que la variable estará tomando su valor opuesto, tal y como se muestra en la figura 86.

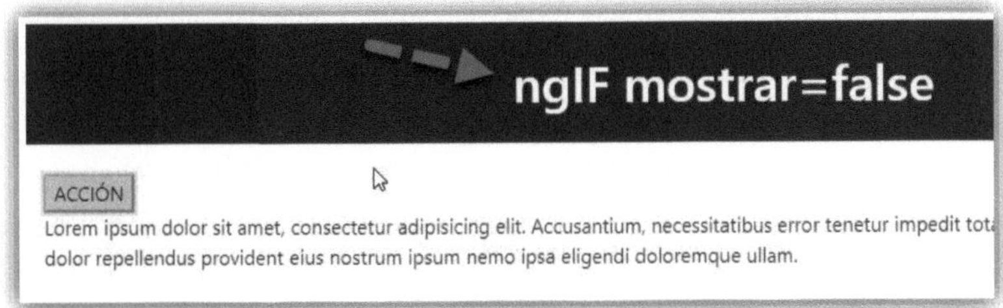

Figura 86: Vista de la página con la variable iniciada en true

NGCLASS

Esta directiva de ANGULAR, nos sirve para poder colocar clases directamente en nuestro código HTML, pero de una forma mucho más dinámica, lo que haremos, será dirigirnos al archivo app.component.html y realizaremos algunos cambios:

- Cambiaremos el texto a ngClass
- Agregaremos un segundo botón con las clases propias de Boostrap

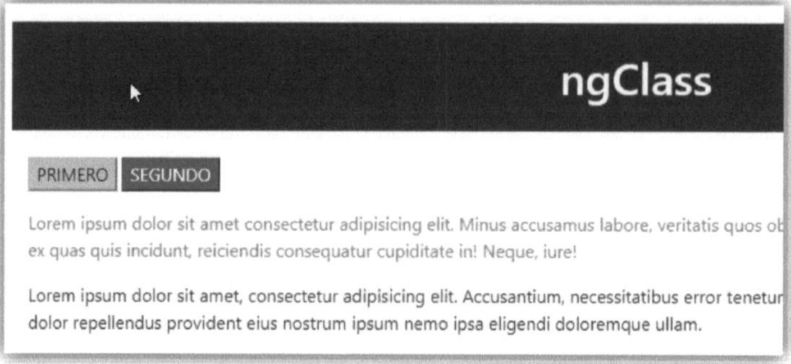

Al dirigirnos al navegador podremos observar los cambios tal y como se muestran en la figura 87.

Figura 87: Vista de los botones y el cambio de la redacción

Lo que haremos, será dirigirnos a la etiqueta de párrafo y utilizando corchetes, ingresaremos [`ngClass`], fuera de los corchetes abrimos las comillas y dentro podremos aplicar la clase que deseamos que se introduzca, en este párrafo en específico, por ejemplo, si es un string, colocaremos comillas simples y dentro un `bg-dark`, así le estamos diciendo que al párrafo se le aplique un fondo oscuro

```
<p class="text-info" [ngClass]="'bg-dark'">
    Lorem ipsum dolor sit amet consectetur adipisicing
</p>
```

Al dirigirnos al navegador, podremos observar que efectivamente se está aplicando un fondo color oscuro al primer párrafo, tal y como se muestra en la figura 88.

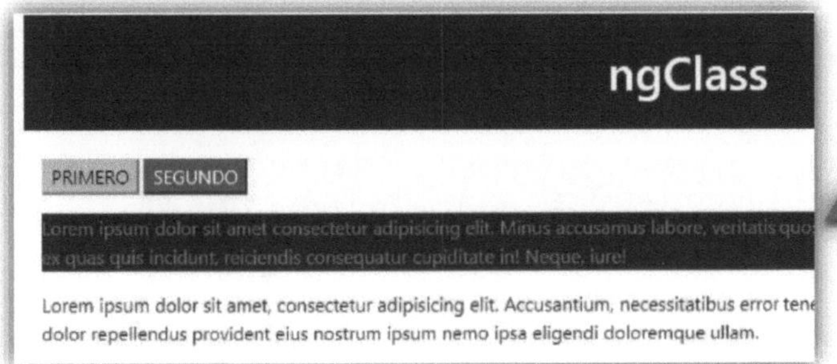

Figura 88: Vista del fondo oscuro aplicado al primer párrafo

Utilización de variables

Estos cambios los podremos realizar, mediante la utilización de variables, lo que haremos será establecer una variable en el primer párrafo, de tal manera que al pulsar uno de los botones, se cambie el fondo a color oscuro del párrafo.

```
<div class="container">

    <button class="btn-warning mb-3" (click)="fondo='bg-dark'">PRIMERO</button>
    <button class="btn-danger mb-3">SEGUNDO</button>

    <p class="text-info" [ngClass]="fondo">
        Lorem ipsum dolor sit amet consectetur adipisicing elit. Minus accusamus labore,
    </p>
```

Vista en el navegador antes de pulsar un click sobre el primer botón

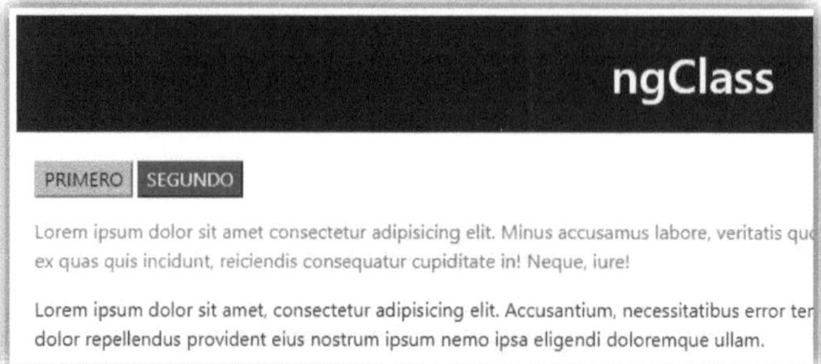

Figura 89: Vista de la página antes de pulsar el botón

Una vez que pulsamos un click sobre el botón, podremos notar que cambia el fondo a un color oscuro.

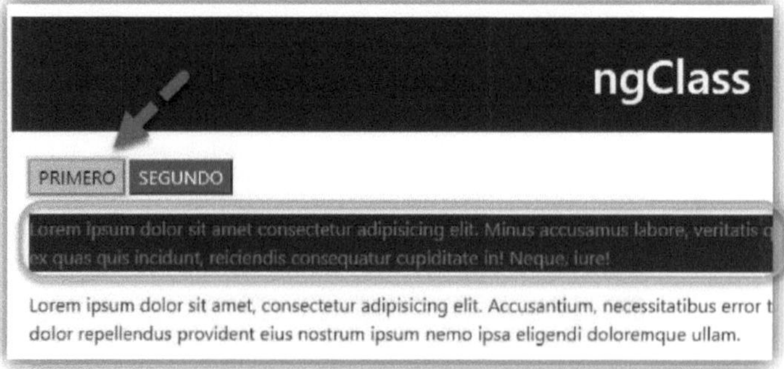

Figura 90: Vista del fondo oscuro al pulsar el botón

Lo siguiente que haremos, será crear el comportamiento del segundo botón.

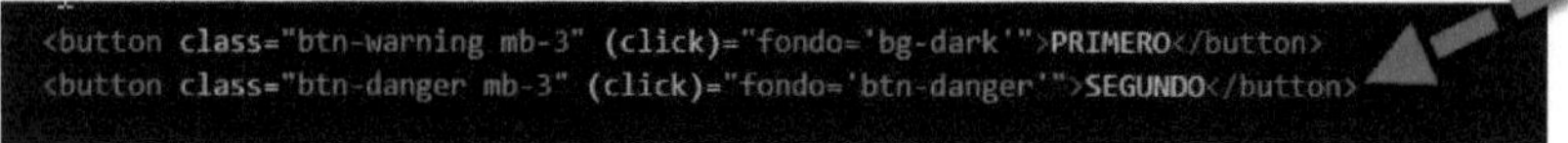

Al dirigirnos al navegador podremos observar que al pulsar un click sobre el primer botón, este cambiara al fondo color oscuro, tal y como se aprecia en la figura 91.

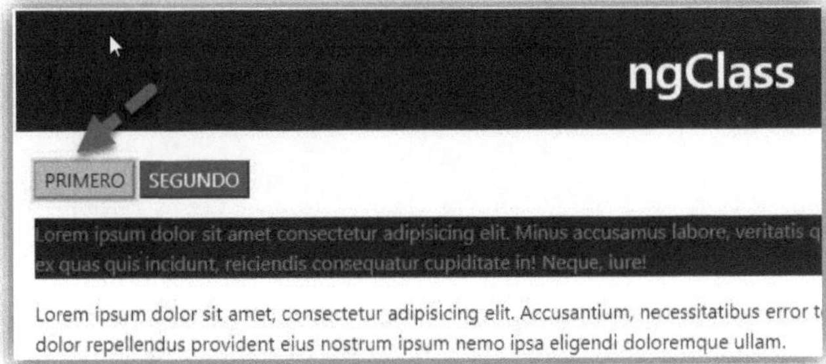

Figura 91: Vista del Texto al pulsar el primer Botón

Al pulsar el segundo botón podremos observar que el fondo del párrafo se torna color rojo, tal y como se aprecia en la figura 92.

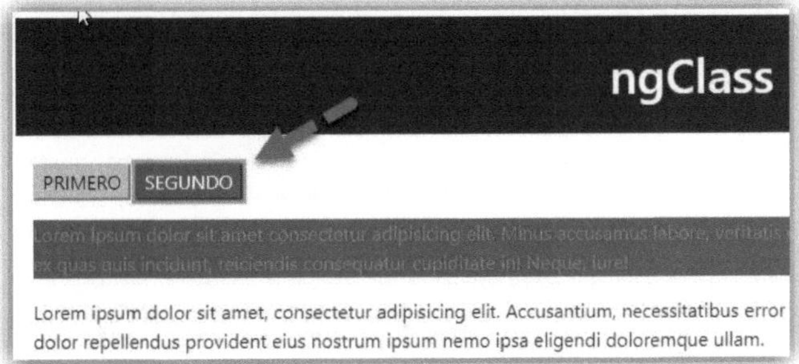

Figura 90: Vista del Texto al pulsar el segundo Botón

Condicionales ngClass

Lo que haremos, será agregar la clase **d-none** a cada uno de los párrafos,

```
<p class="text-info d-none" [ngClass]="fondo">
    Lorem ipsum dolor sit amet consectetur adipisicing elit. Minus accusamus labore, veritatis quos obc
</p>

<p class="text-dark d-none">
    Lorem ipsum dolor sit amet, consectetur adipisicing elit. Accusantium, necessitatibus error tenetur
</p>
```

Al dirigirnos al navegador, podremos observar que la clase **d-none** ha ocultado la información contenida en los párrafos, tal y como se muestra en la figura 91.

Figura 91: Página que muestra la utilización de la clase d-none

Lo siguiente que haremos, será utilizar la clase **d-block** en los botones y le asignaremos el valor en **ngClass** por medio de la utilización de la variable.

```
<button class="btn-warning mb-3" (click)="fondo='d-block'">PRIMERO</button>
<button class="btn-danger mb-3" (click)="fondo='d-block'">SEGUNDO</button>

<p class="text-info d-none" [ngClass]="fondo">
    Lorem ipsum dolor sit amet consectetur adipisicing elit. Minus accusamus labore, veritatis quos obc
</p>

<p class="text-dark d-none" [ngClass]="fondo">
    Lorem ipsum dolor sit amet, consectetur adipisicing elit. Accusantium, necessitatibus error tenetur
</p>
```

De tal manera que, al dirigirnos al navegador, podremos observar que al presionar cualquiera de los dos botones, se muestran ambos párrafos, tal y como se muestra en la figura 92 y 93.

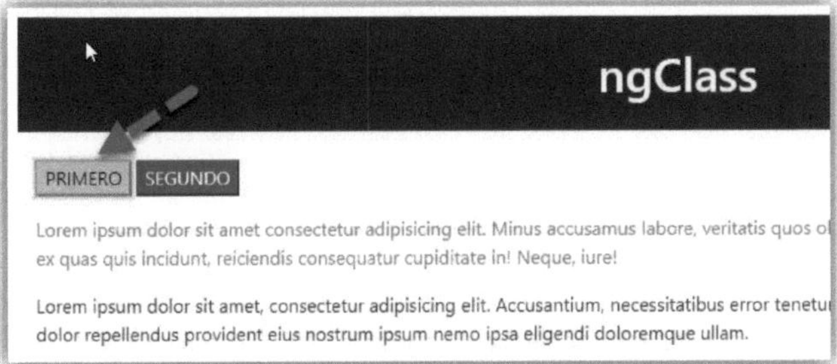

Figura 92: Vista de los párrafos al pulsar el primer botón.

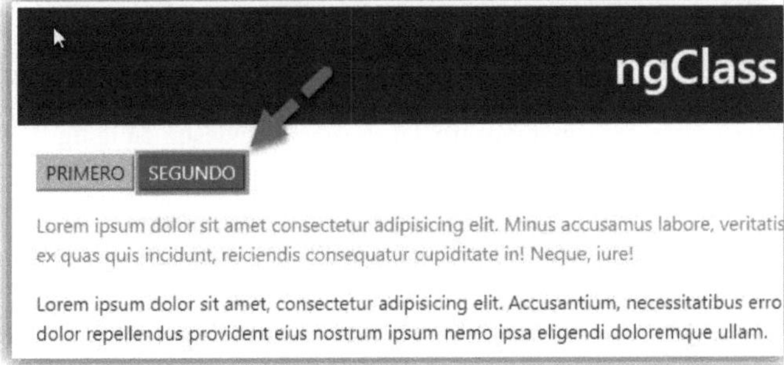

Figura 93: Vista de los párrafos al pulsar el segundo botón.

Remplazo dinámico

Lo siguiente que haremos, será asignar los valores a las variables de los botones, siendo primero y segundo.

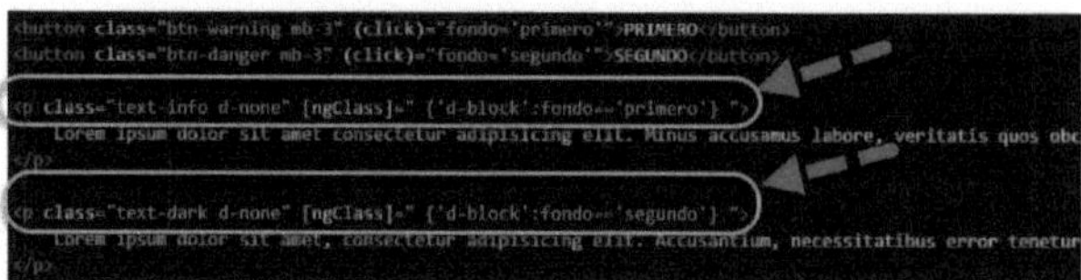

Lo siguiente será dirigirnos a los párrafos y establecer llaves, dentro de las llaves vamos a colocar la clase **d-block**, esta clase estará condicionada a cuando la variable tome el valor al pulsar un click sobre un determinado botón.

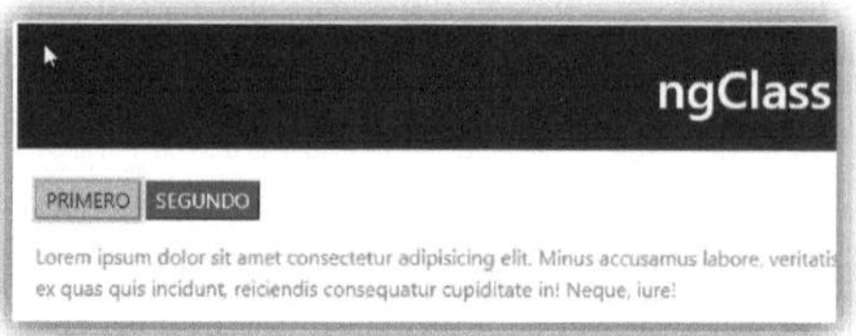

Al dirigirnos al navegador y pulsar un click sobre el primer botón, podremos observar que se carga el primer párrafo, tal y como se muestra en la figura 94.

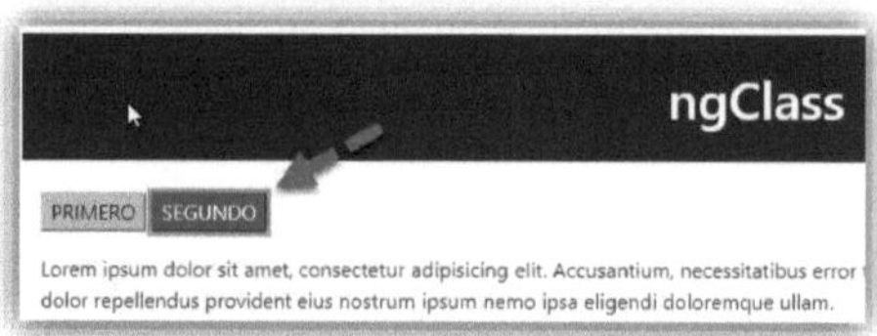

Figura 94: Vista de los párrafos al pulsar el primer botón.

Al dirigirnos al navegador y pulsar un click sobre el segundo botón, podremos observar que se carga el segundo párrafo, tal y como se muestra en la figura 95.

Figura 95: Vista de los párrafos al pulsar el segundo botón.

NGFOR

En esta parte del curso vamos a explicar la utilización de `ngFor`, para hacerlo nos vamos a dirigir al archivo `app.component.html`, y agregaremos una lista a la estructura, esta lista será leída desde una matriz

```html
<> app.component.html ●

1    <h1 class="container bg-dark text-white text-center my-4 py-4">ngFor</h1>
2
3    <div class="container">
4
5        <ul>
6            <li></li>
7        </ul>
8
9    </div>
```

Lo siguiente que haremos, será dirigirnos al archivo `app.component.ts` y dentro de la clase, vamos a definir una variable llamada `cursos` de tipo `string` la cual será un `array`, a la variable se le igualara una serie de elementos de tipo string.

```typescript
TS app.component.ts ✕

1    import { Component } from '@angular/core';
2
3    @Component({
4        selector: 'app-root',
5        templateUrl: './app.component.html',
6        styleUrls: ['./app.component.css']
7    })
8    export class AppComponent {
9        cursos:string[]=['ANGULAR','PHP','HTML','CSS']
10   }
```

Nos dirigiremos al archivo `app.component.html` para realizar la iteración del array, dentro de la lista, es en la lista en donde nosotros vamos a utilizar `ngFor`, en donde vamos a utilizar let para declarar una variable llamada `curso`, la cual será dinámica por cada vuelta y el siguiente parámetro será indicarle el `array` que nosotros deseamos recorrer, hay que recordar que al array le establecimos el nombre `cursos`.

También utilizaremos las dobles llaves y dentro de las llaves vamos a establecer el nombre de la variable llamada `curso`, la cual tomará el valor de cada uno de los elementos que nosotros tenemos contenidos en el array.

```
<> app.component.html  ✕

1    <h1 class="container bg-dark text-white text-center my-4 py-4">ngFor</h1>
2
3    <div class="container">
4
5        <ul>
6            <li *ngFor="let curso of cursos">{{curso}}</li>
7        </ul>
8
9    </div>
```

Al dirigirnos al navegador, podremos observar que se nos muestran todos los elementos que tenemos contenidos en el array, tal y como se muestran en la figura 96.

Figura 96: Vista los elementos contenidos en él array.

Tablas

Lo siguiente que haremos, será crear una tabla, la cual contendrá una cabecera

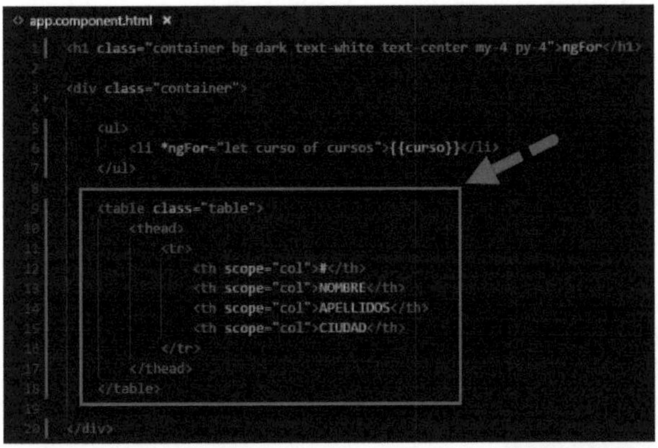

```html
<h1 class="container bg-dark text-white text-center my-4 py-4">ngFor</h1>

<div class="container">

    <ul>
        <li *ngFor="let curso of cursos">{{curso}}</li>
    </ul>


    <table class="table">
        <thead>
            <tr>
                <th scope="col">#</th>
                <th scope="col">NOMBRE</th>
                <th scope="col">APELLIDOS</th>
                <th scope="col">CIUDAD</th>
            </tr>
        </thead>
    </table>

</div>
```

Lo siguiente que haremos, será dirigirnos al archivo `app.component.ts` y vamos a crear un arreglo que se llame alumnos, especificándole que será de tipo `any`, ya que construiremos objetos en su interior, siendo que los objetos se inicializan con un par de llaves, dentro de las cuales habrá un `id, nombre, apellido y ciudad`.

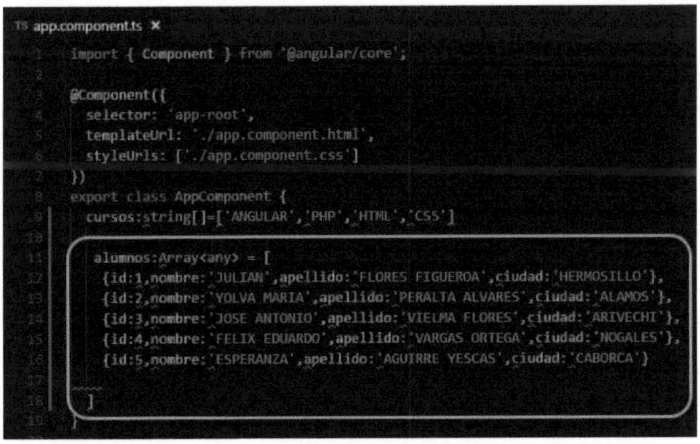

```typescript
import { Component } from '@angular/core';

@Component({
  selector: 'app-root',
  templateUrl: './app.component.html',
  styleUrls: ['./app.component.css']
})
export class AppComponent {
  cursos:string[]=['ANGULAR','PHP','HTML','CSS']

  alumnos:Array<any> = [
    {id:1,nombre:'JULIAN',apellido:'FLORES FIGUEROA',ciudad:'HERMOSILLO'},
    {id:2,nombre:'YOLVA MARIA',apellido:'PERALTA ALVARES',ciudad:'ALAMOS'},
    {id:3,nombre:'JOSE ANTONIO',apellido:'VIELMA FLORES',ciudad:'ARIVECHI'},
    {id:4,nombre:'FELIX EDUARDO',apellido:'VARGAS ORTEGA',ciudad:'NOGALES'},
    {id:5,nombre:'ESPERANZA',apellido:'AGUIRRE YESCAS',ciudad:'CABORCA'}

  ]
}
```

Lo siguiente que haremos, será dirigirnos al archivo `app.component.html` y crear la sección del cuerpo de la tabla, podremos observar que tenemos una etiqueta `<tr>` que es el lugar en donde crearemos el ciclo, por lo tanto, dentro de ese `<tr>`, vamos a realizar el ciclo `for`, en donde realizaremos la declaración que se va a iterar. Dentro de la estructura de `<tr>`, utilizaremos las etiquetas `<td>` la cual corresponde al contenido de la columna, utilizando llaves dobles y dentro el nombre de la variable seguida de un punto y el objeto del arreglo.

```html
<table class="table">
    <thead>
        <tr>
            <th scope="col">#</th>
            <th scope="col">NOMBRE</th>
            <th scope="col">APELLIDOS</th>
            <th scope="col">CIUDAD</th>
        </tr>
    </thead>
    <tbody>
        <tr *ngFor="let alumno of alumnos">
            <td>{{alumno.id}}</td>
            <td>{{alumno.nombre}}</td>
            <td>{{alumno.apellido}}</td>
            <td>{{alumno.ciudad}}</td>
        </tr>
    </tbody>
</table>
```

Al dirigirnos al navegador, podremos observar cómo es que tenemos una tabla y dentro de la tabla se muestra el contenido de cada uno de los objetos del arreglo, tal y como se aprecia en la figura 97.

ngFor

- ANGULAR
- PHP
- HTML
- CSS

#	NOMBRE	APELLIDOS	CIUDAD
1	JULIAN	FLORES FIGUEROA	HERMOSILLO
2	YOLVA MARIA	PERALTA ALVARES	ALAMOS
3	JOSE ANTONIO	VIELMA FLORES	ARIVECHI
4	FELIX EDUARDO	VARGAS ORTEGA	NOGALES
5	ESPERANZA	AGUIRRE YESCAS	CABORCA

Figura 97: Vista de los objetos del arreglo.

CONFIGURACIÓN DE RUTAS

Lo primero que tendremos que hacer, es crear un directorio, al cual le vamos a establecer el nombre de **RUTAS**.

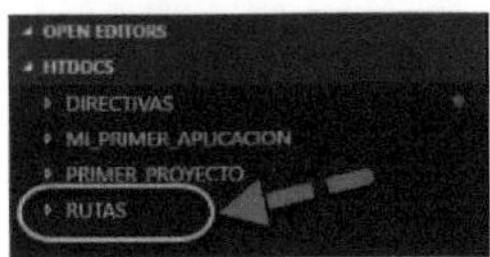

Utilizando la terminal, ingresaremos a la ruta del proyecto y una vez posicionados en la ruta del proyecto, crearemos un proyecto con el nombre: `rutas`

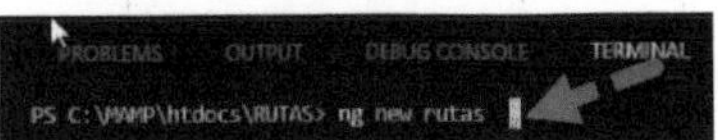

Una vez que el proyecto se ha creado, inicializaremos el servidor con el comando: `ng serve`

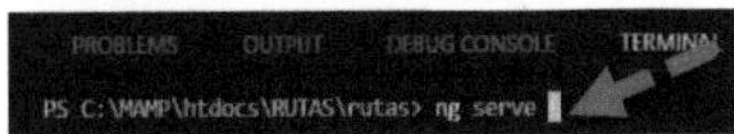

Lo siguiente que haremos, será crear componentes, los cuales tendrán por nombre, header, footer, body, contactos con el comando: `ng g c header`

Lo siguiente que haremos, será dirigirnos al archivo `app.module.ts`, para comprobar la creación de los componentes, en donde efectivamente podremos observar las importaciones.

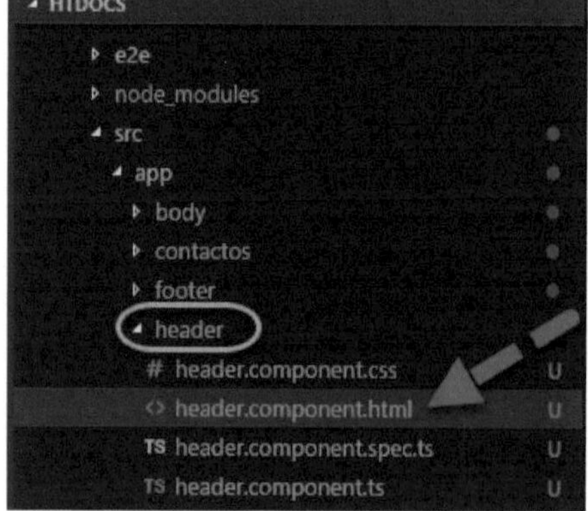

Lo siguiente que haremos, será dirigirnos al componente del header y abrimos el archivo `header.component.html`.

Creamos una etiqueta <div> con clases propias tales como `bg-dark` y `text-white`, dentro de esta etiqueta incluiremos una etiqueta <h1> con el texto encabezado.

```html
<> header.component.html ●
1    <div class="bg-dark text-white py-5">
2      <h1>ENCABEZADO</h1>
3    </div>
4
```

Lo siguiente que haremos, será dirigirnos al archivo `header.component.ts`, en donde copiaremos el nombre del selector

```ts
TS header.component.ts ✕
1    import { Component, OnInit } from '@angular/core';
2
3    @Component({
4      selector: 'app-header',
5      templateUrl: './header.component.html',
6      styleUrls: ['./header.component.css']
7    })
```

Lo siguiente que haremos, será dirigirnos al archivo `app.component.html`, establecemos el nombre del selector como nuestra ruta base, el cual estará dentro de una etiqueta <div>, con una clase `container`.

```html
<> app.component.html ✕
1    <div class="container">
2      <app-header></app-header>
3    </div>
4
```

Inclusión de Bootstrap

Lo siguiente que haremos, será dirigirnos a la siguiente URL:

- https://getbootstrap.com/cs/4.0/getting-started/introduction/

Una vez que se encuentre en la página, diríjase a la sección de los estilos en **CSS**.

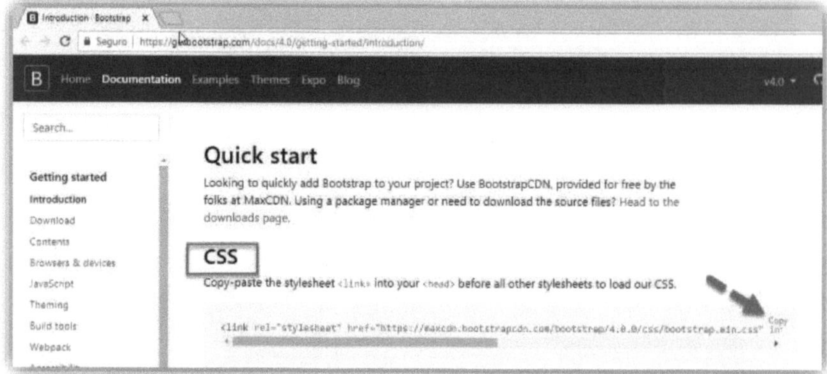

Una vez copiado el enlace al servidor externo, nos dirigiremos al archivo `index.html`, y antes de la etiqueta de cierre de `<head>` lo voy a pegar.

Nos dirigiremos al navegador y observaremos, que se establece el texto "encabezado", con las propiedades que hemos asignado, tal y como se aprecia en la figura 98.

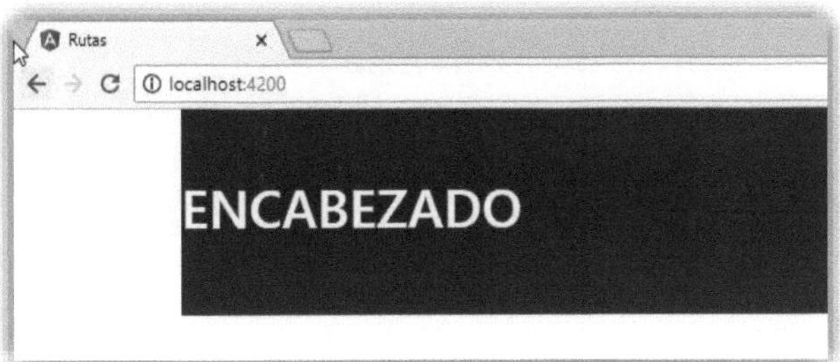

Figura 98: Vista del Navegador en donde se muestra el componente header.

Pie de Página

Lo siguiente que haremos, será dirigirnos al componente del **footer** y abrimos el archivo `footer.component.html`.

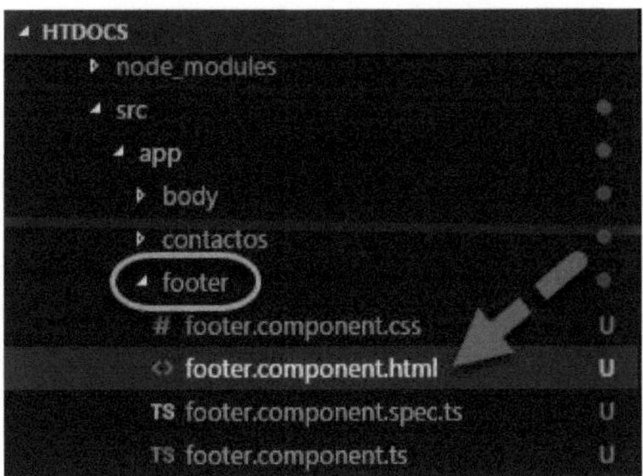

Creamos una etiqueta `<div>` con clases propias tales como `bg-dark`, `text-white` y `fixed-button container` dentro de esta etiqueta incluiremos una etiqueta `<p>` con el texto correspondiente al pie de página.

```html
<> footer.component.html ✕
1   <div class="bg-dark text-white fixed-bottom container">
2     <p>ESTE ES EL PIE DE LA PÁGINA</p>
3   </div>
4
```

Lo siguiente que haremos, será dirigirnos al archivo `footer.component.ts`, en donde copiaremos el nombre del selector.

```ts
TS footer.component.ts ✕
1   import { Component, OnInit } from '@angular/core';
2
3   @Component({
4     selector: 'app-footer',
5     templateUrl: './footer.component.html',
6     styleUrls: ['./footer.component.css']
7   })
```

Lo siguiente que haremos, será dirigirnos al archivo `app.component.html`, establecemos el nombre del selector como nuestra ruta base, el cual estará dentro de una etiqueta `<div>`, con una clase `container`.

```html
<> app.component.html ✕
1   <div class="container">
2     <app-header></app-header>
3     <app-footer></app-footer>
4   </div>
5
```

Al dirigirnos al navegador, podremos observar el texto que establecimos en el componente con el nombre **footer**.

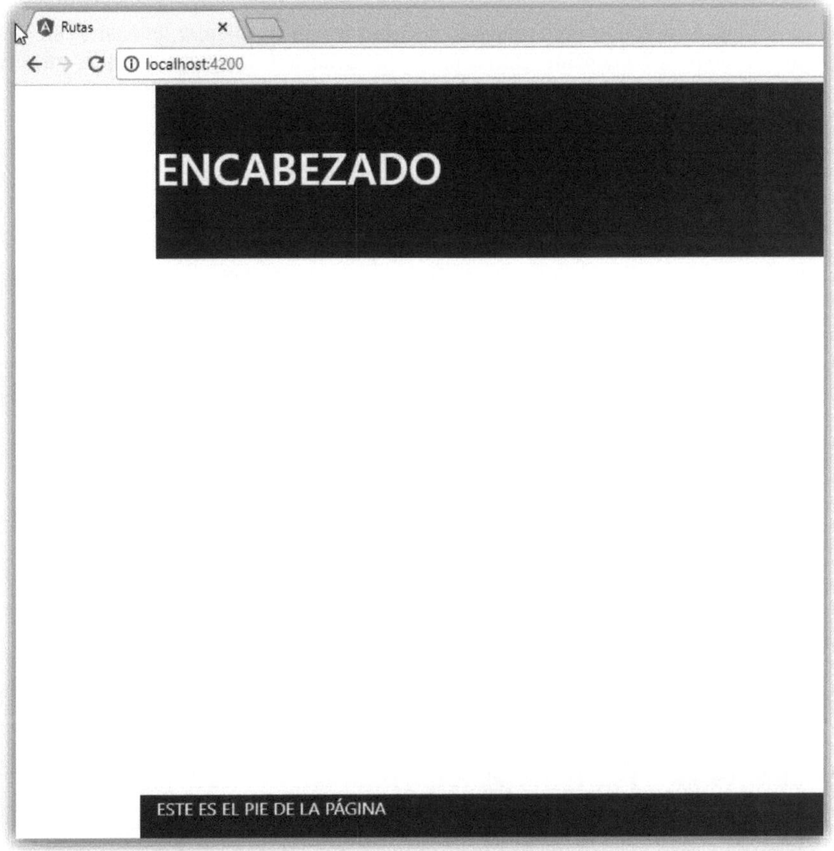

Figura 99: Vista del Navegador en donde se muestra el componente footer.

Gestión de la Ruta

Dirígete a la siguiente ruta: https://angular.io/tutorial/toh-pt5

Es el lugar en donde encontraras la documentación de angular, la cual estaremos utilizando recurrentemente, en este proyecto, localizaras la sección Routing y dentro de esa sección deberás localizar la instrucción:

```
import { RouterModule, Routes } from '@angular/router';
```

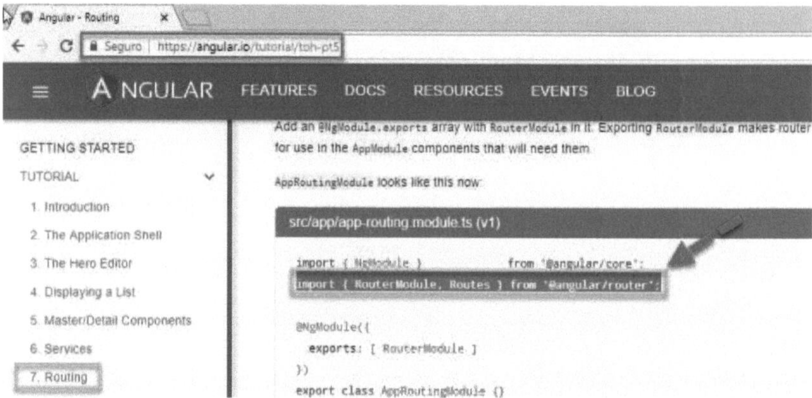

Lo siguiente que haremos, será dirigirnos al archivo **app.module.ts**, posiciónate en el primer renglón y pega la instrucción copiada.

```
import { RouterModule, Routes } from '@angular/router';

import { BrowserModule } from '@angular/platform-browser';
import { NgModule } from '@angular/core';
import { FormsModule } from '@angular/forms';
import { HttpModule } from '@angular/http';

import { AppComponent } from './app.component';
import { HeaderComponent } from './header/header.component';
import { FooterComponent } from './footer/footer.component';
import { BodyComponent } from './body/body.component';
import { ContactosComponent } from './contactos/contactos.component';
```

El siguiente paso, será dirigirte al final de las importaciones, en donde vamos a establecer una constante con el nombre **routes** de tipo **Routes**, abrimos corchetes y dentro de los corchetes vamos a colocar un objeto, el cual contiene un path, el cual tendrá por nombre contacto e indicarle el nombre del componente, en nuestro caso será el del componente contactos.

```typescript
import { RouterModule, Routes } from '@angular/router';

import { BrowserModule } from '@angular/platform-browser';
import { NgModule } from '@angular/core';
import { FormsModule } from '@angular/forms';
import { HttpModule } from '@angular/http';

import { AppComponent } from './app.component';
import { HeaderComponent } from './header/header.component';
import { FooterComponent } from './footer/footer.component';
import { BodyComponent } from './body/body.component';
import { ContactosComponent } from './contactos/contactos.component';

const routes:Routes = [
  {path:'contacto', component:ContactosComponent }
];
```

El siguiente paso es dirigirnos a la sección de importaciones, en donde agregaremos la instrucción **RouterModule.forRoot (routes)**, dentro del paréntesis tiene el nombre de la constante previamente definida.

```typescript
@NgModule({
  declarations: [
    AppComponent,
    HeaderComponent,
    FooterComponent,
    BodyComponent,
    ContactosComponent
  ],
  imports: [
    BrowserModule,
    RouterModule.forRoot(routes),
    FormsModule,
    HttpModule
  ],
  providers: [],
  bootstrap: [AppComponent]
})
export class AppModule { }
```

Lo siguiente que haremos, será dirigirnos al archivo app.component.html, e introducimos la etiqueta.

- `<router-outlet></router-outlet>`

```
app.component.html  ×
1   <div class="container">
2     <app-header></app-header>
3
4     <router-outlet></router-outlet>
5
6     <app-footer></app-footer>
7   </div>
```

Lo que debemos comprender en este punto es que el contenido de los componentes **footer** y **header**, permanecerán de modo estático y la etiqueta `<router-outlet>`, identificará de modo automático si es que se está configurando alguna ruta, en este caso es **contacto** y si es que estamos en esa ruta mostrará el componente contacto.

```
const routes:Routes = [
  {path:'contacto', component:ContactosComponent }
];
```

Al dirigirnos al navegador, podremos observar que, en la URL, estamos indicando la ruta del componente llamado **contacto** y esta nos muestra el contenido.

Figura 99: Vista del componente contacto.

Incluir un formulario de Bootstrap

Dirígete a la siguiente URL:

- https://getbootstrap.com/docs/4.0/getting-started/introduction/

Una vez que te encuentres en la página principal, dirígete a la sección de **componentes** y dentro de componentes busca **forms** para copiar el código del **formulario**.

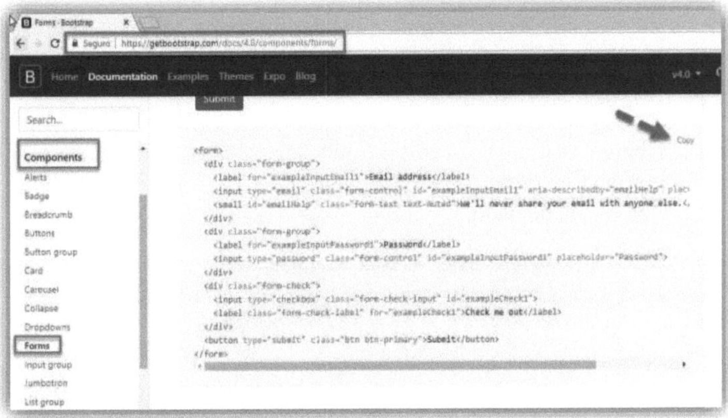

CÓDIGO DEL FORMULARIO

```
<form>
  <div class="form-group">
    <label for="exampleInputEmail1">Email address</label>
    <input type="email" class="form-control" id="exampleInputEmail1" aria-
describedby="emailHelp" placeholder="Enter email">
    <small id="emailHelp" class="form-text text-muted">We'll never share your email with
anyone else.</small>
  </div>
  <div class="form-group">
    <label for="exampleInputPassword1">Password</label>
    <input type="password" class="form-control" id="exampleInputPassword1"
placeholder="Password">
  </div>
  <div class="form-check">
    <input type="checkbox" class="form-check-input" id="exampleCheck1">
    <label class="form-check-label" for="exampleCheck1">Check me out</label>
  </div>
  <button type="submit" class="btn btn-primary">Submit</button>
</form>
```

Lo siguiente que haremos, será dirigirnos al componente del `contacto`

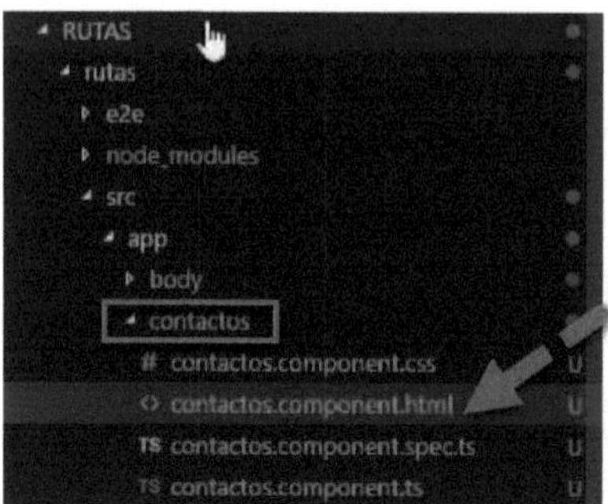

Abrimos el archivo `contactos.component.html`. Una vez que estemos en el archivo, ingresa una etiqueta `<div>`, con una clase `mt-5` y dentro de la etiqueta coloca el código recién copiado.

```html
<div class="mt-5">

    <form>
        <div class="form-group">
            <label for="exampleInputEmail1">Email address</label>
            <input type="email" class="form-control" id="exampleInputEmail1" aria-describedby="emailHelp">
            <small id="emailHelp" class="form-text text-muted">We'll never share your email with anyone el
        </div>
        <div class="form-group">
            <label for="exampleInputPassword1">Password</label>
            <input type="password" class="form-control" id="exampleInputPassword1" placeholder="Password">
        </div>
        <div class="form-check">
            <input type="checkbox" class="form-check-input" id="exampleCheck1">
            <label class="form-check-label" for="exampleCheck1">Check me out</label>
        </div>
        <button type="submit" class="btn btn-primary">Submit</button>
    </form>


</div>
```

Nos dirigiremos al navegador, en donde podremos observar que tenemos el llamado al componente contacto, pero en esta ocasión tiene un formulario, el cual establecimos utilizando Bootstrap.

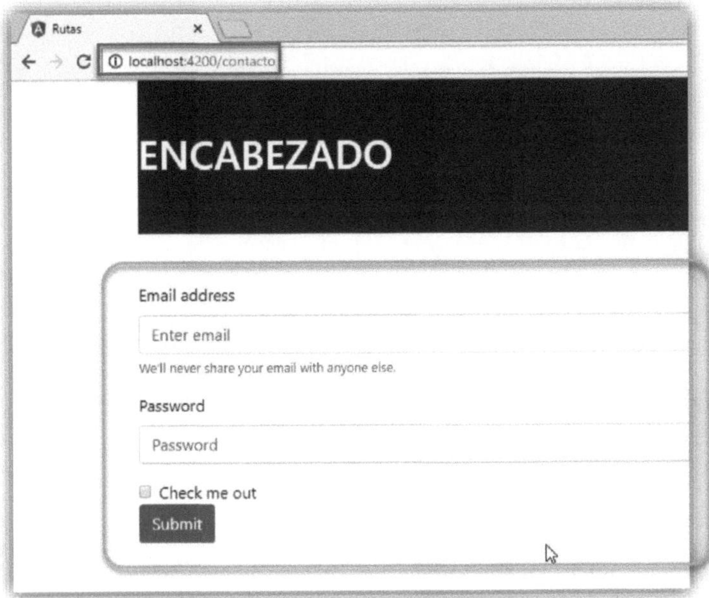

Figura 99: Vista del componente contacto, con formulario Bootstrap

Creación de componentes

Lo siguiente que haremos, será crear dos componentes más con los nombres: `nosotros e inicio`, para hacerlo, deberemos dirigirnos a la ruta del proyecto y ejecutar el comando: ng `g c  nombre_componente`

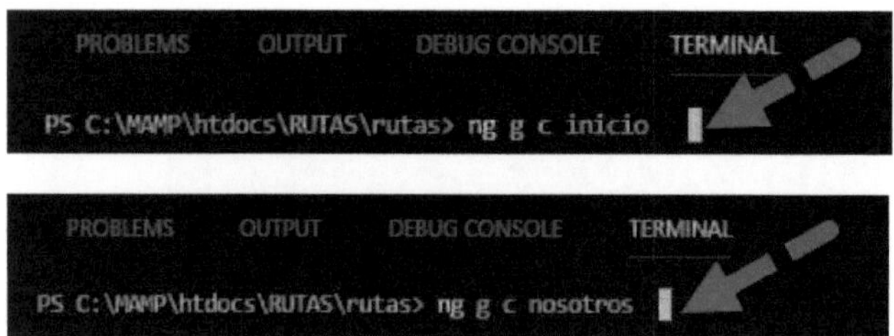

Lo siguiente que haremos, será dirigirnos a la ruta del componente nosotros y abriremos el archivo con el nombre `nosotros.component.html`

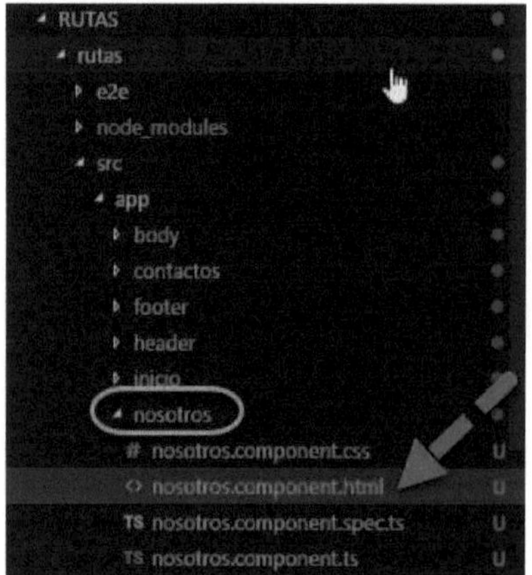

Una vez que tenemos abierto el archivo **nosotros.component.html**, vamos a editar el documento con una etiqueta `<div>` la cual contendrá una clase `mt-5`, incluiremos una etiqueta `<h2>` en la cual agregaremos el título **"nosotros"** y por último agregaremos una etiqueta `<p>` en donde agregaremos un `lorem`

```html
<> nosotros.component.html  X
1   <div mt-5>
2       <h2>ESTA PÁGINA SE REFIERE A NOSOTROS</h2>
3           <P>Lorem ipsum, dolor sit amet consectetur adipisicing elit. Expedita debitis enim amet consectetu
4
5   </div>
6
```

Modificar la ruta para nuevos componentes

Lo siguiente que haremos, será dirigirnos a la ruta **app.module.ts** y en la sección en donde tenemos establecida la constante `routes`, agregaremos un nuevo objeto.

```ts
16   const routes:Routes = [
        {path:'contacto', component:ContactosComponent },
18      {path:'nosotros', component:NosotrosComponent}
19
20   ];
```

Lo siguiente que haremos, será dirigirnos al navegador y le indicaremos en la URL que localice el componente en el **path** con el nombre **"nosotros"**, tal y como se muestra en la figura 100.

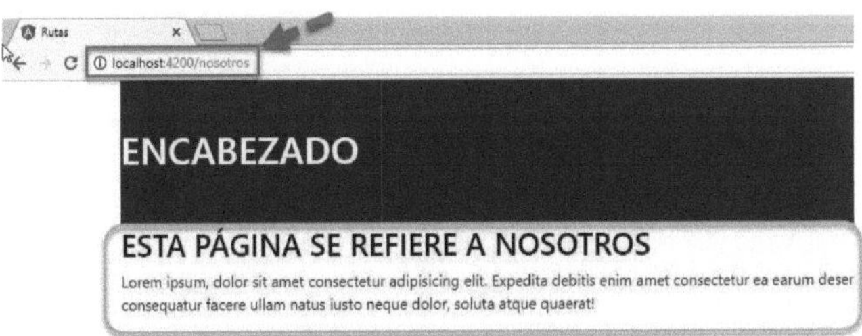

Figura 100: Vista del componente nosotros

Lo siguiente que haremos, será dirigirnos a la ruta del componente inicio y abriremos el archivo con el nombre `inicio.component.html`

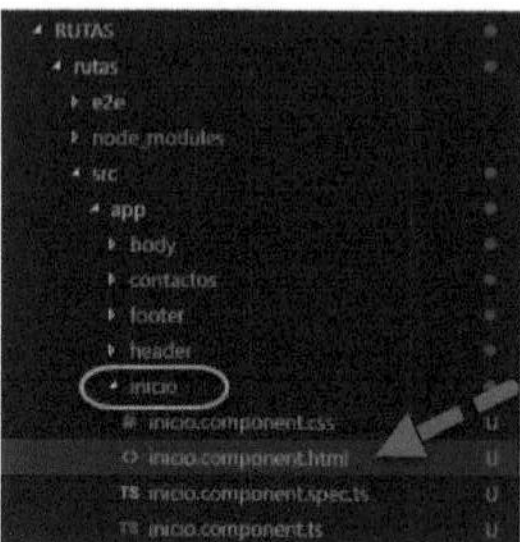

Una vez que tenemos abierto el archivo **inicio.component.html**, vamos a editar el documento con una etiqueta `<div>` la cual contendrá una clase `mt-5`, incluiremos una etiqueta `<h2>` en la cual agregaremos el título `"ES LA PÁGINA DE INICIO"` y por último agregaremos una etiqueta `<p>` en donde agregaremos un `lorem`

```
inicio.component.html ✕
1    <div mt-5>
2        <h2>ESTA ES UNA PÁGINA DE INICIO</h2>
3            <P>Lorem ipsum, dolor sit amet consectetur adipisicing elit. Tempora esse alias odit, facilis corr
4
5    </div>
```

Lo siguiente que haremos, será dirigirnos a la ruta **app.module.ts** y en la sección en donde tenemos establecida la constante `routes`, agregaremos dos objetos nuevos, en donde indicamos que direccione a la página **inicio** cuando el path se lo indique, pero además cuando se encuentre un path desconocido, lo direccione a la página de **inicio**.

```
16   const routes:Routes = [
17     {path:'contacto', component:ContactosComponent },
18     {path:'nosotros', component:NosotrosComponent},
19     {path:'inicio', component:InicioComponent, pathMatch:'full'},
20     {path: '**', redirectTo: '/inicio', pathMatch: 'full'},
21
22   ];
```

Creación de un Nabar

Dirígete a la siguiente URL:

- https://getbootstrap.com/docs/4.0/getting-started/introduction/

Una vez que te encuentres en la página principal, dirígete a la sección de **components** y dentro de componentes busca **Navbar** para copiar el código de la barra de Navegación.

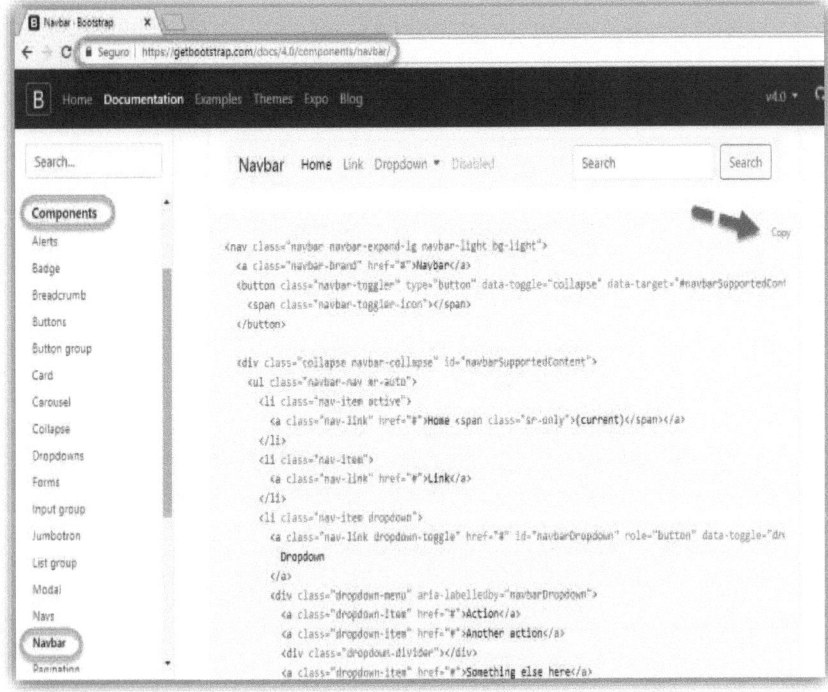

```
<nav class="navbar navbar-expand-lg navbar-light bg-light">
  <a class="navbar-brand" href="#">Navbar</a>
  <button class="navbar-toggler" type="button" data-toggle="collapse" data-
target="#navbarSupportedContent" aria-controls="navbarSupportedContent" aria-
expanded="false" aria-label="Toggle navigation">
    <span class="navbar-toggler-icon"></span>
  </button>

  <div class="collapse navbar-collapse" id="navbarSupportedContent">
    <ul class="navbar-nav mr-auto">
      <li class="nav-item active">
        <a class="nav-link" href="#">Home <span class="sr-
only">(current)</span></a>
      </li>
      <li class="nav-item">
        <a class="nav-link" href="#">Link</a>
      </li>
      <li class="nav-item dropdown">
        <a class="nav-link dropdown-toggle" href="#" id="navbarDropdown"
role="button" data-toggle="dropdown" aria-haspopup="true" aria-expanded="false">
          Dropdown
        </a>
        <div class="dropdown-menu" aria-labelledby="navbarDropdown">
          <a class="dropdown-item" href="#">Action</a>
          <a class="dropdown-item" href="#">Another action</a>
          <div class="dropdown-divider"></div>
          <a class="dropdown-item" href="#">Something else here</a>
        </div>
      </li>
      <li class="nav-item">
        <a class="nav-link disabled" href="#">Disabled</a>
      </li>
    </ul>
    <form class="form-inline my-2 my-lg-0">
      <input class="form-control mr-sm-2" type="search" placeholder="Search" aria-
label="Search">
      <button class="btn btn-outline-success my-2 my-sm-0"
type="submit">Search</button>
    </form>
  </div>
</nav>
```

Lo siguiente que haremos, será dirigirnos a la ruta del componente header y abriremos el archivo con el nombre `header.component.html` y en ese lugar, pegaremos el código de la barra de navegación.

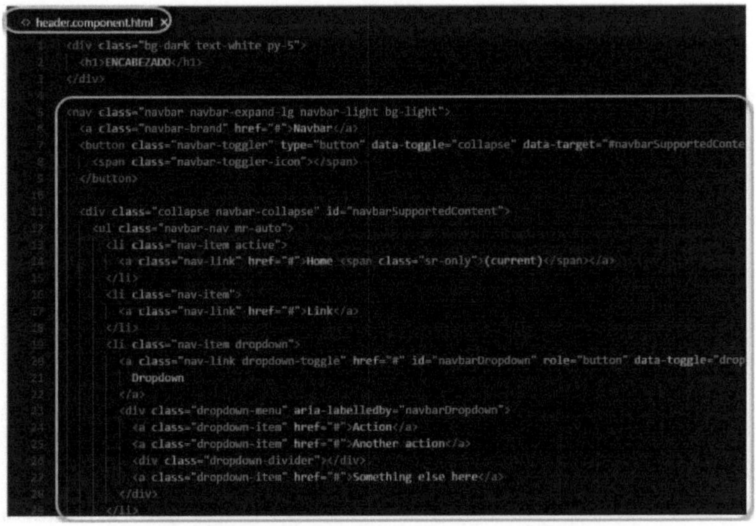

```html
<> header.component.html ✕
<div class="bg-dark text-white py-5">
  <h1>ENCABEZADO</h1>
</div>

<nav class="navbar navbar-expand-lg navbar-light bg-light">
  <a class="navbar-brand" href="#">Navbar</a>
  <button class="navbar-toggler" type="button" data-toggle="collapse" data-target="#navbarSupportedConte
    <span class="navbar-toggler-icon"></span>
  </button>

  <div class="collapse navbar-collapse" id="navbarSupportedContent">
    <ul class="navbar-nav mr-auto">
      <li class="nav-item active">
        <a class="nav-link" href="#">Home <span class="sr-only">(current)</span></a>
      </li>
      <li class="nav-item">
        <a class="nav-link" href="#">Link</a>
      </li>
      <li class="nav-item dropdown">
        <a class="nav-link dropdown-toggle" href="#" id="navbarDropdown" role="button" data-toggle="drop
          Dropdown
        </a>
        <div class="dropdown-menu" aria-labelledby="navbarDropdown">
          <a class="dropdown-item" href="#">Action</a>
          <a class="dropdown-item" href="#">Another action</a>
          <div class="dropdown-divider"></div>
          <a class="dropdown-item" href="#">Something else here</a>
        </div>
      </li>
```

Lo siguiente que haremos, será borrar el código que no vamos a necesitar, así que nos dirigiremos al **Dropdown** y lo borramos.

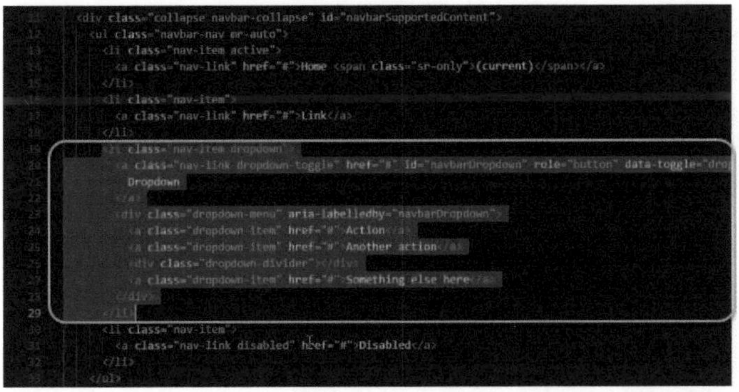

```html
<div class="collapse navbar-collapse" id="navbarSupportedContent">
  <ul class="navbar-nav mr-auto">
    <li class="nav-item active">
      <a class="nav-link" href="#">Home <span class="sr-only">(current)</span></a>
    </li>
    <li class="nav-item">
      <a class="nav-link" href="#">Link</a>
    </li>
    <li class="nav-item dropdown">
      <a class="nav-link dropdown-toggle" href="#" id="navbarDropdown" role="button" data-toggle="drop
        Dropdown
      </a>
      <div class="dropdown-menu" aria-labelledby="navbarDropdown">
        <a class="dropdown-item" href="#">Action</a>
        <a class="dropdown-item" href="#">Another action</a>
        <div class="dropdown-divider"></div>
        <a class="dropdown-item" href="#">Something else here</a>
      </div>
    </li>
    <li class="nav-item">
      <a class="nav-link disabled" href="#">Disabled</a>
    </li>
  </ul>
```

Cambiaremos el valor de las etiquetas <a>, por los nombres:

- **Inicio, Nosotros y Contacto**

```
<div class="collapse navbar-collapse" id="navbarSupportedContent">
    <ul class="navbar-nav mr-auto">
      <li class="nav-item active">
        <a class="nav-link" href="#">Inicio <span class="sr-only">(current)</span></a>
      </li>
      <li class="nav-item">
        <a class="nav-link" href="#">Nosotros</a>
      </li>

      <li class="nav-item">
        <a class="nav-link disabled" href="#">Contacto</a>
      </li>
    </ul>
    <form class="form-inline my-2 my-lg-0">
      <input class="form-control mr-sm-2" type="search" placeholder="Search" aria-label="Search">
      <button class="btn btn-outline-success my-2 my-sm-0" type="submit">Search</button>
    </form>
  </div>
</nav>
```

Lo siguiente que haremos, será cambiar la propiedad de **navbar**.

- navbar-dark bg-primary

```
<nav class="navbar navbar-expand-lg navbar-dark bg-primary">
  <a class="navbar-brand" href="#">Navbar</a>
  <button class="navbar-toggler" type="button" data-toggle="co
    <span class="navbar-toggler-icon"></span>
  </button>
```

Lo siguiente que haremos, será eliminar la propiedad disabled, ya que esta no permite el posicionamiento en la palabra contacto del navegador.

```
<li class="nav-item">
  <a class="nav-link disabled" href="#">Contacto</a>
</li>
```

Logrando el siguiente resultado

```
<li class="nav-item">
  <a class="nav-link " href="#">Contacto</a>
</li>
```

Router Link

Lo siguiente que haremos, será remplazar el href="#", por un [routerLink], quedando de la siguiente manera.

```html
<div class="collapse navbar-collapse" id="navbarSupportedContent">
  <ul class="navbar-nav mr-auto">
    <li class="nav-item active">
      <a class="nav-link" [routerLink]="['/inicio']">Inicio <span class="sr-only">(current)</span></a>
    </li>
    <li class="nav-item">
      <a class="nav-link" [routerLink]="['/nosotros']">Nosotros</a>
    </li>

    <li class="nav-item">
      <a class="nav-link " [routerLink]="['/contacto']">Contacto</a>
    </li>
  </ul>
  <form class="form-inline my-2 my-lg-0">
    <input class="form-control mr-sm-2" type="search" placeholder="Search" aria-label="Search">
    <button class="btn btn-outline-success my-2 my-sm-0" type="submit">Search</button>
  </form>
</div>
</nav>
```

Al dirigirnos a nuestro navegador, podremos observar que al pulsar un click en la barra de navegación nos dirige de forma dinámica a cada una de las los componentes, tal y como se muestra en las figuras: 100, 101 y 102

Figura 100: Vista del componente inicio

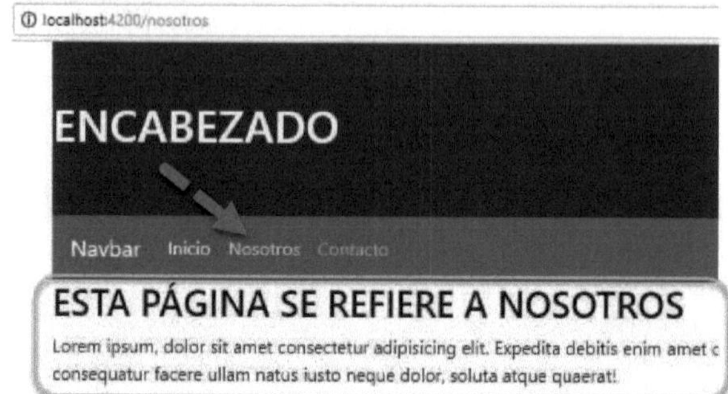

Figura 101: Vista del componente nosotros

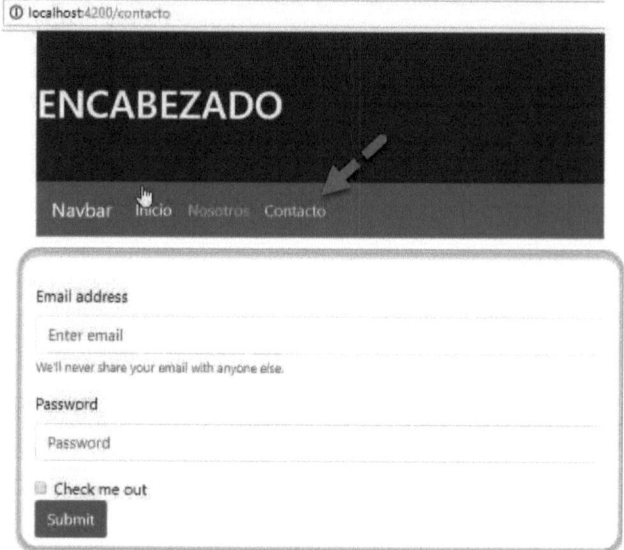

Figura 102: Vista del componente contacto

SERVICIOS

¿Qué son los servicios?

Nos van a servir para consumir información que esté disponible en todo el sitio web.

En esta parte del curso, vamos a crear una lista utilizando ngFor, la cual será consumida en un servicio externo.

Creación del Servicio

Lo primero que tendrás que hacer, es abrir la terminal, una vez abierta la terminal utilizaras el comando: `ng g s nombre_servicio`

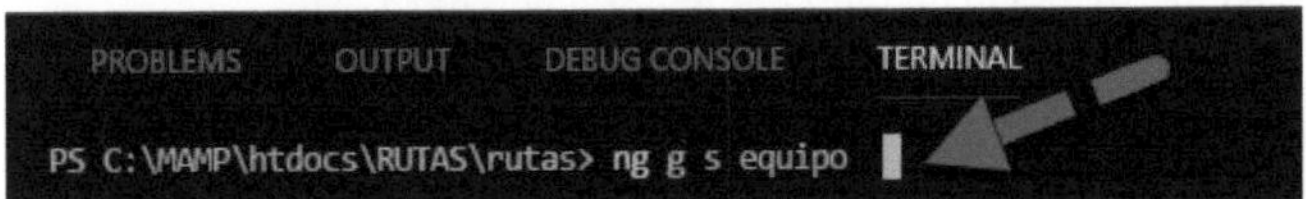

Al momento de presionar el botón ENTER podremos observar cómo es que se crea el servicio.

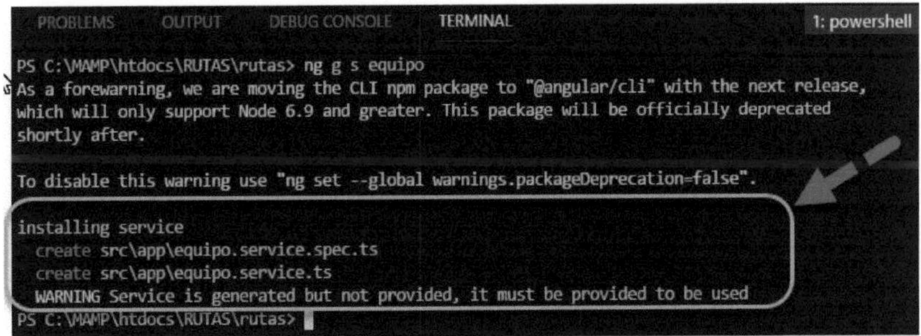

Vinculación de archivo

Lo siguiente que haremos, será vincular el archivo `equipo.service.ts`, con el archivo `app.module.ts`.

Lo primero que haremos será abrir el archivo `equipo.service.ts` y copiamos el nombre de la clase, que en este caso es `EquipoService`.

Una vez que has copiado el nombre de la clase, nos dirigiremos al archivo `app.module.ts` con la finalidad de lograr la importación de la clase.

Agregar a Provider

Lo siguiente que tendremos que hacer, es agregar la clase a Provider, agregando el nombre de la clase "EquipoService", dentro de los corchetes.

Importación desde el componente

Lo siguiente que haremos, será dirigirnos al componente con el nombre `nosotros.component.ts`, nos dirigiremos a la sección de importaciones y realizamos la línea de código que se refiere a la importación.

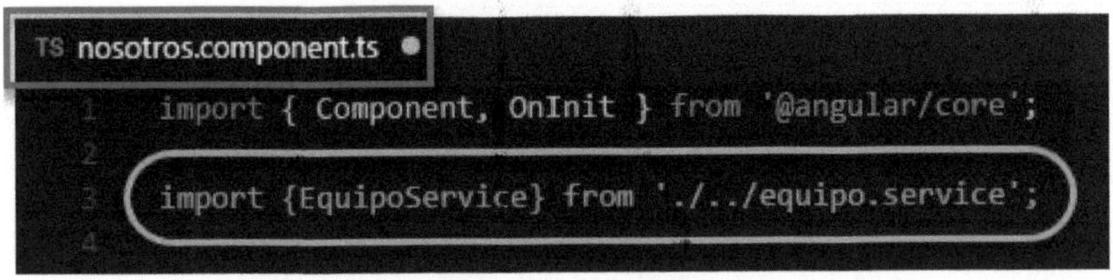

```
TS nosotros.component.ts ●
1    import { Component, OnInit } from '@angular/core';
2
3    import {EquipoService} from './../equipo.service';
4
```

El siguiente paso será dirigirnos al constructor y lo inyectaremos utilizando una variable privada y utilizando el nombre de la clase, con eso estaremos ocupando el servicio directamente en el componente seleccionado.

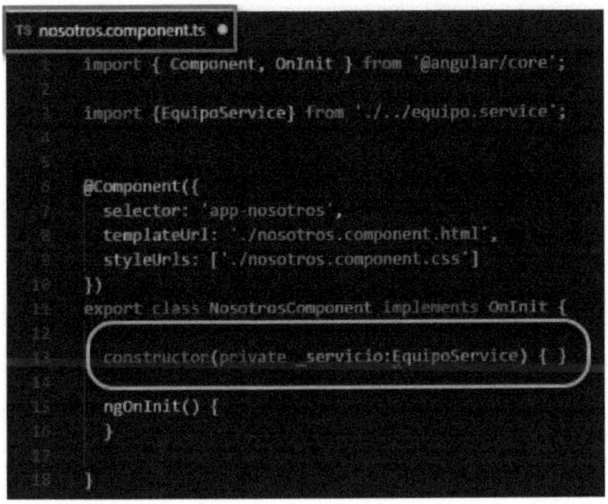

```
TS nosotros.component.ts ●
1    import { Component, OnInit } from '@angular/core';
2
3    import {EquipoService} from './../equipo.service';
4
5
6    @Component({
7      selector: 'app-nosotros',
8      templateUrl: './nosotros.component.html',
9      styleUrls: ['./nosotros.component.css']
10   })
11   export class NosotrosComponent implements OnInit {
12
13     constructor(private _servicio:EquipoService) { }
14
15     ngOnInit() {
16     }
17
18   }
```

Lo siguiente que haremos, será establecer un mensaje por medio de consola, dentro del constructor, el cual se encuentra ubicado en el archivo **equipo.service.ts**

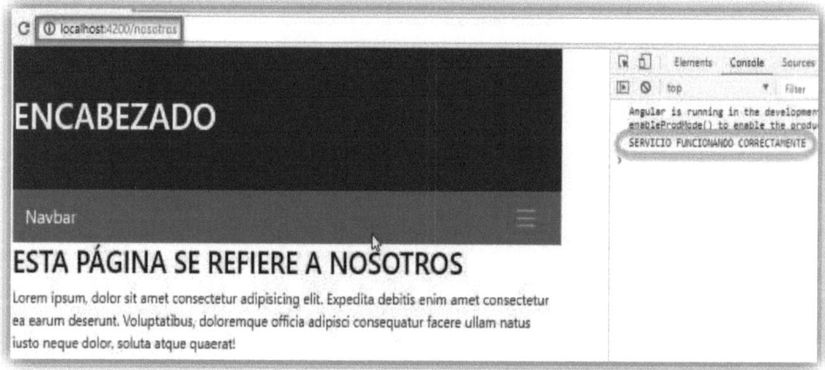

Nos dirigiremos al Navegador y deberemos seleccionar el componente NOSOTROS y podremos observar cómo es que el servicio se muestra por medio de la consola, es decir el componente es correctamente vinculado con el servicio.

Figura 103: Vista del servicio funcionando desde la consola

Consumir Arreglo por parte del Servicio

Lo que haremos, será dirigirnos al archivo **equipo.service.ts** y declarar el arreglo que será de tipo any, el cual contendrá dos objetos.

```ts
import { Injectable } from '@angular/core';

@Injectable()
export class EquipoService {

  equipo:any[] = [
    {
      nombre:'JULIAN',
      apellidos:'FLORES FIGUEROA',
      especialidad:'MGTI',
      descripcion:'Lorem, ipsum dolor sit amet consectetur adipisicing elit. Quam natus delectus eaque a
    },
    {
      nombre:'ALBERTO',
      apellidos:'ACOSTA ALEGRIA',
      especialidad:'M.A.C',
      descripcion:'Lorem, ipsum dolor sit amet consectetur adipisicing elit. Quam natus delectus eaque a
    }
  ]
```

Creación de Función

Lo siguiente que haremos, será crear una función la cual tendrá por nombre **ObtenerEquipo**, lo que queremos hacer es que esta función nos permita el retorno de los objetos que hemos creado.

```ts
  constructor() {

    console.log('SERVICIO FUNCIONANDO CORRECTAMENTE')
  }

  ObtenerEquipo(){
    return this.equipo;
  }
```

Lo siguiente que haremos, será dirigirnos al archivo **nosotros.component.ts** y desde este componente vamos a consumir el servicio. Vamos a crear el arreglo de objetos el cual será de tipo **any** el cual estará igualado a un arreglo vacío, ya que este traerá los datos de nuestro servicio y dentro del constructor utilizamos el servicio

```typescript
nosotros.component.ts  ×
import { Component, OnInit } from '@angular/core';

import {EquipoService} from './../equipo.service';


@Component({
  selector: 'app-nosotros',
  templateUrl: './nosotros.component.html',
  styleUrls: ['./nosotros.component.css']
})
export class NosotrosComponent implements OnInit {

  equipo:any[]=[];

  constructor(private servicio:EquipoService) {
    this.equipo = servicio.ObtenerEquipo();
  }


  ngOnInit() {
  }


}
```

Creación de listas

Lo siguiente que haremos, será dirigirnos al archivo nosotros.component.html y crearemos una lista, la cual estará siendo rellenada por un ngFor, para que esto suceda es necesario crear una interpolación dentro de la lista.

```html
<> nosotros.component.html  •
<div mt-5>
    <h2>ESTA PÁGINA SE REFIERE A NOSOTROS</h2>
        <P>Lorem ipsum, dolor sit amet consectetur adipisicing elit. Expedita

        <ul class="list-group">
            <li class="list-group-item" *ngFor='let item of equipo'>
              <h6>Nombre: {{item.nombre}}</h6>
              <h6>Apellidos: {{item.apellidos}}</h6>
              <h6>Especialidad:{{item.especialidad}}</h6>
              <h6>Descripción: {{item.descripcion}}</h6>
              <a href="#">Continuar leyendo..............</a>
            </li>
        </ul>
</div>
```

Al dirigirnos al navegador, podremos observar que al ingresar a la página NOSTROS, nos muestra los objetos del arreglo utilizando los servicios.

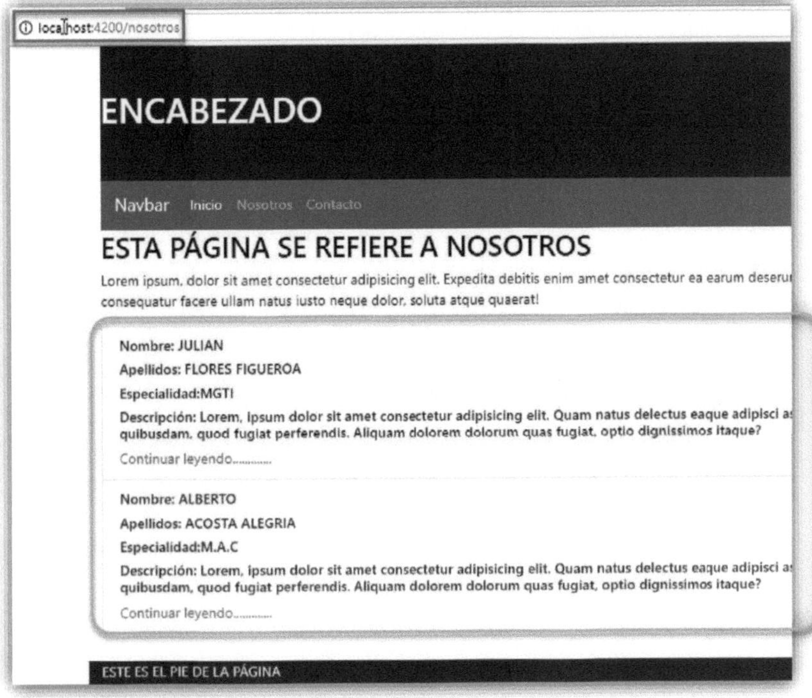

Figura 103: Vista del servicio funcionando desde el Navegador.

RUTAS DINÁMICAS

En esta sección del curso, vamos a trabajar con rutas dinámicas, lo primero que tendremos que hacer, es dirigirnos a la ruta del proyecto y utilizando la **terminal** crear un nuevo componente, el cual tendrá por nombre equipo.

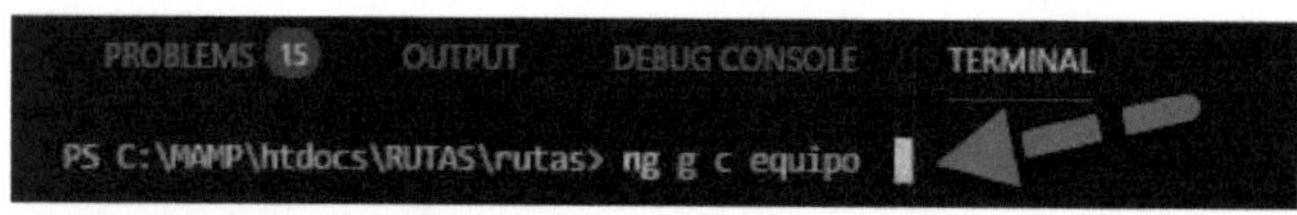

Podremos observar que se crea el componente

```
PS C:\MAMP\htdocs\RUTAS\rutas> ng g c equipo
As a forewarning, we are moving the CLI npm package to "@angular/cli" with the next release,
which will only support Node 6.9 and greater. This package will be officially deprecated
shortly after.

To disable this warning use "ng set --global warnings.packageDeprecation=false".

installing component
  create src\app\equipo\equipo.component.css
  create src\app\equipo\equipo.component.html
  create src\app\equipo\equipo.component.spec.ts
  create src\app\equipo\equipo.component.ts
  update src\app\app.module.ts
PS C:\MAMP\htdocs\RUTAS\rutas>
```

El siguiente paso será dirigirnos al archivo `app.module.ts` y verificar, si realmente se está haciendo la importación del componente.

```
TS app.module.ts ✕
 8    import { FormsModule } from '@angular/forms';
 9    import { HttpModule } from '@angular/http';
10
11    import { AppComponent } from './app.component';
12    import { HeaderComponent } from './header/header.component';
13    import { FooterComponent } from './footer/footer.component';
14    import { BodyComponent } from './body/body.component';
15    import { ContactosComponent } from './contactos/contactos.component';
16    import { InicioComponent } from './inicio/inicio.component';
17    import { NosotrosComponent } from './nosotros/nosotros.component';
18    import { EquipoComponent } from './equipo/equipo.component';
19
```

Creación de la ruta

Lo siguiente que haremos, será indicar la ruta por medio de un path para que se abra el componente que en este caso es el que tiene el nombre equipo.

```typescript
import { InicioComponent } from './inicio/inicio.component';
import { NosotrosComponent } from './nosotros/nosotros.component';
import { EquipoComponent } from './equipo/equipo.component';

const routes:Routes = [
    {path:'contacto', component:ContactosComponent },
    {path:'equipo', component:EquipoComponent },
    {path:'nosotros', component:NosotrosComponent},
    {path:'inicio', component:InicioComponent, pathMatch:'full'},
    {path: '**', redirectTo: '/inicio', pathMatch: 'full'},


];
```

Nos dirigiremos al navegador y en la URL, indicaremos que deseamos abrir el componente con el nombre equipo, tal y como se muestra en la figura 104.

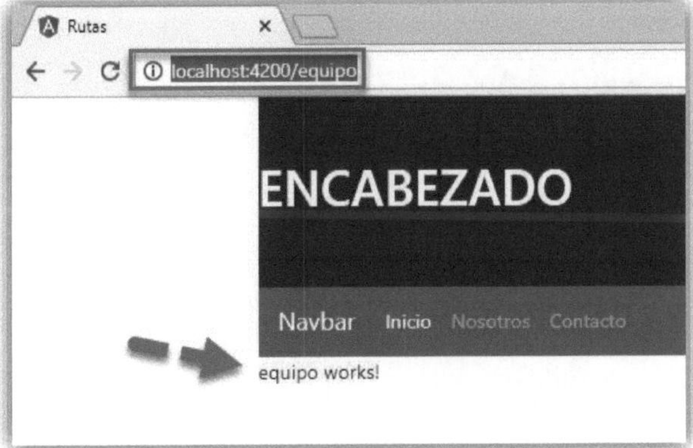

Figura 104: Vista del componente invocado desde la URL.

Pasarle una variable

La idea es pasarle un ID, de tal manera que podemos compararlo con el índice creado en nuestro servicio y podremos desplegar información más específica, para generar ese id especifico, nos vamos a dirigir al path y le indicamos la variable.

```typescript
import { InicioComponent } from './inicio/inicio.component';
import { NosotrosComponent } from './nosotros/nosotros.component';
import { EquipoComponent } from './equipo/equipo.component';

const routes:Routes = [
  {path:'contacto', component:ContactosComponent },
  {path:'equipo/:id', component:EquipoComponent },
  {path:'nosotros', component:NosotrosComponent},
  {path:'inicio', component:InicioComponent, pathMatch:'full'},
  {path: '**', redirectTo: '/inicio', pathMatch: 'full'},
```

Lo siguiente que haremos, será trabajar con una de las características de **ngFor**, la cual es el **índex**, esto crea una variable llamada i la cual contendrá el índex de cada uno de los componentes que se están recorriendo. Así que nos dirigiremos al archivo **nosotros.component.html** y especificamos la característica de la siguiente manera.

```html
<div mt-5>
    <h2>ESTA PÁGINA SE REFIERE A NOSOTROS</h2>
        <P>Lorem ipsum, dolor sit amet consectetur adipisicing elit. Expedita debitis

    <ul class="list-group">
        <li class="list-group-item" *ngFor="let item of equipo; let i=index">
        <h6>Nombre: {{item.nombre}}</h6>
        <h6>Apellidos: {{item.apellidos}}</h6>
        <h6>Especialidad:{{item.especialidad}}</h6>
        <h6>Descripción: {{item.descripcion}}</h6>
        <a href="#">Continuar leyendo.............</a>
        </li>
    </ul>
</div>
```

Lo siguiente que haremos, será cambiar el contenido de la etiqueta **<a>** remplazando el **#ref** por un **routerLink** e indicando la variable **i**.

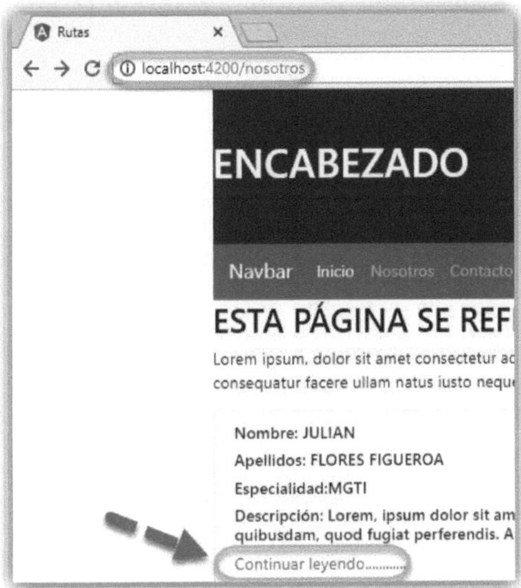

Como siguiente paso nos vamos a dirigir al navegador y pulsaremos un click, sobre el primer link que dice **"Continuar leyendo"**

En la URL podremos observar que nos muestra el valor de la posición que ocupa el objeto en el índex, en este caso es cero, pero también podremos pulsar sobre el siguiente enlace y observaremos con el valor del índex ha cambiado a 1, tal y como se muestra en las figuras 105 y 106.

Figura 105: Vista valor de Índex desde la URL.

Figura 106: Vista valor de Índex desde la URL.

Leer el Índex

Lo siguiente que haremos, será leer el índex, dirígete al archivo **equipo.component.ts** y para poder leer una ruta tenemos que importar un ActivatedRoute, Ya que queremos que este componente le la ruta especifica

```
TS equipo.component.ts ✕
1    import { Component, OnInit } from '@angular/core';
2    import {ActivatedRoute} from '@angular/router';
3
```

Para incluir el servicio deberás dirigirte al constructor y generar dos espacios, ya que vamos a utilizar dos importaciones, la primera será crear una variable privada llamada **ruta** y esta será de tipo **ActivatedRoute**, con eso estaremos utilizando la importación que acabamos de realizar.

También vamos a necesitar suscribirla, llamando a ruta de tipo **ActivatedRoute**, utilizando la funcionalidad **params** con lo cual leeremos la ruta.

```
11    constructor(
12        private ruta:ActivatedRoute
13    ) {
14        this.ruta.params.subscribe(params=>{
15            console.log(params['id'])
16        })
17    }
```

Al dirigirnos al navegador e inspeccionamos en la consola podremos observar en la que efectivamente **params** está leyendo el id especifico de la ruta y esto sirve porque de esta manera podremos desplegar información específica en esta sección de la página.

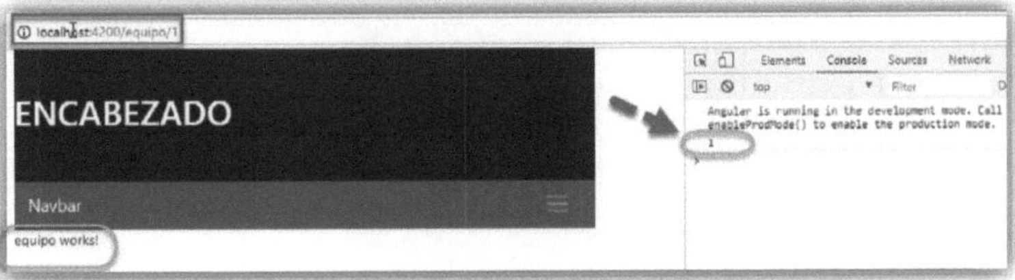

Lo siguiente que haremos, será dirigirnos al archivo **equipo.service.ts** y crearemos una función que tendrá por nombre **ObtenerUno** y le pasaremos el **índex**, retornándolo **this.equipo[i];**

```
TS equipo.service.ts ×
constructor() {

  console.log('SERVICIO FUNCIONANDO CORRECTAMENTE')
}

ObtenerEquipo(){
  return this.equipo;
}

ObtenerUno(i){
  return this.equipo[i];
}
}
```

Importación del servicio

Lo siguiente que haremos, será dirigirnos al archivo **equipo.component.ts** y realizaremos la importación del **EquipoService**, de la siguiente manera.

```
TS equipo.component.ts ×
import { Component, OnInit } from '@angular/core';
import {ActivatedRoute} from '@angular/router';
import {EquipoService} from './../equipo.service';
```

Lo siguiente que haremos, será dirigirnos al constructor, creamos una variable privada la cual será **_servicio** y ocuparemos su clase.

```
constructor(
  private ruta:ActivatedRoute,
  private _servicio:EquipoService
){
  this.ruta.params.subscribe(params=>{
    console.log(params['id'])
  })
}
```

Fuera del constructor vamos a crear un objeto el cual tendrá por nombre equipo, será de tipo **any**, el cual será igual a un arreglo básico.

```ts
// equipo.component.ts
1   import { Component, OnInit } from '@angular/core';
2   import {ActivatedRoute} from '@angular/router';
3   import {EquipoService} from './../equipo.service';
4
5   @Component({
6     selector: 'app-equipo',
7     templateUrl: './equipo.component.html',
8     styleUrls: ['./equipo.component.css']
9   })
10  export class EquipoComponent implements OnInit {
11
12      equipo:any[] = [];
13
14      constructor(
15          private ruta:ActivatedRoute,
16          private _servicio:EquipoService
17      ) {
18          this.ruta.params.subscribe(params=>{
19              console.log(params['id'])
20          })
21      }
22
```

El arreglo básico será rellenado con la información capturada del servicio correspondiente a un objeto en particular.

```ts
14      constructor(
15          private ruta:ActivatedRoute,
16          private _servicio:EquipoService
17      ) {
18          this.ruta.params.subscribe(params=>{
19              console.log(params['id'])
20              this.equipo = this._servicio.ObtenerUno(params['id'])
21          })
22      }
23
```

Lo siguiente que haremos, será dirigirnos al archivo equipo.component.html, en donde vamos a crear un <div>, con un **mt-5** y dentro del **div**, con la utilización de etiquetas <h1> y <p>, traeremos los valores con la interpolación.

```html
<> equipo.component.html  ✕
1   <div class="mt-5">
2       <h1>Nombre: {{equipo.nombre}}</h1>
3       <p>Apellidos: {{equipo.apellidos}}</p>
4       <p>Especialidad: {{equipo.especialidad}}</p>
5       <p>Descripcion: {{equipo.descripcion}}</p>
6   </div>
```

Al dirigirnos al navegador y pulsar un click sobre el enlace.

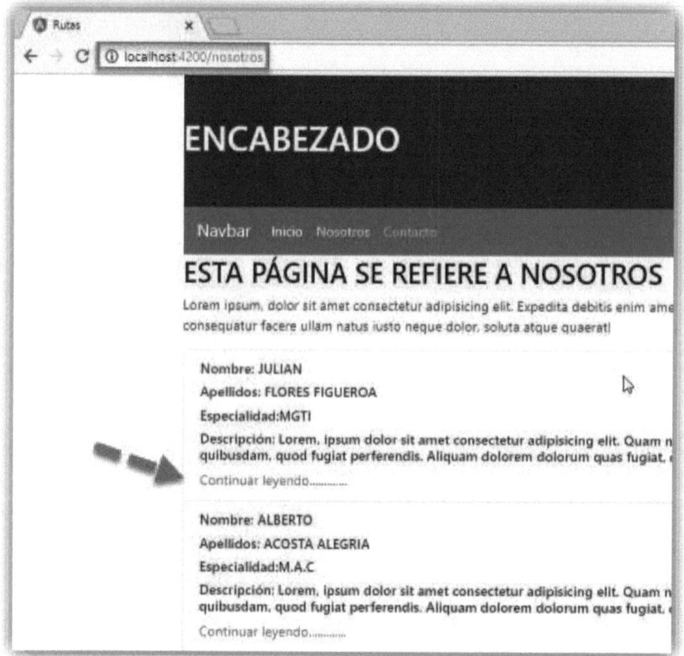

Podremos observar que nos muestra información específica correspondiente a la ruta con su respectivo índex, tal y como se aprecia en la figura 107 y 108.

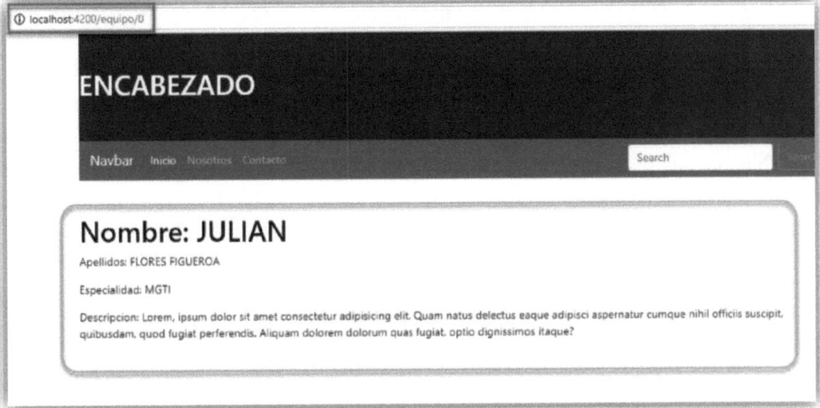

Figura 107: Vista de contenido dinámico obtenido desde la ruta

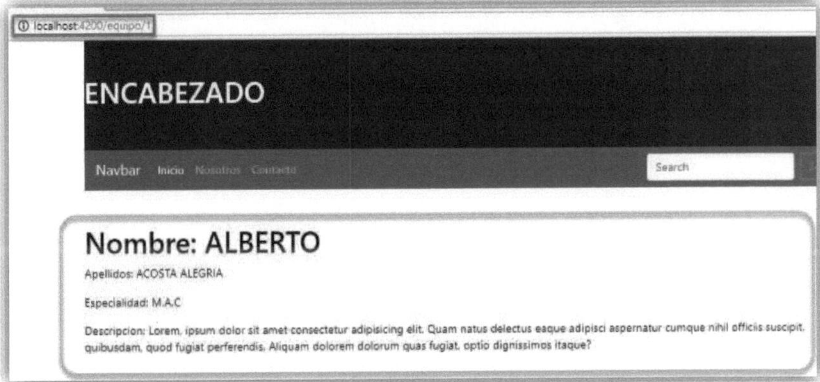

Figura 108: Vista de contenido dinámico obtenido desde la ruta

APLICACIONES HIBIRDAS CON IONIC

Lo primero que deberás tener instalado es NODE JS, ya que de Node utilizaremos el NPM, es decir su gestor de paquetes, el cual servirá para que se instalen los paquetes de IONIC con todas las dependencias que tiene, hay que considerar que IONIC es una plataforma que tiene muchas dependencias distintas, ya que estamos mezclando ANGULAR con SAS, diferentes PLUGIN, no solamente de ANGULAR, sino propios de IONIC.

Nota: la instalación de Node la realizamos al inicio del curso, la cual se describe desde la página 27 a la 32, razón por la cual no es necesario instalarla nuevamente.

https://nodejs.org/en/

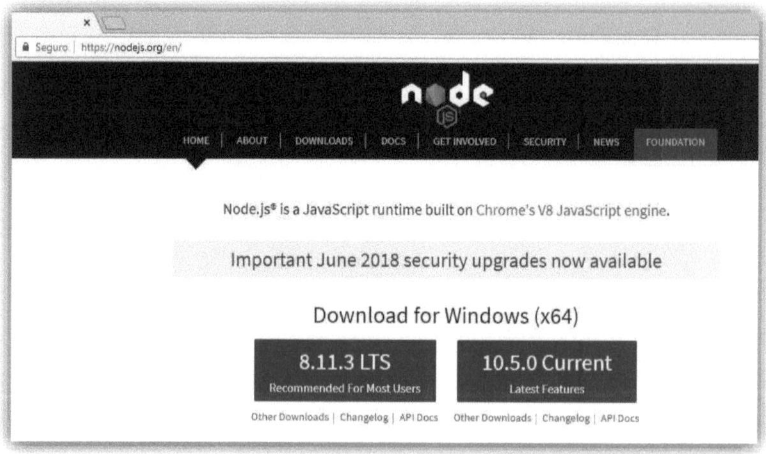

Solo comprobaremos la instalación y versión de **Node JS**, para hacerlo deberás abrir la consola (cmd) y ejecutar el comando: node -v

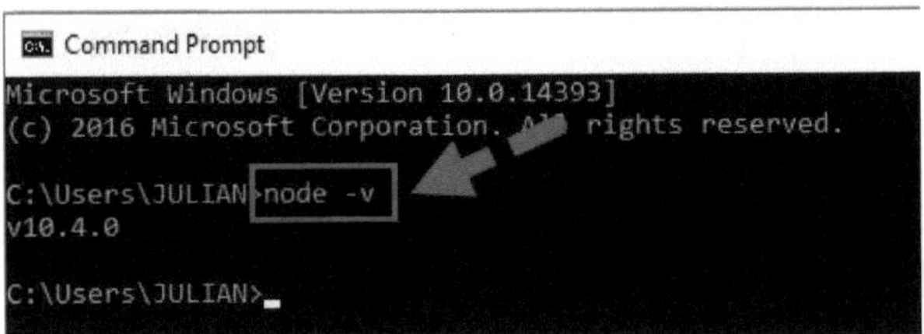

Proceso de Instalación de IONIC & CORDOVA

Gracias a que contamos con la instalación de NPM debido a que tenemos instalado NODE, vamos a poder instalar IONIC & cordova, directamente con sus dependencias a través del símbolo del sistema, lo único que necesitamos es el comando, los cuales podremos encontrar en la siguiente URL.

https://cordova.apache.org/#getstarted

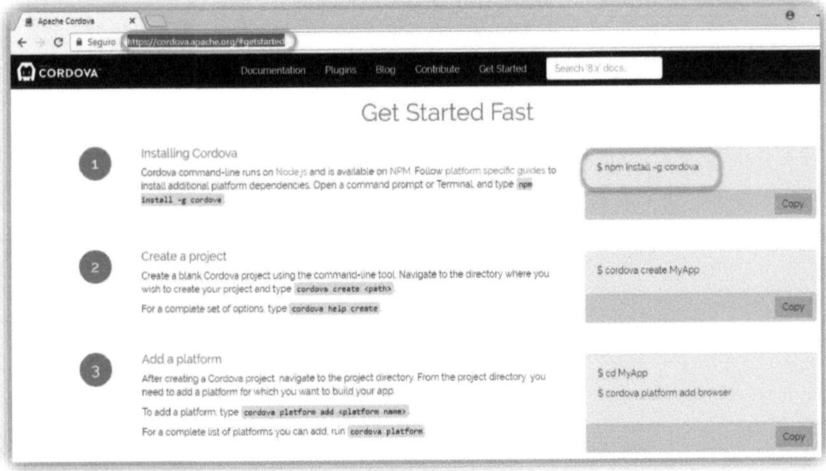

Terminal Visual Studio

Como siguiente paso nos dirigiremos a la terminal de visual studio y una vez que cuentas con el CLI [3]abierto, ingresa el comando para la instalación de cordova:

- `npm install –g cordova`

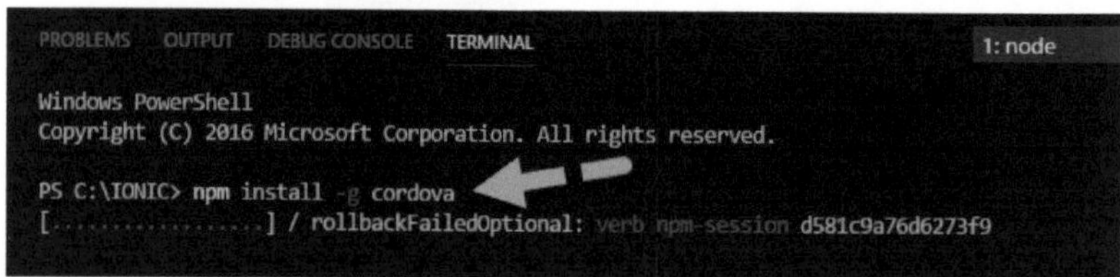

Podremos observar que cordova se ha instalado correctamente.

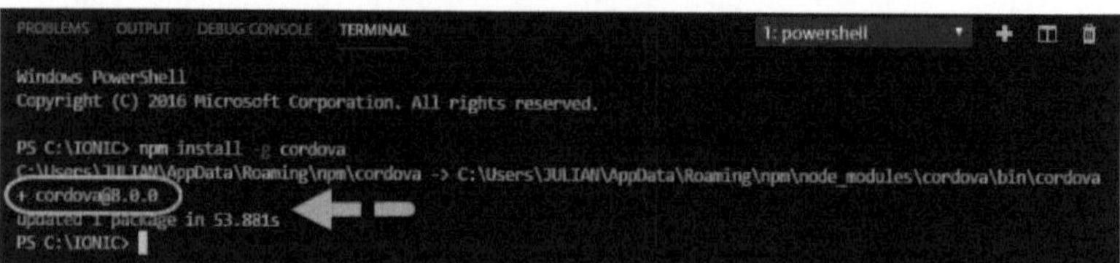

---

[3] command-line interface

Instalación de IONIC

Deberás dirigirte a la siguiente URL: https://ionicframework.com/

Una vez que se encuentre en la página principal deberá pulsar un click en el botón nombrado como GET STARTED.

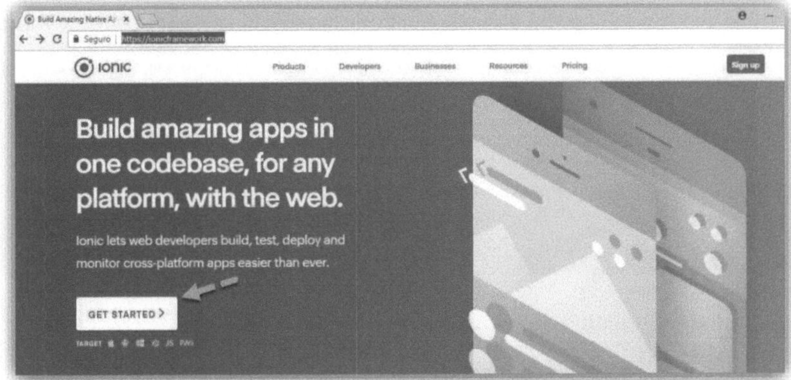

Como siguiente paso deberá dirigirse a la pestaña Install with CLI y copiar el código:

- `npm install -g ionic`

Diríjase a la terminal y ejecute el comando.

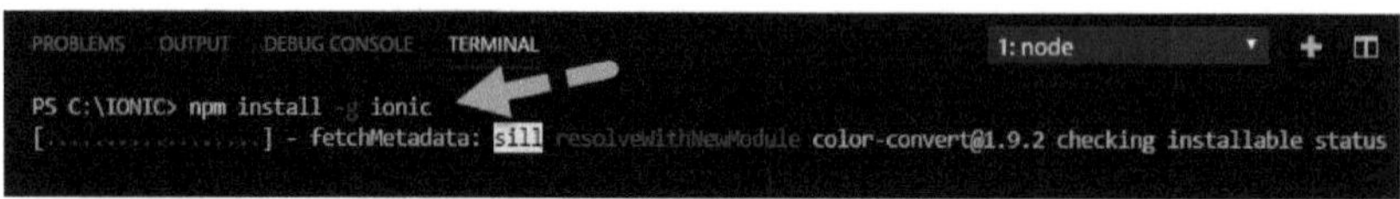

Finalizado el proceso, podrá observar cómo es que se ha instalado IONIC de forma correcta.

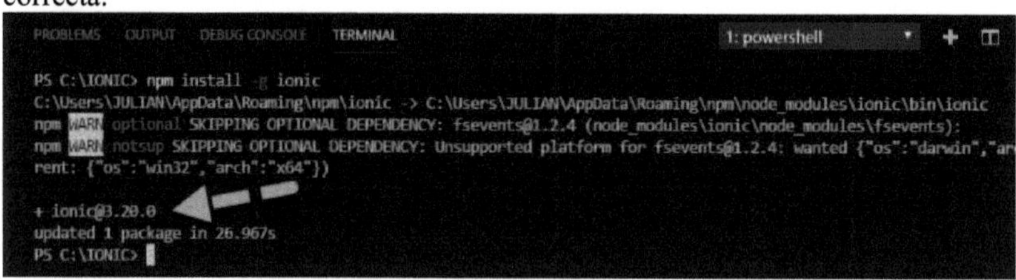

Instalación y Configuración de JAVA

Para trabajar con IONIC, para poder compilar para ANDROID vamos a necesitar tener JAVA instalado, en concreto vamos a necesitar el JDK, Para encontrarlo en la web, deberás dirigirte a tu navegador y escribir JDK

Encontraremos la siguiente URL:

http://www.oracle.com/technetwork/java/javase/downloads/jdk8-downloads-2133151.html

Ingresaremos a la página principal, aceptaremos el acuerdo de licencia.

Una vez que acepto el acuerdo de licencia, deberá seleccionar la versión que corresponde a su Sistema Operativo, en mi caso, seleccionare la versión del S.O Windows.

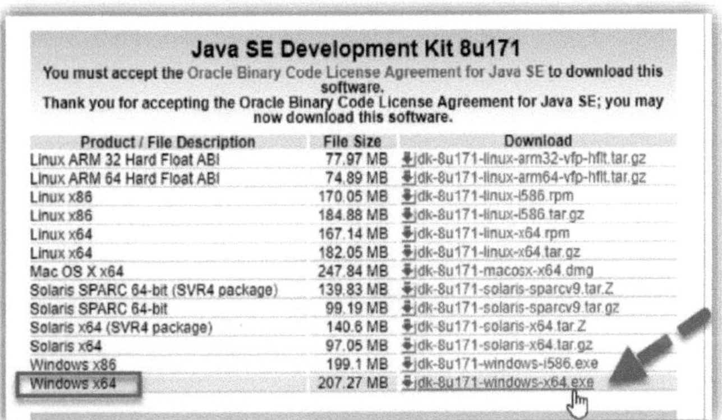

Product / File Description	File Size	Download
Linux ARM 32 Hard Float ABI	77.97 MB	jdk-8u171-linux-arm32-vfp-hflt.tar.gz
Linux ARM 64 Hard Float ABI	74.89 MB	jdk-8u171-linux-arm64-vfp-hflt.tar.gz
Linux x86	170.05 MB	jdk-8u171-linux-i586.rpm
Linux x86	184.88 MB	jdk-8u171-linux-i586.tar.gz
Linux x64	167.14 MB	jdk-8u171-linux-x64.rpm
Linux x64	182.05 MB	jdk-8u171-linux-x64.tar.gz
Mac OS X x64	247.84 MB	jdk-8u171-macosx-x64.dmg
Solaris SPARC 64-bit (SVR4 package)	139.83 MB	jdk-8u171-solaris-sparcv9.tar.Z
Solaris SPARC 64-bit	99.19 MB	jdk-8u171-solaris-sparcv9.tar.gz
Solaris x64 (SVR4 package)	140.6 MB	jdk-8u171-solaris-x64.tar.Z
Solaris x64	97.05 MB	jdk-8u171-solaris-x64.tar.gz
Windows x86	199.1 MB	jdk-8u171-windows-i586.exe
Windows x64	207.27 MB	jdk-8u171-windows-x64.exe

Podremos observar que inicia el proceso de descarga.

Una vez descargado el archivo, deberá localizarlo y ejecutarlo como administrador, básicamente el proceso es muy sencillo, solamente seleccionaremos las opciones que nos proporciona por defecto.

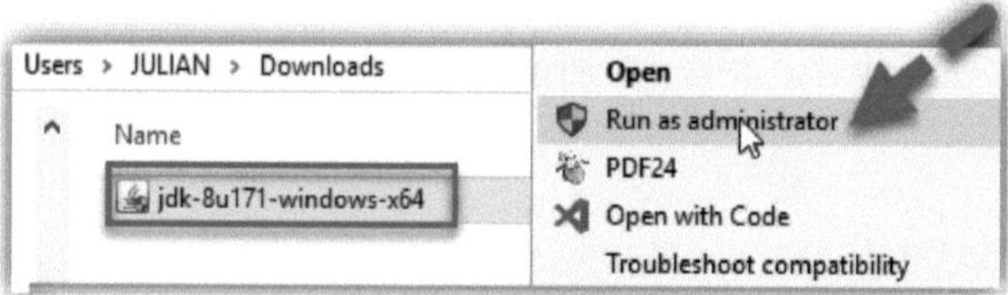

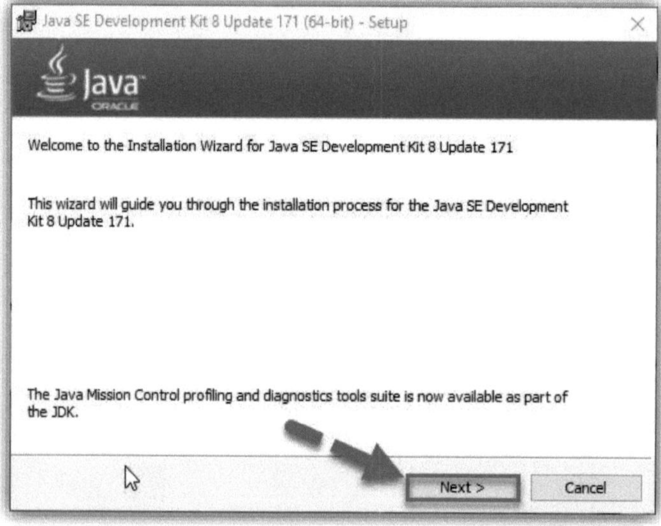

Es importante que copie la ruta de instalación, esa ruta será necesaria para añadir una variable de entorno con la ruta necesaria para poder encontrar JAVA en la PC.

- `C:\Program Files\Java\jdk1.8.0_171\`

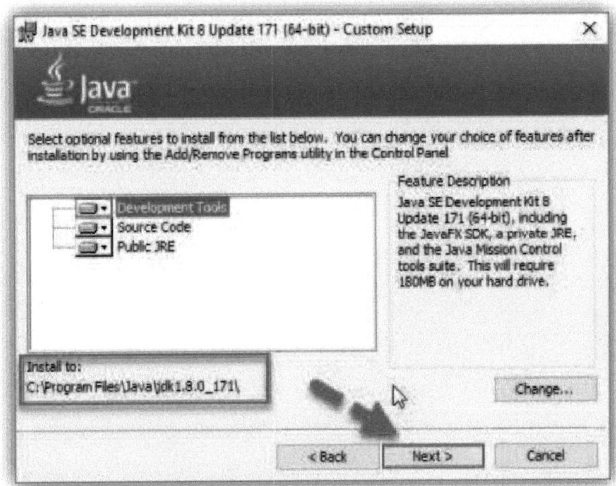

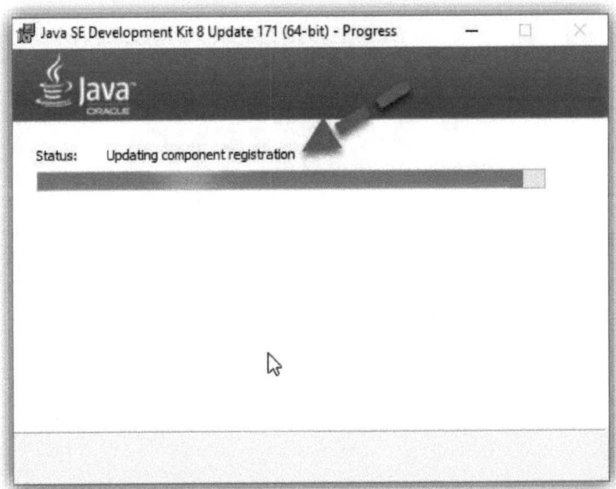

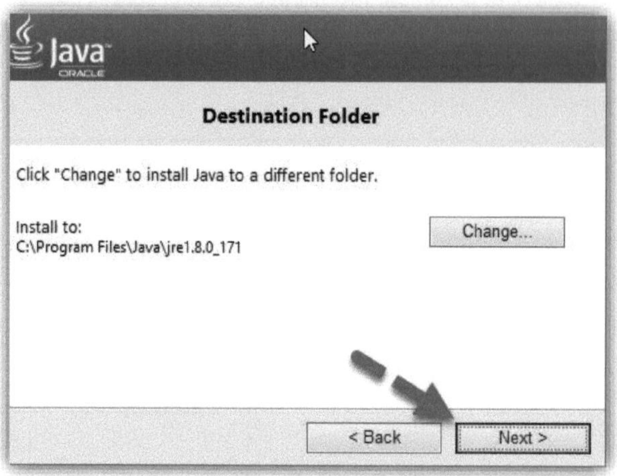
Java
ORACLE
Destination Folder
Click "Change" to install Java to a different folder.
Install to:
C:\Program Files\Java\jre1.8.0_171
Change...
< Back
Next >

Java Setup - Progress
Java
ORACLE
Status: Installing Java
3 Billion
Devices Run Java
Java   #1 Development Platform   ORACLE

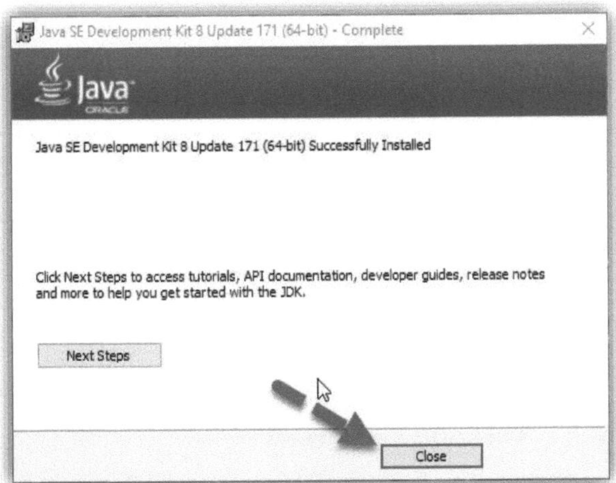

Variables del Sistema

Lo siguiente que deberás hacer, es dirigirte a las variables del sistema

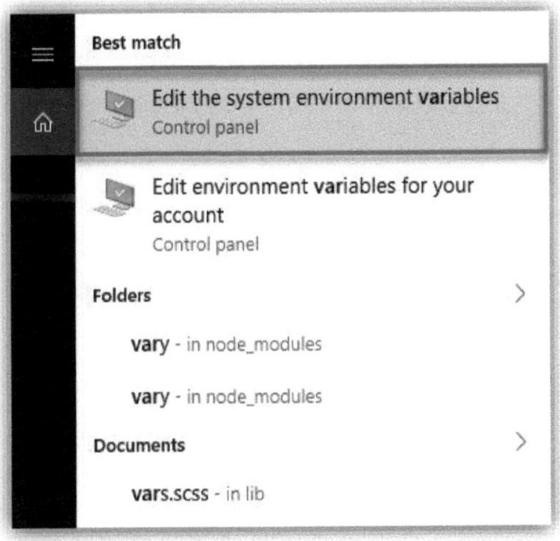

Una vez abierta la interface, pulsa un click sobre las variables del entorno.

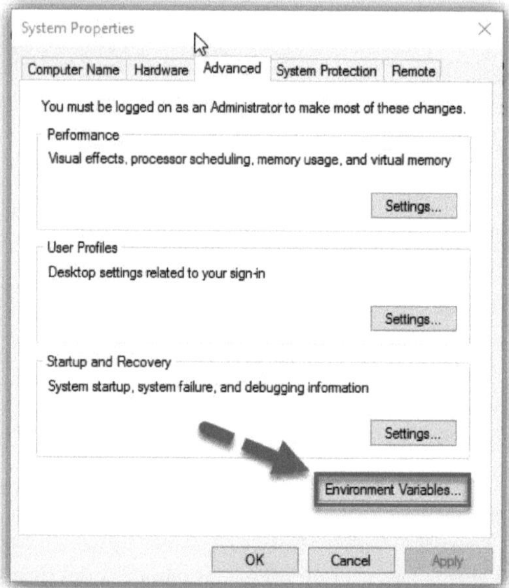

Dentro de esas variables, vamos a crear una nueva variable de sistema.

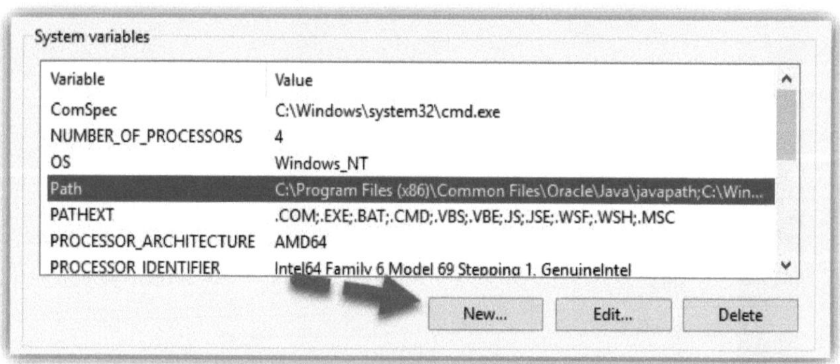

El nombre de la variable será **JAVA_HOME** y por valor, deberá ser la ruta que guardamos en el paso anterior: `C:\Program Files\Java\jdk1.8.0_171\`

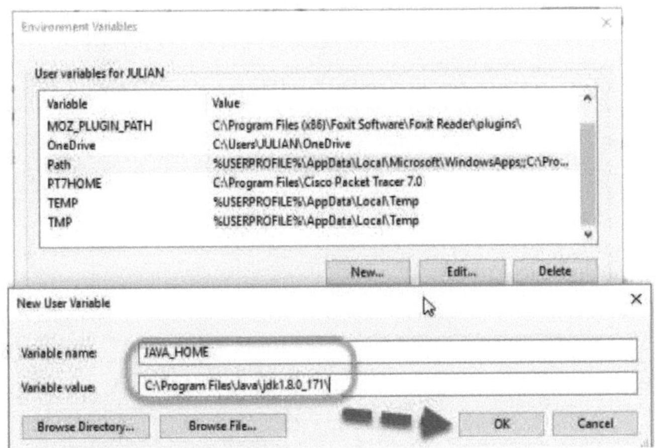

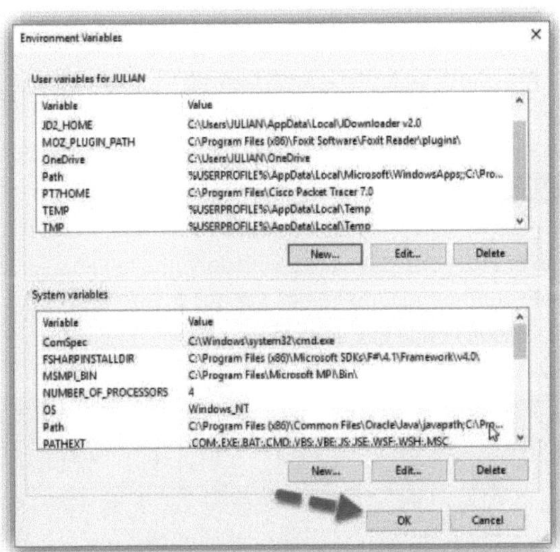

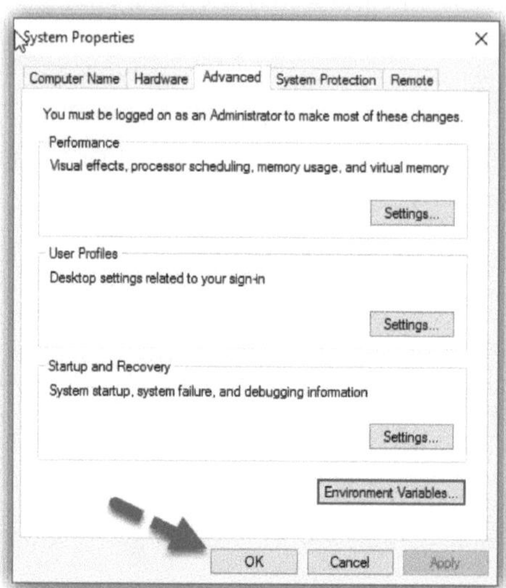

Comprobación de Instalación

Nos vamos a dirigir al símbolo del sistema y ejecutamos el comando:

- `java -version`

En caso de que todo este correctamente instalado y que la variable de sistema haya sido correctamente configurada, podremos ver que la información que nos muestra corresponde a la versión con la que contamos.

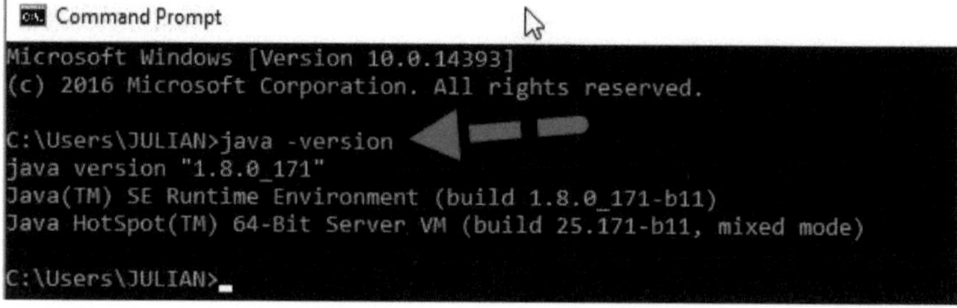

IONIC se encarga de montar los componentes, pero el encargado de la compilación es Android, por esa razón deberemos tener instalado Android Studio para ello deberemos ir a la siguiente URL: https://developer.android.com/

Una vez que se encuentre en la página principal de Android Studio, seleccione la opción Android Studio.

Posicionado en la sección de Android Studio seleccione la opción **DOWNLOAD ANDROID STUDIO.**

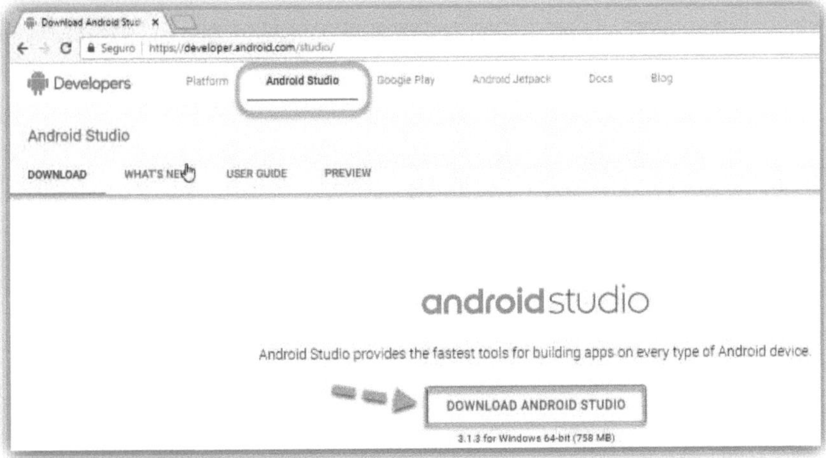

Le mostrará una ventana, la cual le mostrará el acuerdo de licencia el cual deberemos leer y si está de acuerdo presionar el recuadro en donde acepta las condiciones, al hacerlo se habilitará un botón en el cual usted está listo para descargar el software.

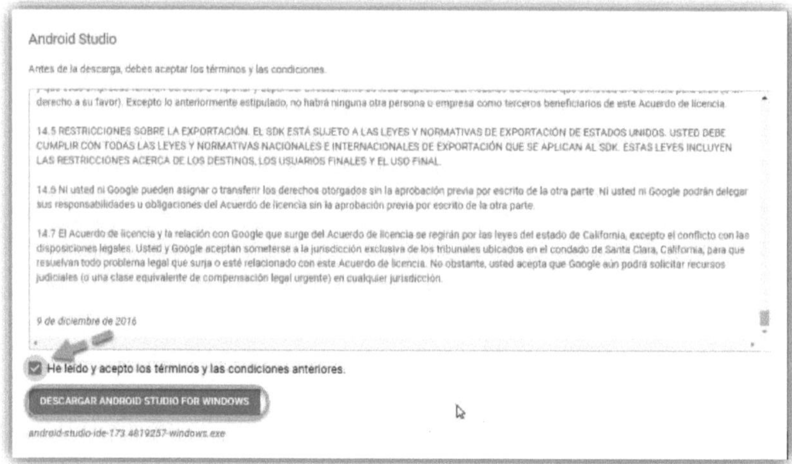

Podrá notar en la esquina inferior izquierda de su monitor que inicia el proceso de descarga.

Una vez que descargado el archivo, deberá localizarlo y ejecutarlo como administrador, de manera predeterminada, este se aloja en la sección de descargas.

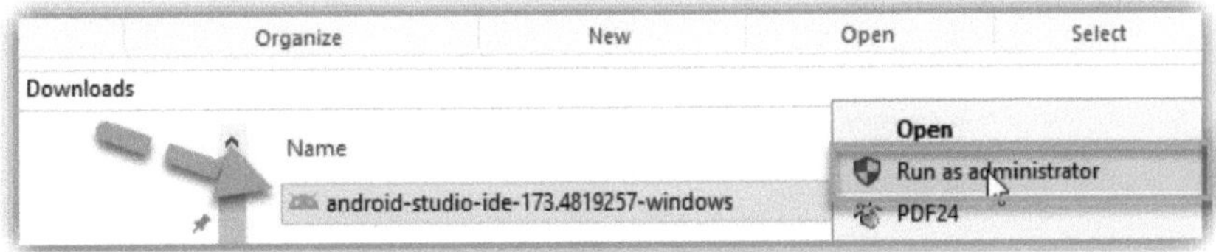

Podrá notar que de modo inmediato se inicia la carga de la interface que nos guiará en el proceso de instalación.

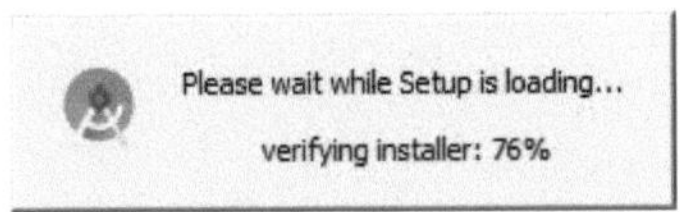

El proceso de instalación es muy sencillo, seleccionaremos las opciones que están predeterminadas.

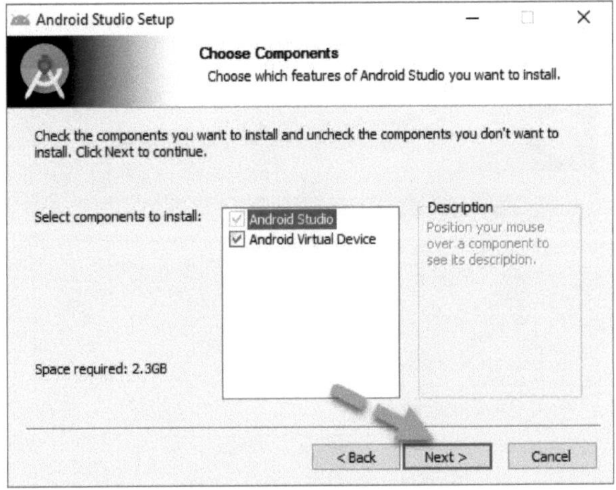

Le ofrece la posibilidad de cambiar la ruta en la cual se alojarán los paquetes de instalación, sin embargo, le recomiendo, respetar la ruta que se encuentra establecida de modo predeterminado.

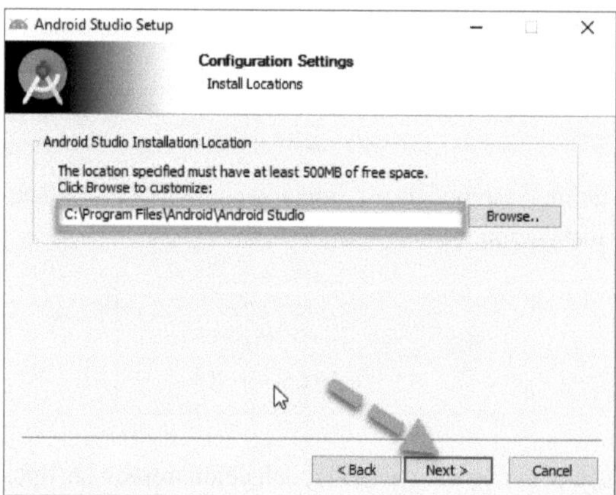

Una vez que se han seleccionado las configuraciones básicas, se encuentra listo para iniciar el proceso de instalación.

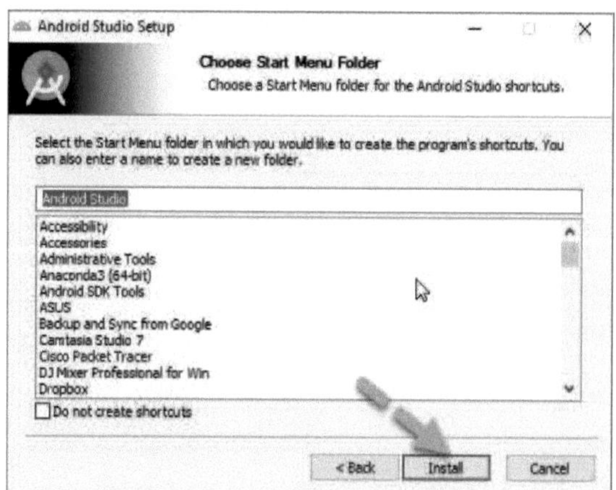

Podrá observar el progreso de instalación.

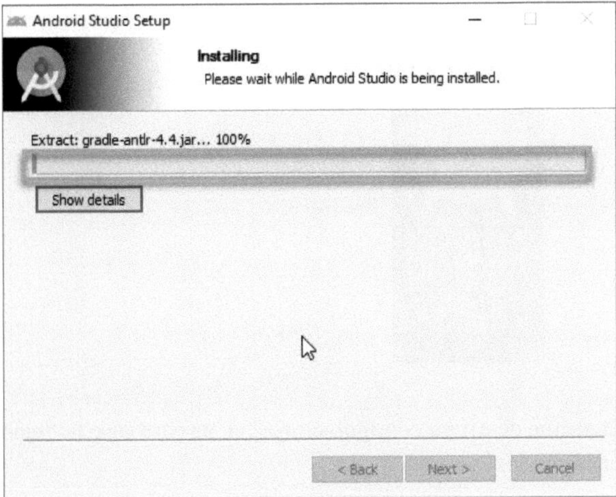

Observamos cómo se ha completado el proceso de modo exitoso.

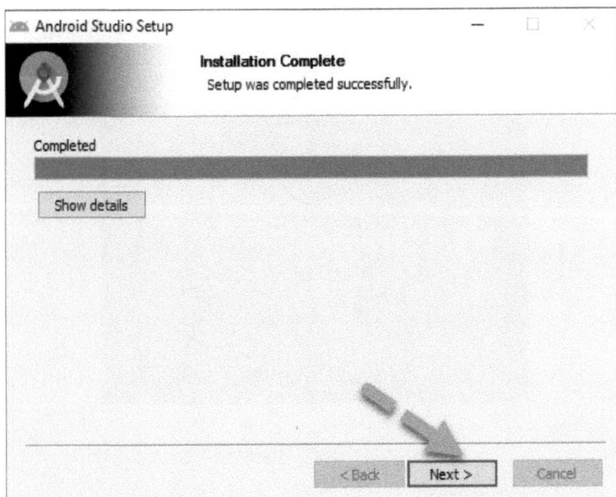

Al finalizar el proceso de instalación, deberá pulsar el botón FINISH, al hacerlo le mostrará el IDE principal de Android Studio.

Le permite la opción de cargar configuraciones, en nuestro caso no importaremos configuraciones previas.

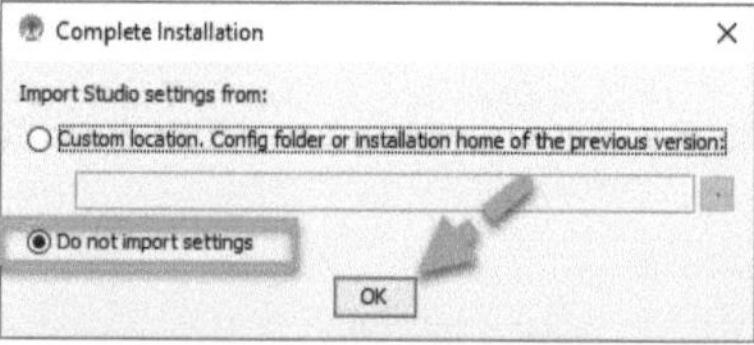

Inicia el proceso de carga del IDE.

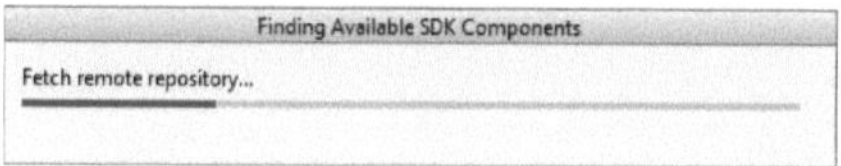

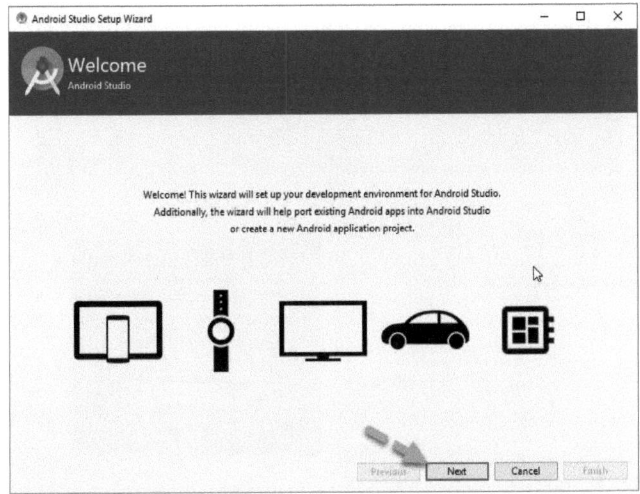

Seleccione la opción Estándar.

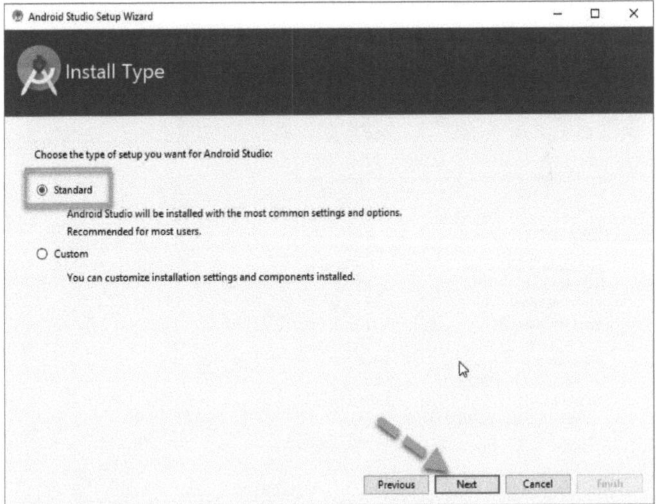

Seleccione el tema con el cual desea trabajar, en mi caso seleccionare la opción **IntelliJ.**

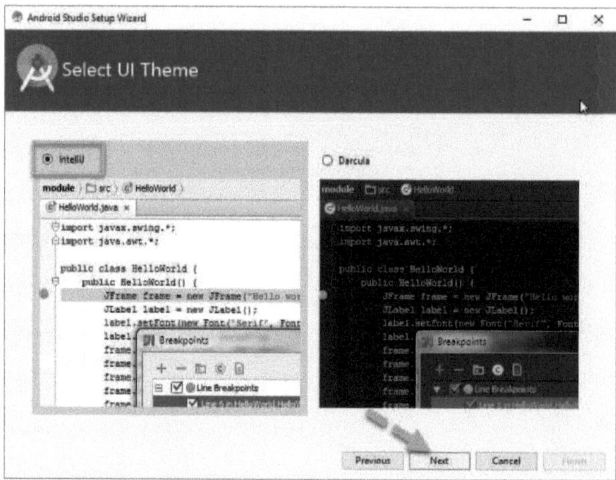

Le mostrará una venta en la cual puede verificar las configuraciones.

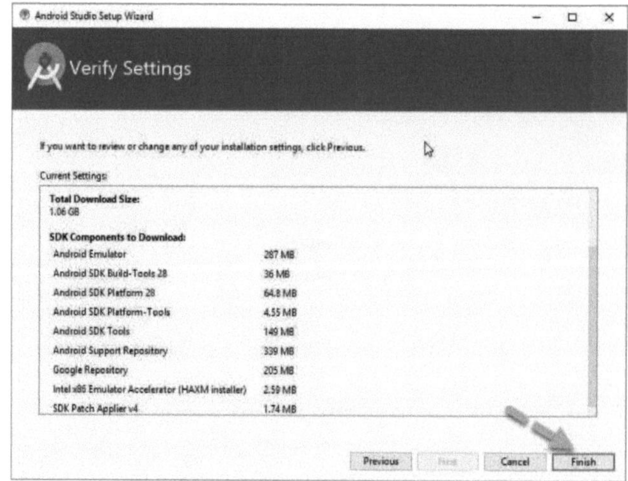

Inicia la descarga de componentes.

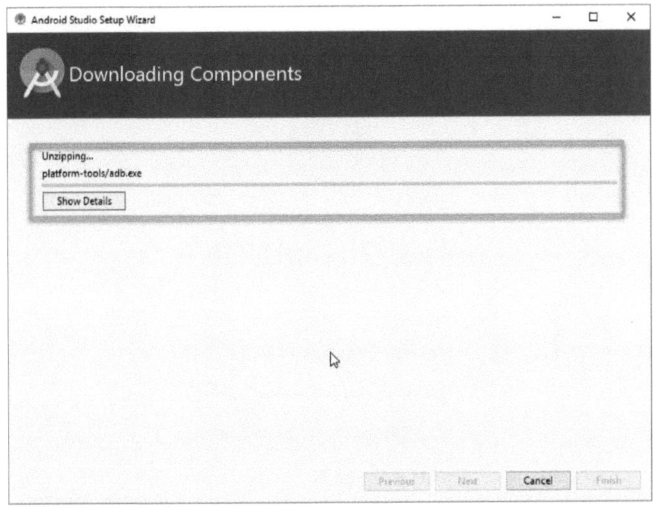

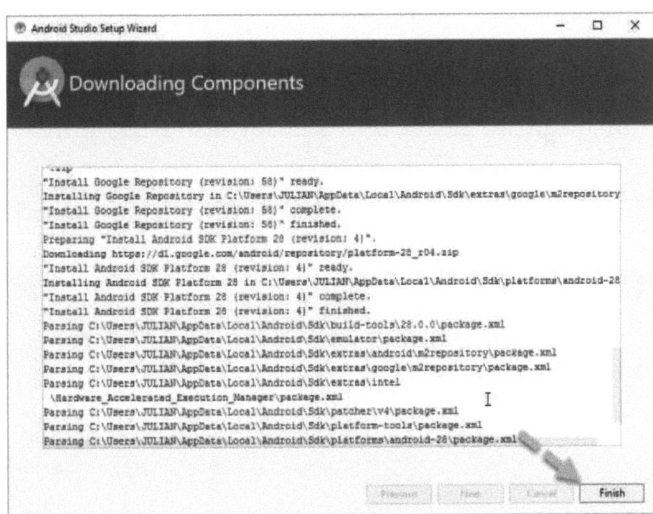

Finalizado el proceso de descarga de componentes, le mostrará la ventana de bienvenida, en donde deberemos seleccionar el SDK MANAGER.

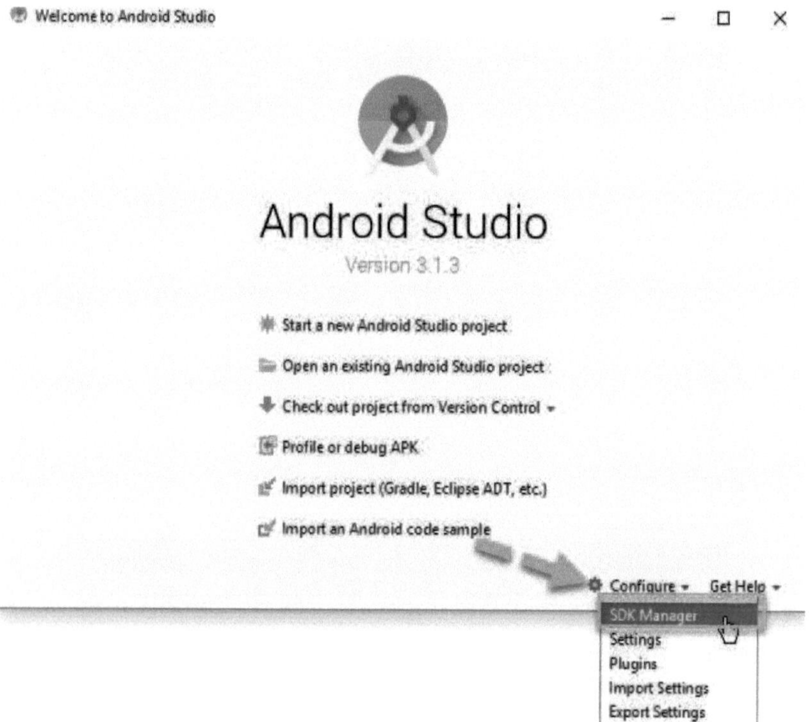

La ventana del SDK de Android nos muestra la versión de Android, en este caso podremos observar que la versión instalada es la Android API 28

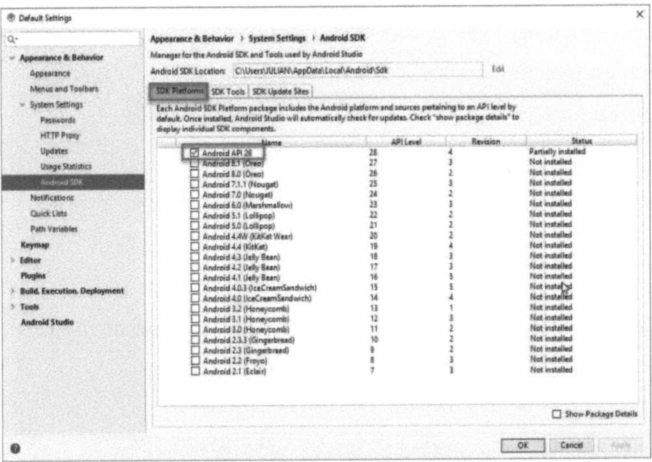

Para tener conocimiento sobre el SDK requerido, deberemos dirigirnos a la documentación de cordova, en la cual podremos encontrar una tabla con las diferentes versiones de cordova que tenemos instaladas y las versiones de SDK de Android que soporta de acuerdo a la versión de cordova.

https://cordova.apache.org/docs/en/latest/guide/platforms/android/index.html

Requisitos y soporte

Cordova para Android requiere Android SDK que se puede instalar en OS X, Linux o Windows. Consulta los requisitos del sistema de Android SDK . El último paquete de Android de Cordova es compatible con Android API Nivel 25. Los niveles de Android API compatibles y las versiones de Android para los últimos lanzamientos de cordova-android se pueden encontrar en esta tabla:

Versión cordova-android	Niveles de API de Android compatibles	Versión equivalente de Android
7.X.X	19 a 27	4.4 - 8.1
6.X.X	16 - 26	4.1 - 8.0.0
5.X.X	14 - 23	4.0 - 6.0.1
4.1.X	14 - 22	4.0 - 5.1
4.0.X	10 - 22	2.3.3 - 5.1
3.7.X	10 - 21	2.3.3 - 5.0.2

Es importante guardar la siguiente ruta, ya que esta será utilizada para la creación de variables del sistema.

- `C:\Users\JULIAN\AppData\Local\Android\Sdk`

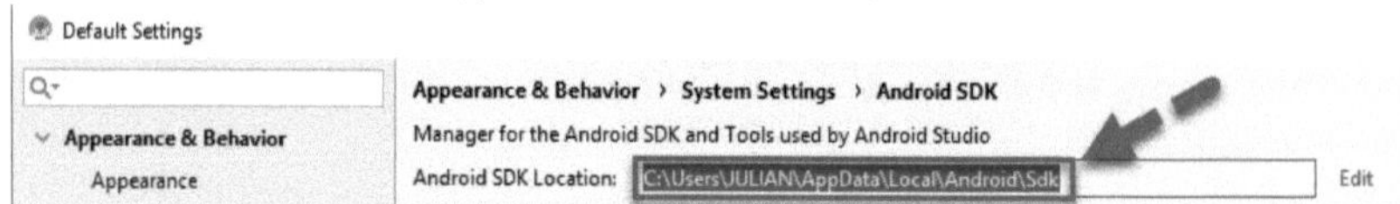

Otras características que vamos a requerir son:

- `Android SDK Build-Tools`
- `Android SDK Platform-Tools`
- `Support Repository`

Seleccione la pestaña SDK Tools, verifique que se encuentren instaladas las características requeridas y pulse el botón **Apply**.

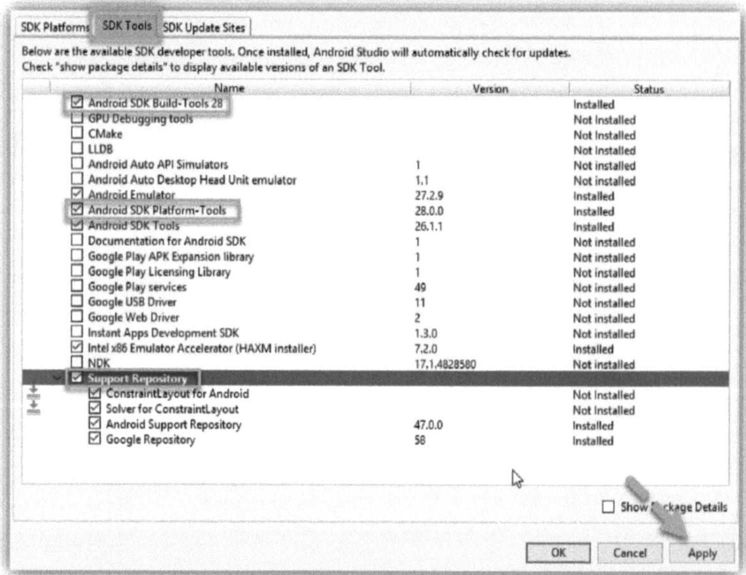

Le notificará que tipo de software ser instalará, pulse un click sobre el botón OK.

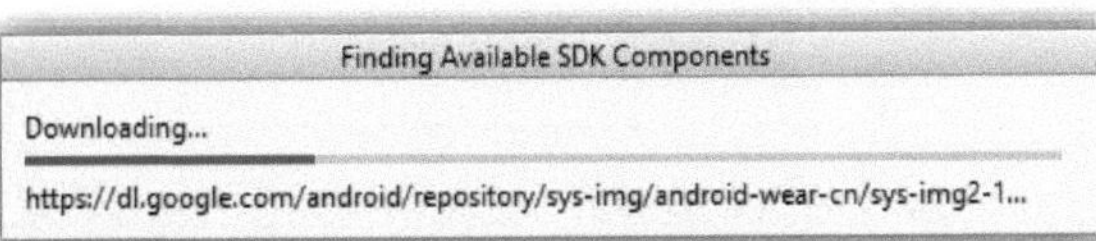

Acepte el acuerdo de licencia y pulse sobre el botón **Next**.

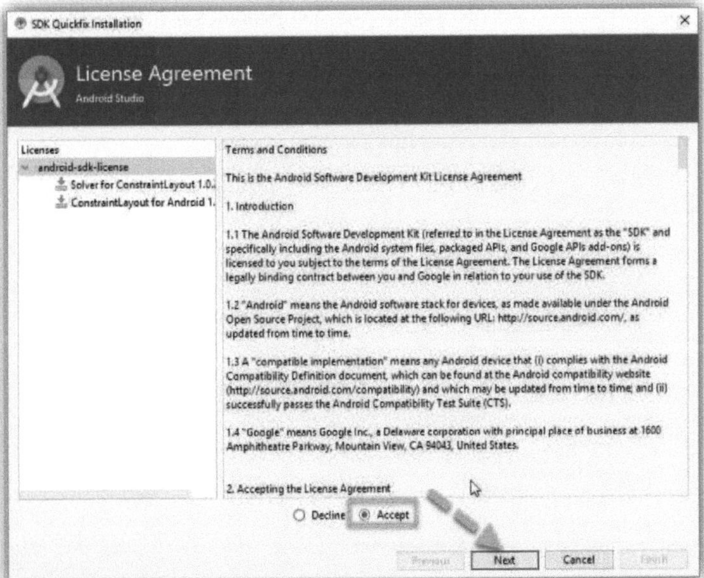

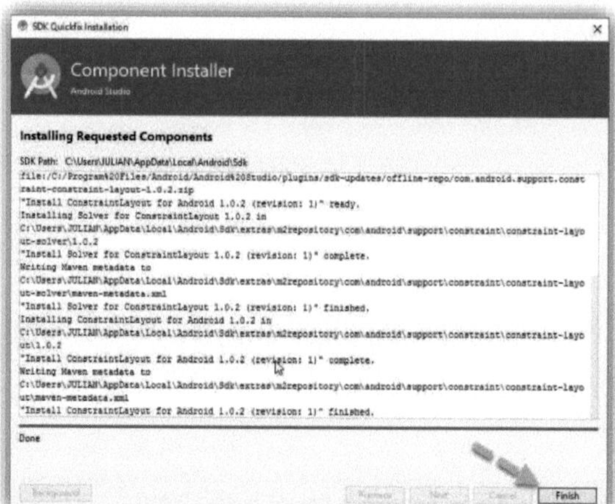

Finalizado el proceso podrá observar que los componentes se han instalado de modo correcto.

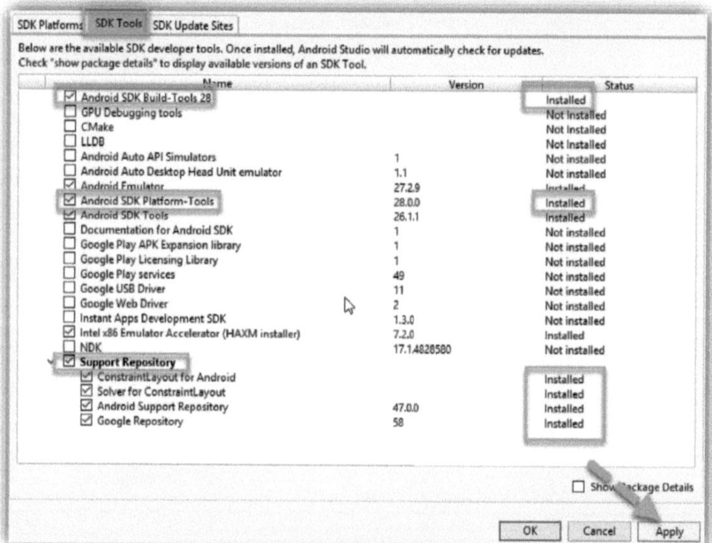

Establecer las Variables del Sistema

Lo que haremos, será dirigirnos a las variables del entorno.

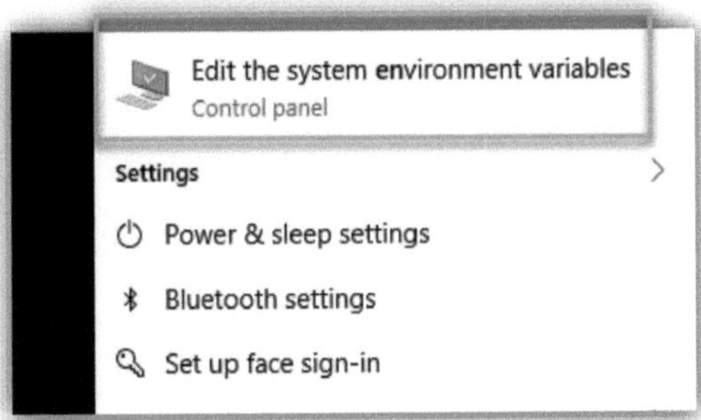

Pulsaremos un click sobre el botón **Enviroment Variables.**

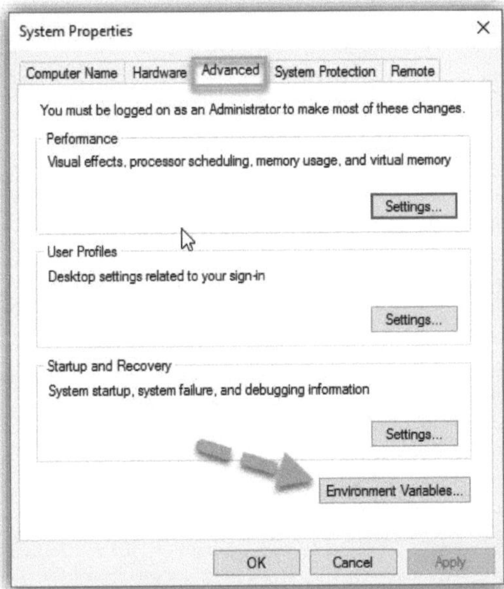

Vamos a crear una nueva variable

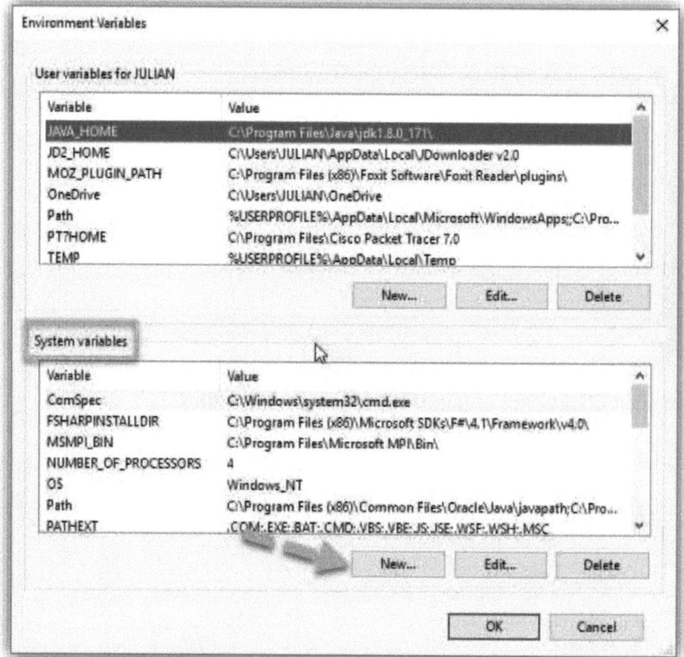

El nombre de la variable será **ANDROID_HOME** y la ruta es la perteneciente al
Android SDK Location.

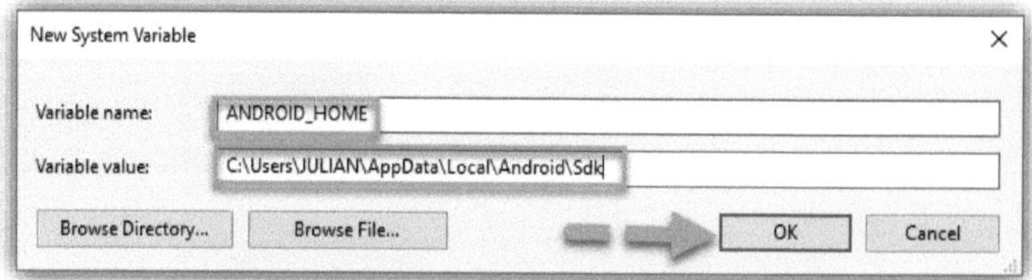

Podremos observar como se ha creado la variable.

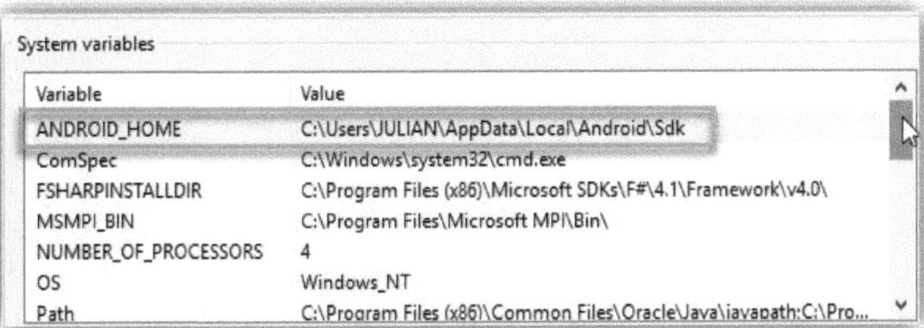

Lo siguiente que haremos, será modificar el **path**, seleccionaremos el nombre de la variable y pulsaremos un clik sobre el botón **EDIT**.

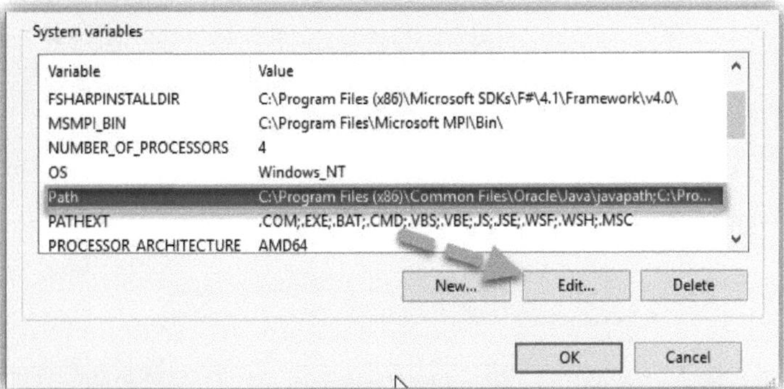

Le mostrara una ventana en donde podrá editar las variables, Pulse el botón NEW.

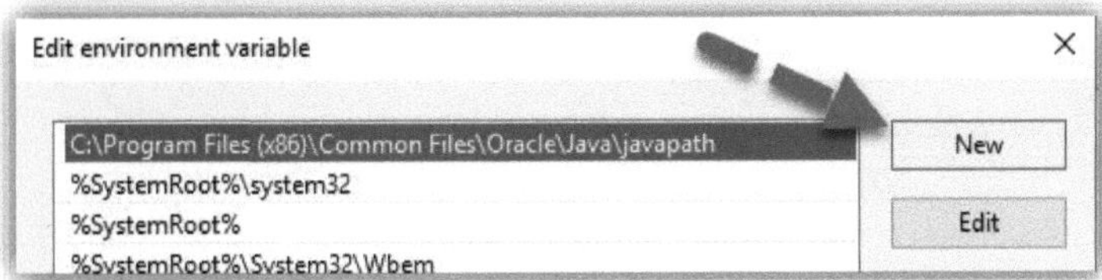

Deberá agregar la ruta y pulsar un clic sobre el botón **OK**

- `C:\Users\JULIAN\AppData\Local\Android\Sdk\tools`

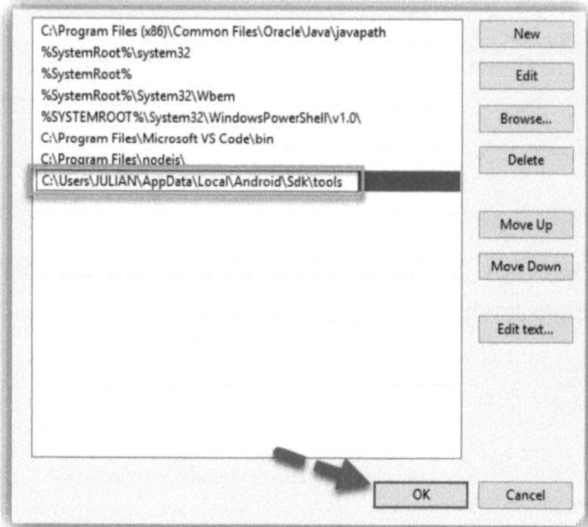

Repetiremos el proceso con las siguientes dos rutas.

- `C:\Users\JULIAN\AppData\Local\Android\Sdk\tools\bin`
- `C:\Users\JULIAN\AppData\Local\Android\Sdk\platform-tools`

Otras aplicaciones que también son necesarias en este entorno son: Typescript, Angular y Visual Studio Code, sin embargo nosotros ya contamos con dichas instalaciones.

Proceso de Instalación de **TypeScript**

- la instalación de TypeScript la realizamos al inicio del curso, la cual se describe desde la página 34 a la 37, razón por la cual no es necesario instalarla nuevamente.

Proceso de Instalación de **Angular**

- la instalación de Angular la realizamos al inicio del curso, la cual se describe desde la página 38 a la 42, razón por la cual no es necesario instalarla nuevamente.

Proceso de Instalación de **Visual Studio Code**

- la instalación de Visual Studio Code la realizamos al inicio del curso, la cual se describe desde la página 11 a la 20, razón por la cual no es necesario instalarla nuevamente.

Las distintas instrucciones que podremos utilizar para el **CLI** las podremos encontrar en la siguiente URL: https://ionicframework.com/docs/cli/

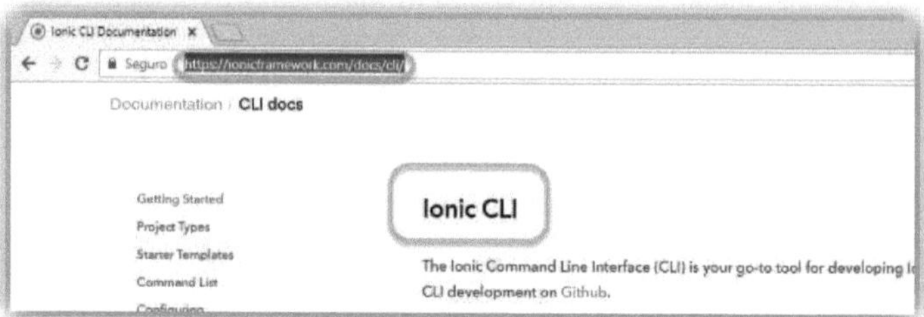

La lista de comandos la podremos encontrar en la sección **Command List**

Commands

This is a comprehensive list of CLI commands. The `ionic --help` command will show a more organized and accurate list of commands.

Command	Description
build	Build web assets and prepare your app for any platform targets
docs	Open the Ionic documentation website
generate	Generate pipes, components, pages, directives, providers, and tabs (ionic-angular >= 3.0.0)
info	Print system/environment info
link	Connect your local app to Ionic
login	Login with your Ionic ID
serve	Start a local dev server for app dev/testing
signup	Create an Ionic account
start	Create a new project
telemetry	(deprecated) Opt in and out of telemetry
upload	(deprecated) Upload a new snapshot of your app
config get	Print config values

LISTA DE COMANDOS MÁS UTILIZADOS	
Ionic serve	Depuración en Navegador
Ionic generate page login	Creación de elementos
Ionic component header	
Ionic upload	Subir APP a Ionic Cloud
Ionic cordova Platform add ios	Añadir o eliminar plataforma
Ionic cordova platform add android	
Ionic cordova platform remove ios	
Ionic cordova build android	Preparar y compilar.
Ionic cordova run android	Enviar al dispositivo por USB

Creación de Directorio

Lo primero que haremos, será crear un directorio nombrado como IONIC en raíz con el cual estaremos trabajando en el curso.

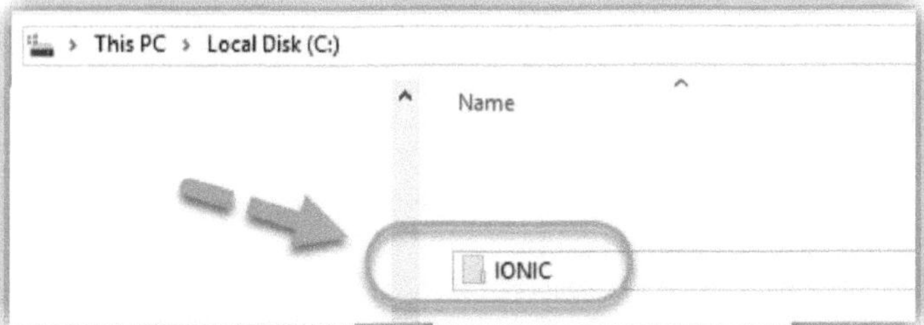

Lo siguiente que haremos, será abrir el software Visual Studio Code, en el cual haremos la selección del directorio.

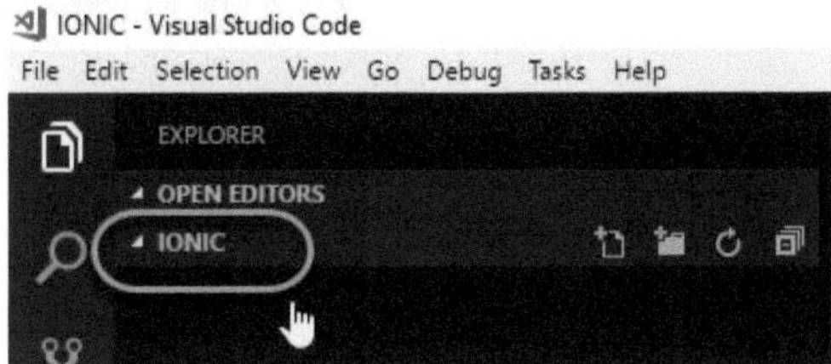

Comprobación de la versión de IONIC instalada

Abriremos la terminal con la combinación de teclas **CTRL + Ñ**, para probar el **CLI** vamos a utilizar el comando: `Ionic Info`

Al pulsar un ENTER nos mostrará información sobre la versión de IONIC, en caso de no estar en una carpeta de aplicación de IONIC, nos avisa.

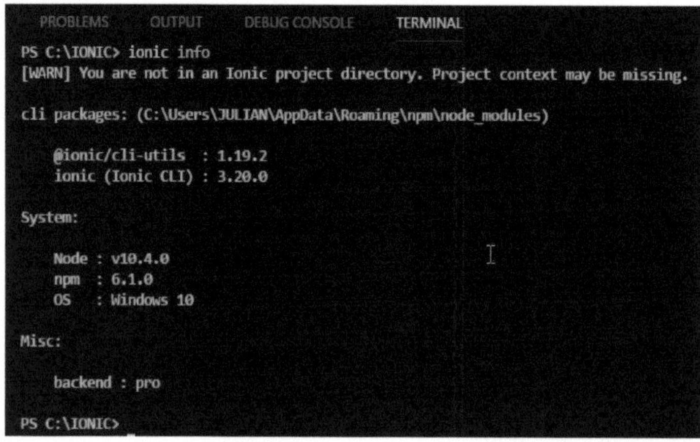

Otra instrucción que podremos utilizar es el comando que nos permite visualizar las versión de IONIC: `Ionic -v`

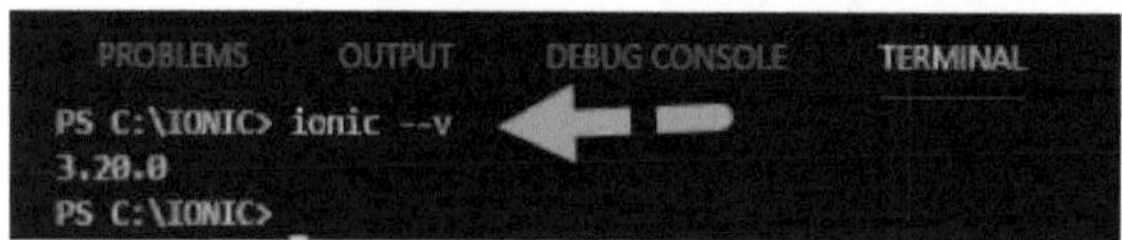

Creación de APP

Continuaremos con el ejemplo de la siguiente URL:

- https://ionicframework.com/getting-started#cli

En donde podremos apreciar el siguiente comando, el cual nos servirá para creación de aplicaciones.

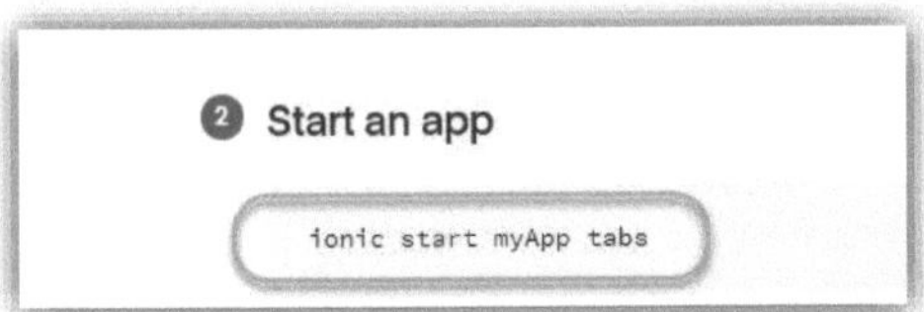

Así que nos dirigiremos a la terminal y ejecutaremos el siguiente comando.

- Ionic start humbnail os tabs

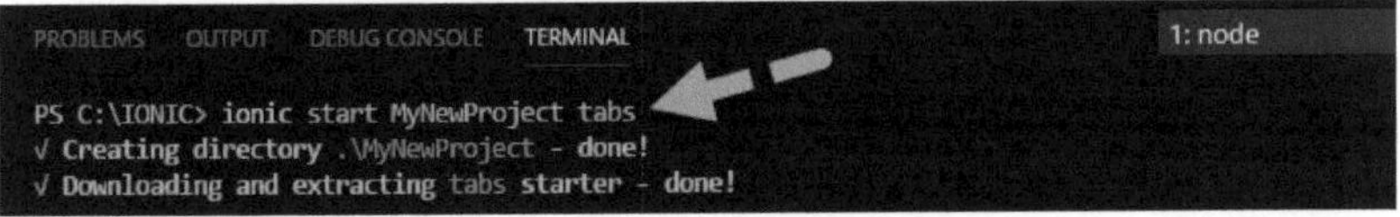

Inicializar dependencias

Será importante ingresar a la ruta del proyecto recién creado y ejecutar el comando **npm i**, ya que **NPM** utiliza el archivo **Package.json** para almacenar todos los datos relevantes a nuestra aplicación, podrás ingresar abriendo una nueva terminal.

- Npm i

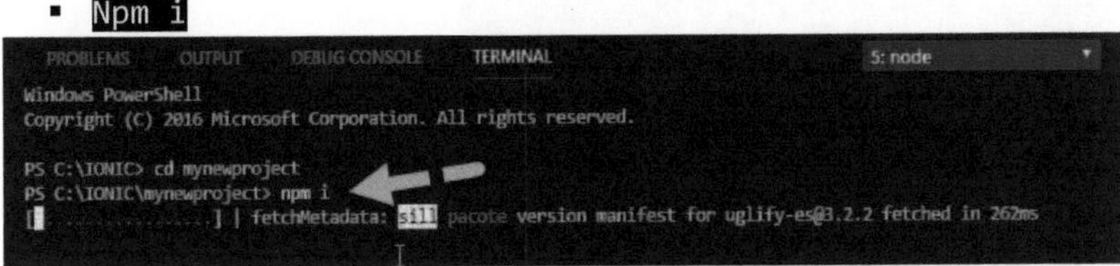

Inicializar el Servidor

Finalizado el proceso que se realiza al momento de ejecutar el comando, npm i, ejecute el comando para inicializar el servidor.

- `Ionic serve`

```
PROBLEMS    OUTPUT    DEBUG CONSOLE    TERMINAL

PS C:\IONIC\myNewProject> ionic serve
Starting app-scripts server: --address 0.0.0.0 --port 8100 --
Ctrl+C to cancel
[13:09:46]  watch started ...
[13:09:46]  build dev started ...
[13:09:46]  clean started ...
[13:09:46]  clean finished in 10 ms
[13:09:46]  copy started ...
[13:09:46]  deeplinks started ...
[13:09:47]  deeplinks finished in 37 ms
[13:09:47]  transpile started ...
[13:09:53]  transpile finished in 6.03 s
[13:09:53]  preprocess started ...
[13:09:53]  preprocess finished in 2 ms
[13:09:53]  webpack started ...
[13:09:53]  copy finished in 6.58 s
```

Al terminare el proceso, nos indica que se está ejecutando en el puerto **8100** del localhost.

```
PROBLEMS    OUTPUT    DEBUG CONSOLE    TERMINAL

[14:05:12]  deeplinks finished in 22 ms
[14:05:12]  transpile started ...
[14:05:18]  transpile finished in 6.72 s
[14:05:18]  preprocess started ...
[14:05:18]  preprocess finished in 23 ms
[14:05:18]  webpack started ...
[14:05:19]  copy finished in 7.29 s
[14:05:27]  webpack finished in 8.71 s
[14:05:27]  sass started ...
Without `from` option PostCSS could generate wrong source map
 to `undefined` to prevent this warning.
[14:05:31]  sass finished in 3.53 s
[14:05:31]  postprocess started ...
[14:05:31]  postprocess finished in 14 ms
[14:05:31]  lint started ...
[14:05:31]  build dev finished in 19.64 s
[14:05:31]  watch ready in 19.84 s
[14:05:31]  dev server running: http://localhost:8100/

[OK] Development server running!
     Local: http://localhost:8100
     External: http://192.168.0.16:8100
     DevApp: MyNewProject@8100 on ADMINRG-L2ESHBU
```

Al ingresar al navegador, podrá observar la interface de su primera aplicación.

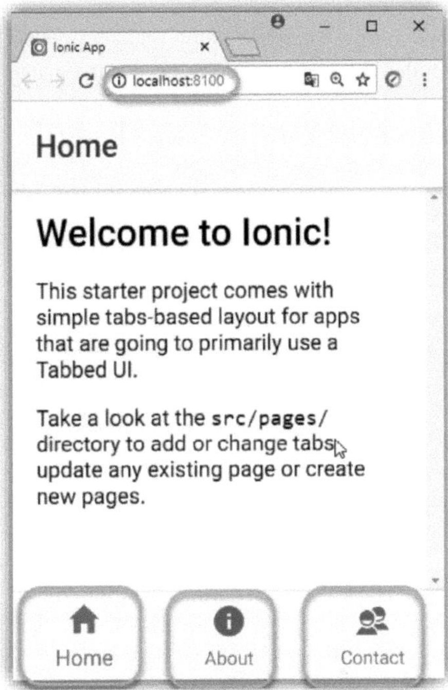

SUBIR APLICACIONES A LOS SERVICIOS DE IONIC

En esta parte del curso, vamos a conocer como realizar pruebas sobre la aplicación en Ionic View, para poder lograr esto vamos a necesitar ejecutar algunos pasos.

Lo primero que tendremos que hacer es dirigirnos a la URL
- https://dashboard.ionicframework.com/login?fromcloud=1

Una vez que se encuentre en la página principal, pulse un click sobre el botón **SIGN-UP**

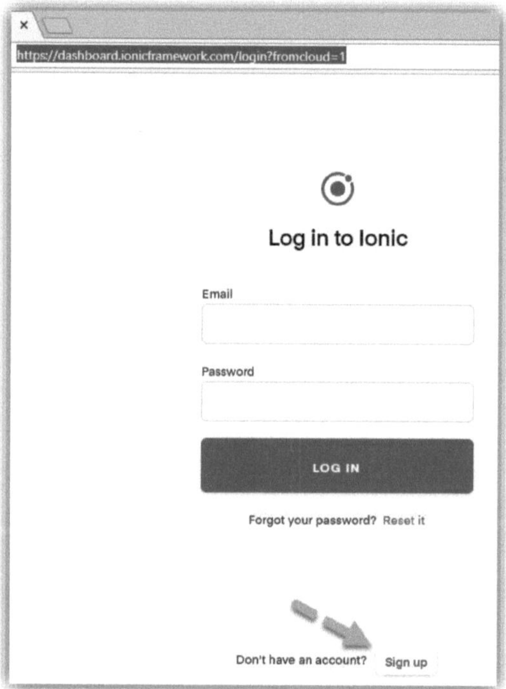

Nos mostrará un formulario, en el cual podremos ingresar nuestros datos personales para la creación de la cuenta, una vez que ha ingresado los datos, pulse un click sobre el botón **CREATE FREE ACCOUNT.**

Le mostrará una sección en donde podremos cambiar el tipo de plan con el cual requerimos trabajar, nosotros pulsaremos un click sobre el botón **CONTINUE ON STARTER.**

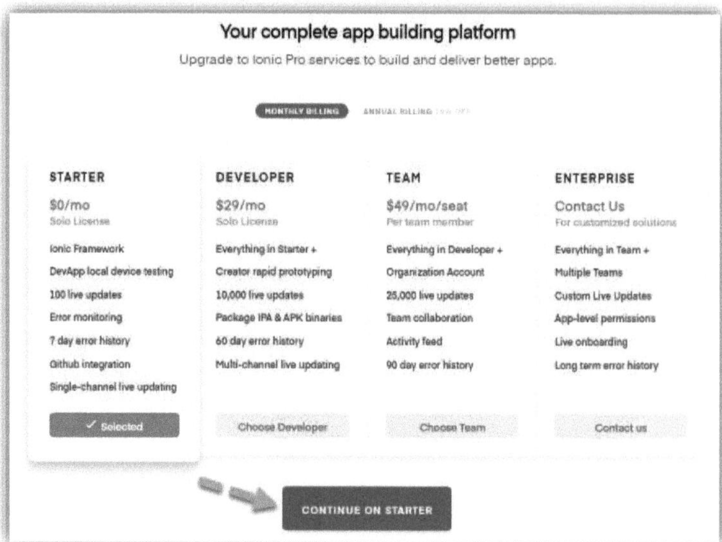

Le mostrará una página de bienvenida.

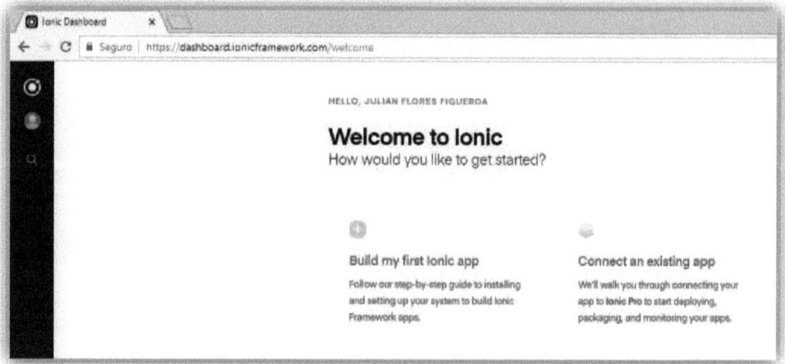

Validación de cuenta en correo electrónico.

Es importante verificar la bandeja de entrada de nuestro correo electrónico ya que recibirá un correo electrónico que permite la verificación de la cuenta que usted ha proporcionado para la creación de la cuenta.

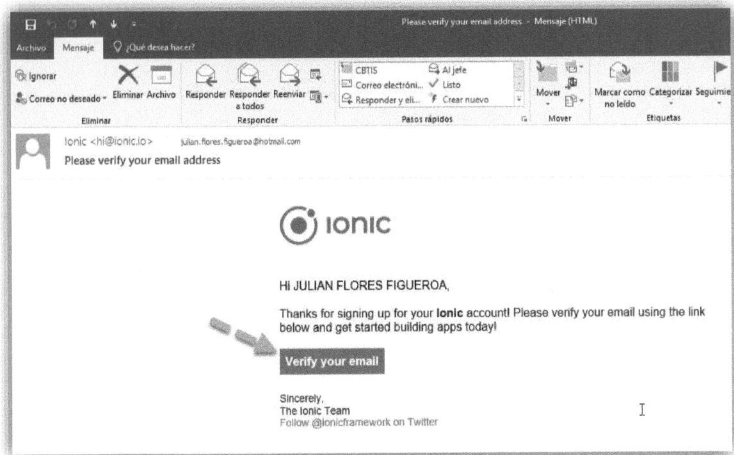

Podrá notar que es direccionado a una página la cual le indica que su cuenta ha sido verificada de modo exitoso, pulse un click sobre el botón **GET STARTED**.

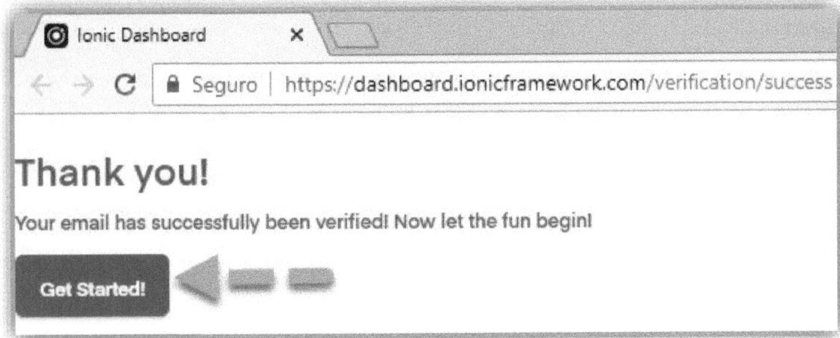

Lo direcciona a su cuenta, en donde podrá notar que cuenta con la opción de crear una nueva APP, pulse un click sobre el botón **CREATE A NEW APP.**

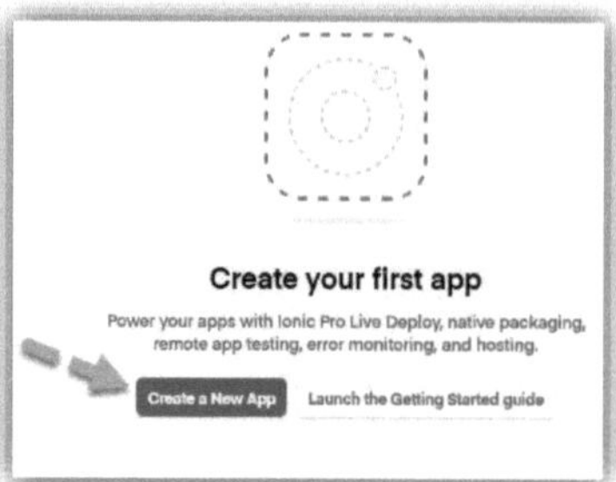

Establecemos el nombre **"myNewProjectCloud"** y pulsaremos un click sobre el botón **CREATE APP.**

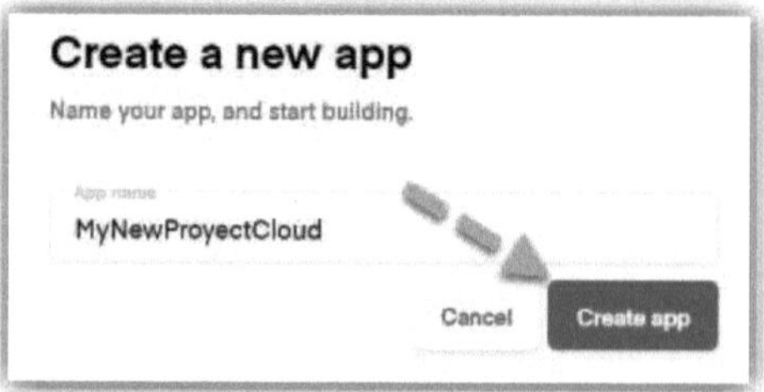

Podremos observar que la APP ha sido creada y que está ya se muestra en el **Dashboard**.

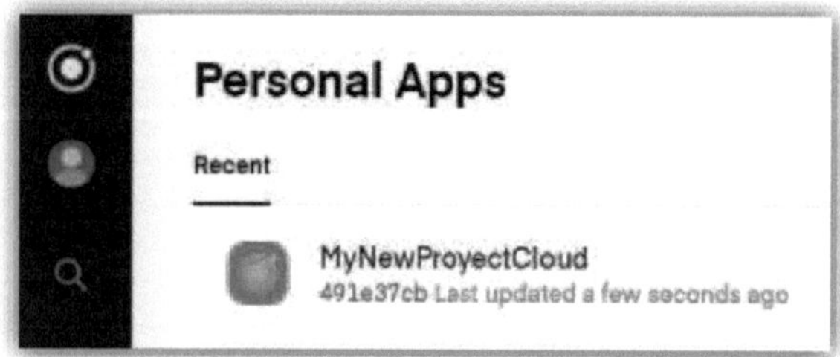

Vincular desde el CLI

Ahora deberemos dirigirnos a nuestra terminal, especificando la ruta del proyecto, en donde utilizaremos la instrucción: `npm i` y posteriormente el comando para vincular la APP en la cuenta en la nube.

- `Ionic login correo electrónico`

Podrá notar que se inicia la sesión y nos pregunta si deseamos utilizar la versión PRO, nosotros seleccionaremos la opción **SKYP FOR NOW.**

```
PS C:\IONIC\proyecto2> npm i
npm WARN optional SKIPPING OPTIONAL DEPENDENCY: fsevents@1.2.4 (node_modules\fsevents):
npm WARN notsup SKIPPING OPTIONAL DEPENDENCY: Unsupported platform for fsevents@1.2.4: wa
2","arch":"x64"})

audited 3539 packages in 10.946s
found 0 vulnerabilities

PS C:\IONIC\proyecto2> ionic login julian.flores.figueroa@hotmail.com Core38784
Log into your Ionic account
If you don't have one yet, create yours by running: ionic signup
[OK] You are logged in!
> ionic ssh setup
Looks like you haven't configured your SSH settings yet.

? How would you like to connect to Ionic Pro?
    Automatically setup new a SSH key pair for Ionic Pro
    Use an existing SSH key pair
> Skip for now
    Ignore this prompt forever
```

Vincular la APP con la cuenta Online

En el siguiente paso necesitamos indicarle que esta APP está relacionada con la aplicación que tengo Online, de tal manera que abriremos una segunda terminal y ejecutaremos el comando: `Ionic link`, y utilizando las flechas de desplazamiento, seleccionaremos el proyecto titulado **"myNewProjectCloud"**, también podrá notar que entre paréntesis se muestra el código único de la APP, recuerde que el vínculo se realiza a la página en donde tendremos creada la cuenta selecciónela y pulse un ENTER.

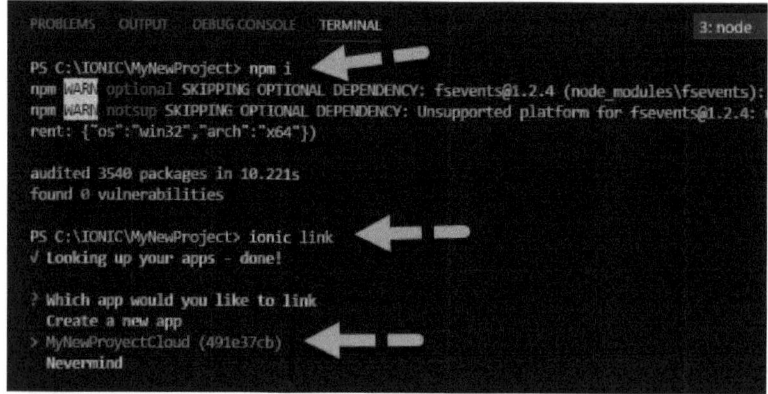

Diríjase al dashboard de IONIC, y podrá observar que se ha creado el vínculo con la aplicación en la página.

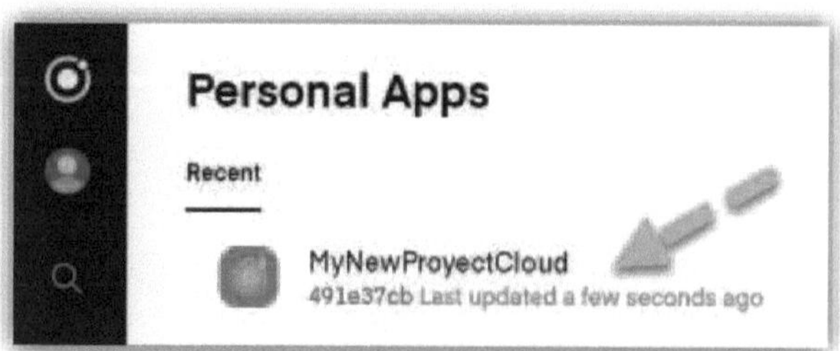

Lo siguiente que haremos, será ingresar a **myNewProjectCloud**

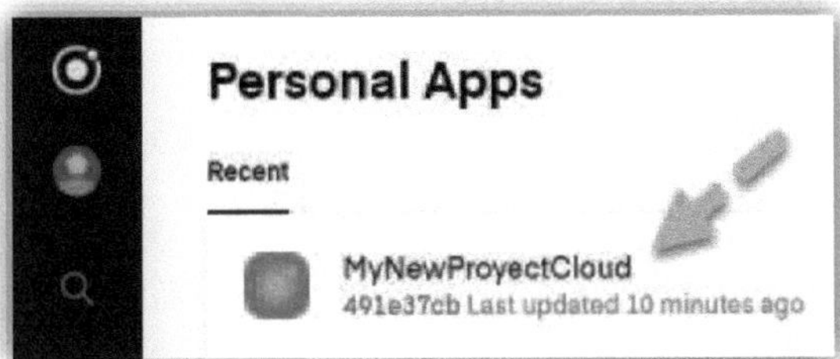

Le mostrará una ventana en donde usted tendrá que seleccionar las opciones:
- *Code/*
  - *Connect Your app to Ionic pro*

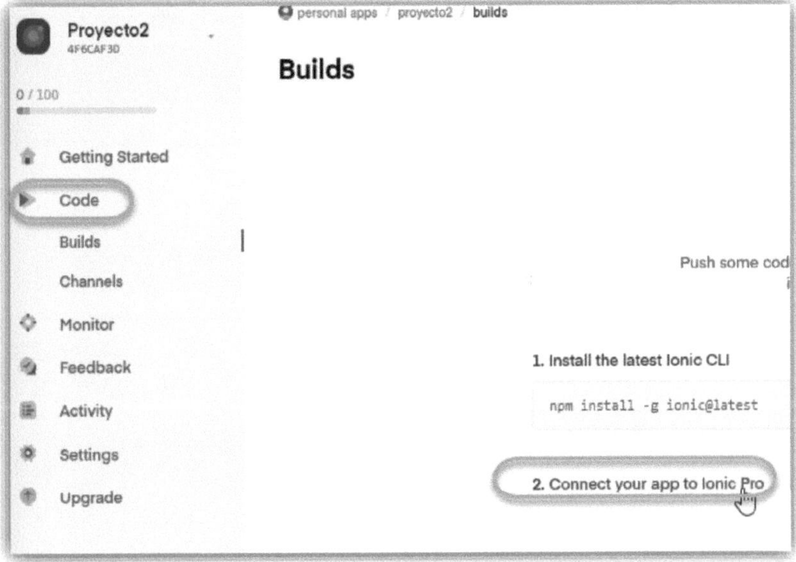

Le mostrará una serie de comando, las cuales podremos utilizar en el CLI, sin embargo, es recomendable que primero cree un repositorio en **GitHub**.

Git Instructions

Ionic Pro uses git to manage new app builds, push app updates, and more.

Before using Ionic Pro's git workflow, you must add a valid SSH key to your account.

Ionic Pro's git service is not a replacement for your source code management service of choice, such as GitHub or GitLab.

Configuring a New App

Once your app has been created through the Ionic CLI, linking your app to Ionic Pro and your git remote is easy:

```
ionic link --pro-id 4f6caf3d
```

Setting up a Team Member Locally

Once your team member has permissions via your Organization or Team for this app, they can interact with Ionic Pro too. The apps repository (usually from your own Git Host, like GitLab).

Then they can run the following command in your Apps directory on their machine to set up the correct "ionic" git remote:

```
ionic git remote
```

Cloning from Ionic Pro

We don't recommend using Ionic Pro as your authoritative source code management service. However, occasionally it's useful Ionic Pro. To do this, run

```
git clone git@git.ionicjs.com:ffjulian/proyecto2.git --origin=ionic
```

Don't forget to add your origin remote to link to your source code service choice (such as GitHub or GitLab).

```
git remote add origin [REPOSITORY_URL]
```

Creación del repositorio en GitHub

Seleccione la opción GitHub y pulse el botón **CONNECT TO GITHUB.**

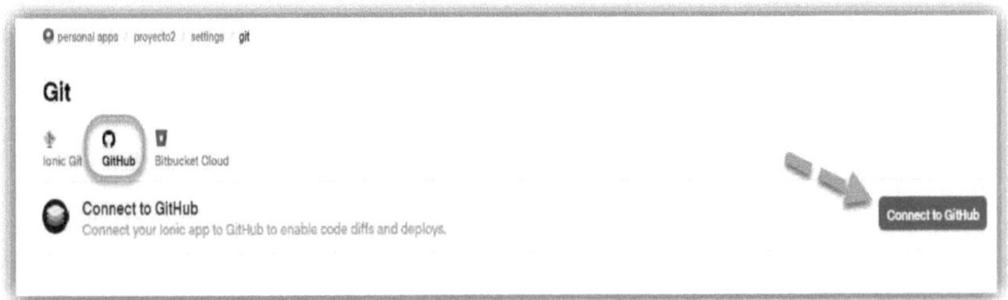

Ingresamos al formulario y completamos los campos con nuestros datos y presionamos el botón **CREATE AN ACOUNT.**

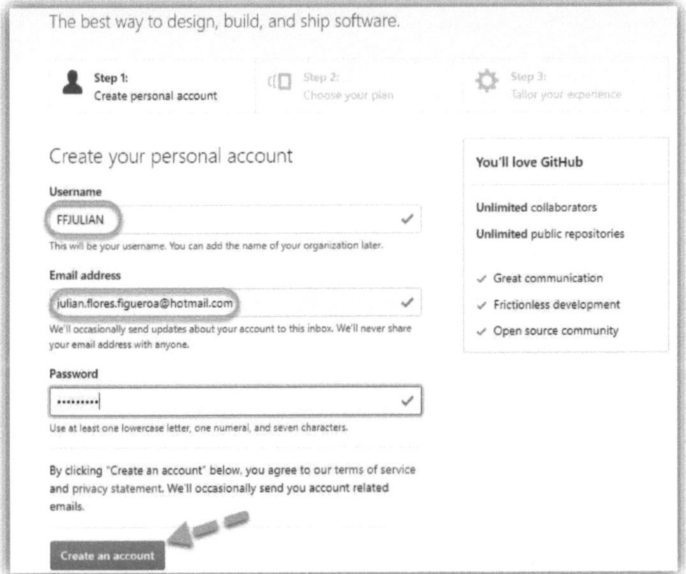

En el siguiente paso, seleccionaremos el plan, en este caso será la versión gratuita, seleccionada la opción pulsaremos un click sobre el botón **CONTINUE TO SETUP ORGANIZATION.**

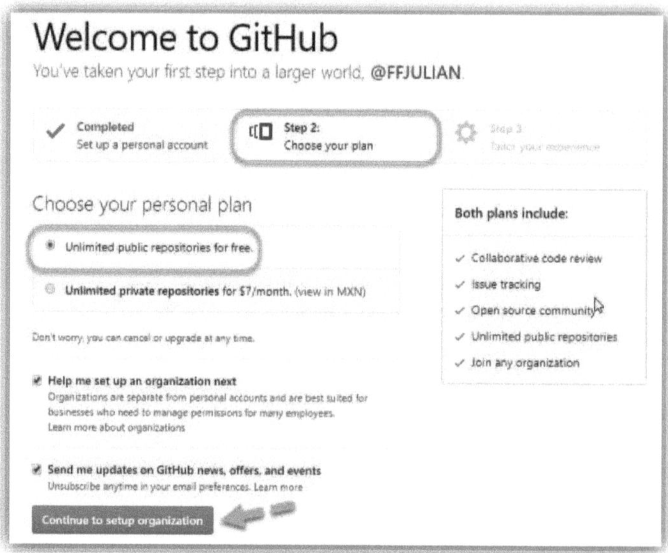

En el siguiente paso, podremos invitara miembros de la organización, en nuestro caso pulsaremos un click sobre el botón **FINISH**.

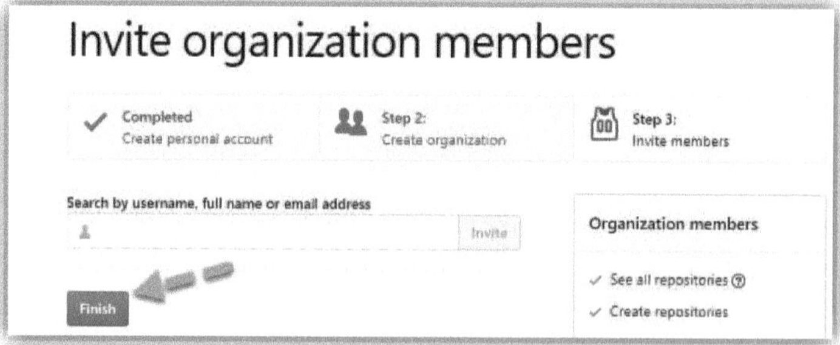

Creación de Repositorio

Una vez que la cuenta se ha creado, será requerido que usted valide la cuenta, diríjase a su correo electrónico, localice el correo y pulse un click sobre el botón **VERIFY EMAIL ADDRESS.**

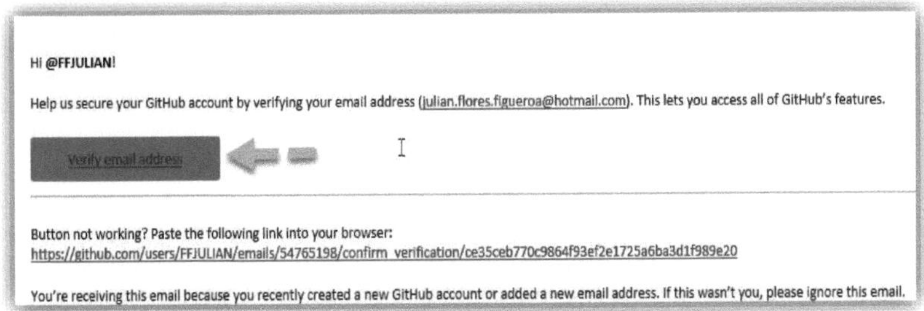

Le mostrará un mensaje, indicándole que la cuenta ha sido verificada y que puede iniciar un proyecto, pulse un click sobre el botón **START A PROJECT**.

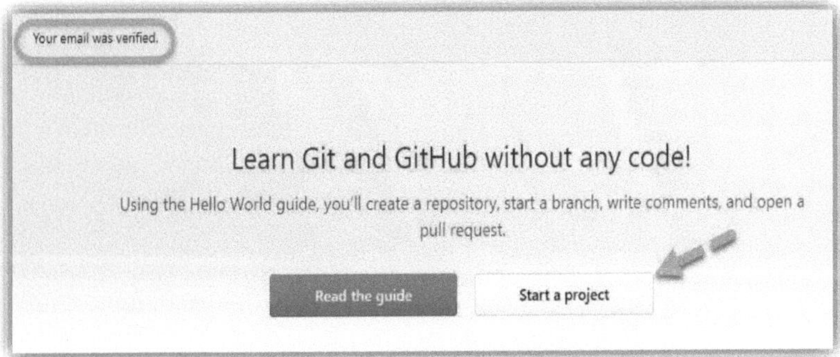

Cuando iniciamos un proyecto nuevo, nos pedirá crear un repositorio nuevo, pulse un click sobre el botón **CREATE REPOSITORY.**

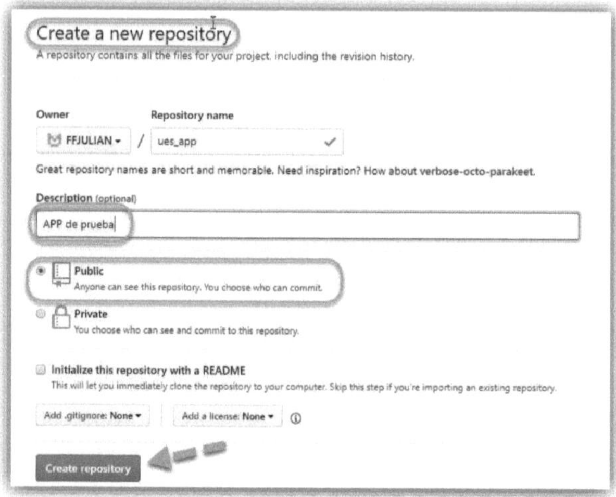

Git Instructions

Configure a New APP

Lo siguiente que haremos, será ejecutar el comando, que tenemos en la sección previa.

- `ionic link -pro-id f14c1af7`

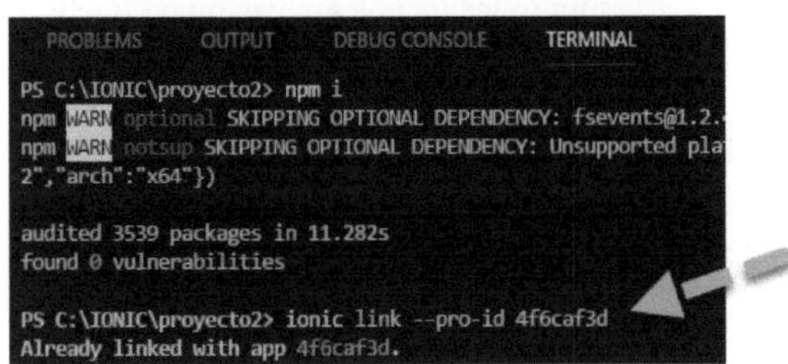

Setting up a Team Member Locally

El siguiente código que ejecutaremos, será

- `ionic git remote`

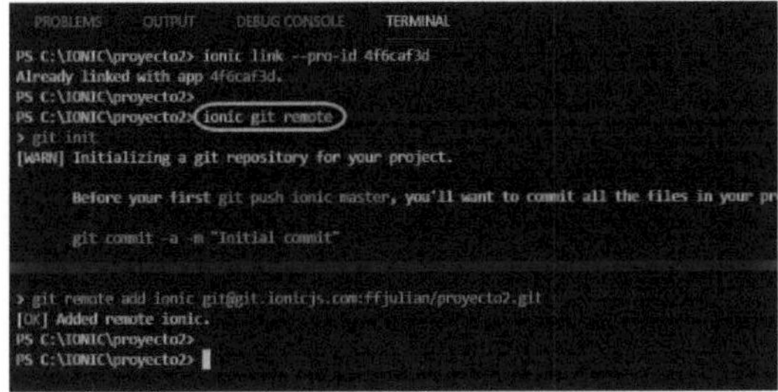

Cloning from Ionic Pro

ESTRUCTURA DE ARCHIVOS EN IONIC

Es bueno comprender la estructura de archivos los cuales son utilizados en IONIC, ya que de ese modo comprenderemos como se crean las aplicaciones y también porque en algún momento tendremos que realizar modificaciones y será necesario que sepa definir la localización de ciertos archivos.

En la siguiente imagen, se muestra la estructura típica de una aplicación de IONIC

Name	Date modified	Type	Size
.sourcemaps	7/2/2018 1:10 PM	File folder	
node_modules	7/3/2018 8:52 AM	File folder	
src	7/2/2018 1:04 PM	File folder	
www	7/2/2018 1:09 PM	File folder	
	6/25/2018 3:07 PM	Editor Config Sour...	1 KB
	6/25/2018 3:07 PM	Text Document	1 KB
ionic.config	7/2/2018 1:04 PM	JSON File	1 KB
ionic.starter	6/25/2018 3:07 PM	JSON File	1 KB
package	7/2/2018 1:04 PM	JSON File	2 KB
package-lock	7/2/2018 1:07 PM	JSON File	220 KB
tsconfig	6/25/2018 3:07 PM	JSON File	1 KB
tslint	6/25/2018 3:07 PM	JSON File	1 KB

Dentro de la siguiente estructura, encontraremos archivos que sirven para organizar dependencias, para definir cómo es que se compilará la aplicación, a continuación, se mencionaran algunos archivos y su comportamiento.

ARCHIVOS EN IONIC	
Package.json	Sirve para controlar los módulos cargados, es decir las librerías.
Tsconfig.json	Sirve para saber cómo se van a compilar los archivos TS

⟩ myNewProject ⟩ src		
Name	Date modified	Type
app	7/2/2018 1:04 PM	File folder
assets	7/2/2018 1:04 PM	File folder
pages	7/2/2018 1:04 PM	File folder
theme	7/2/2018 1:04 PM	File folder
index	6/25/2018 3:07 PM	Chrome HTML Do…
manifest	6/25/2018 3:07 PM	JSON File
service-worker	6/25/2018 3:07 PM	JavaScript File

node_modules	Es donde se encuentran las librerías con las que cuenta IONIC, muchas de ellas son propias de ANGULAR y otras son propias de Ionic, este se recargara gracias a NPM, cuando nosotros hacemos un npm i, automáticamente se ocupa de cargar estas librerías
src	Es donde vamos a trabajar, aquí encontraremos un archivo HTML el cual es archivo base de nuestra aplicación HTML5, esta aplicación llamará a la APP, haciendo el llamado al archivo main.ts y ese archivo se encargara de la carga de los módulos en el archivo app.module.ts y del app.component.ts, este archivo va a tener su template en el archivo app.html y a partir de ese punto se encargara de cargar las distintas páginas, las cuales se encuentran dentro de la carpeta PAGES.
Assets	En este directorio se deben cargar las imágenes, sonidos, archivos JSON, es decir todo lo que yo

	quiero que vaya con la aplicación, cuando esa aplicación se instale.
Theme	Es donde encontramos el archivo variables.scss, el cual se ocupa del aspecto básico inicial de la aplicación.
www	Cuando compilamos la aplicación, los archivos se guardan en esta carpeta, en este lugar podremos encontrar un duplicado del directorio assets, y esto se debe a que tomara los archivos que se encuentran en src/assets y los cargara en la ruta www/assets.
Build	En esta carpeta vamos a tener los archivos finales con las extensiones .css y js, en este lugar ya no encontraras archivos .ts ya que son los archivos compilados y listos para ser utilizados por el navegador.

DEPURACION DEL FLUJO DE TRABAJO

IONIC tiene como base una aplicación de HTML5, eso significa que mientras estemos trabajando con HTML podemos hacer pruebas sobre el navegador, cuando empecemos a utilizar Plugins de cordova que utilicen características especiales del teléfono tales como la Geolocalización o la cámara, es entonces que utilizaremos un teléfono o un emulador de teléfono para poder realizar las pruebas, eso es más costoso en cuanto a tiempo, ya que ocupamos compilar la aplicación para poder subirla al teléfono y poder probarla, así que se puede establecer una forma de trabajar en la que podamos empezar por partes que sean más simples, más rápidas y luego al final pasar a las partes un poco más complicadas de depurar, la idea básica debe de ser que al momento de contar con una aplicación que ya hemos creado poder probarla utilizando HTML5.

Modalidades

Una de las modalidades que podemos utilizar para probar las aplicaciones es con la instrucción: `ionic serve`

La ejecución de esta instrucción en terminal, me ejecuta un servidor virtual en el navegador predeterminado la aplicación HTML5, la ventaja de poder tener esta opción, es que tendremos a mano herramientas de depuración

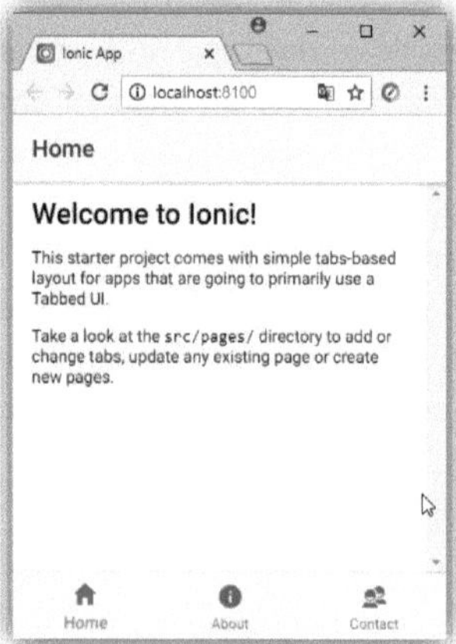

Toogle Device Toolbar

Para poder identificar esta herramienta, pulse un click sobre el botón derecho del mouse, estando posicionado en una parte del navegador y seleccione la opción **INSPECCIONAR**.

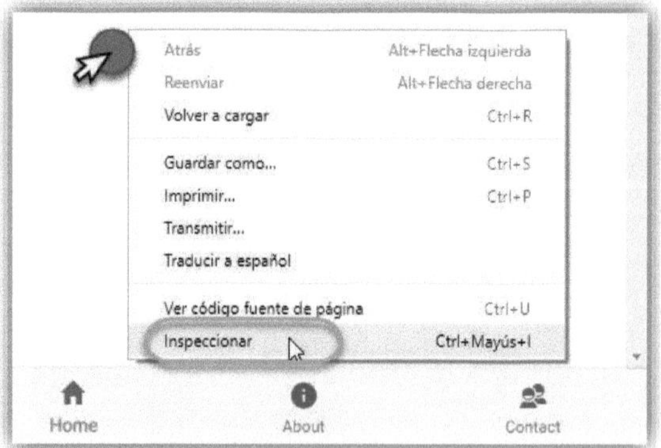

Le mostrará una ventana de inspección, en donde podrá localizar la opción **Toogle Device Toolbar,** pulse un click sobre la opción.

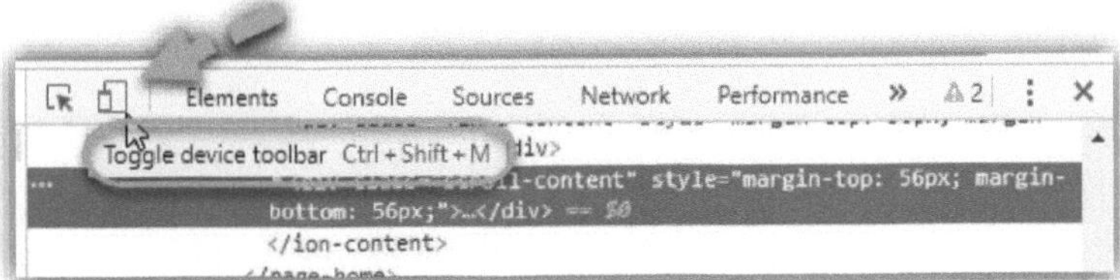

Podrá observar que le ofrece la opción de probar en distintos modelos, en donde podremos visualizar como responde al tamaño y al cómo se adapta a la forma de los distintos dispositivos

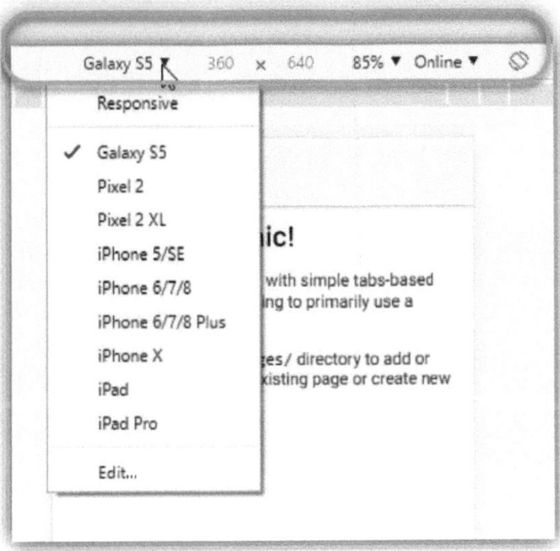

Simulaciones Serve

Podemos simular los distintos teléfonos utilizando simulaciones, para lograrlo podremos utilizar el comando: `ionic serve -lab`

```
PROBLEMS     OUTPUT     DEBUG CONSOLE     TERMINAL

PS C:\IONIC\mynewproject> ionic serve --lab
Starting app-scripts server: --address 0.0.0.0 --port 8100 --livereload-port 35729 --dev-logg
--lab - Ctrl+C to cancel
[15:58:47]  watch started ...
[15:58:47]  build dev started ...
[15:58:47]  clean started ...
[15:58:47]  clean finished in 10 ms
[15:58:47]  copy started ...
[15:58:48]  deeplinks started ...
[15:58:48]  deeplinks finished in 30 ms
[15:58:48]  transpile started ...

[15:59:00]  preprocess finished in 17 ms
[15:59:00]  webpack started ...
[15:59:01]  copy finished in 13.41 s
[15:59:13]  webpack finished in 12.53 s
[15:59:13]  sass started ...
Without `from` option PostCSS could generate wrong source map and will not find Browserslist con
o prevent this warning.
[15:59:19]  sass finished in 6.15 s
[15:59:19]  postprocess started ...
[15:59:19]  postprocess finished in 16 ms
[15:59:19]  lint started ...
[15:59:19]  build dev finished in 31.66 s
[15:59:19]  watch ready in 31.92 s
[15:59:19]  dev server running: http://localhost:8100/

[OK] Development server running!
     Local: http://localhost:8100
     External: http://192.168.206.1:8100, http://192.168.44.1:8100, http://192.168.0.13:8100
     DevApp: myNewProject@8100 on ADMINRG-VK7SQ4Q
```

Esta instrucción, abrirá una página en donde vamos a tener la simulación en los distintos sistemas operativos, así vamos a poder comparar como se verá la aplicación en un Android, Windows y en un IOS, el problema es que consume muchos recursos y tiene inconvenientes para desplegarse en distintos navegadores.

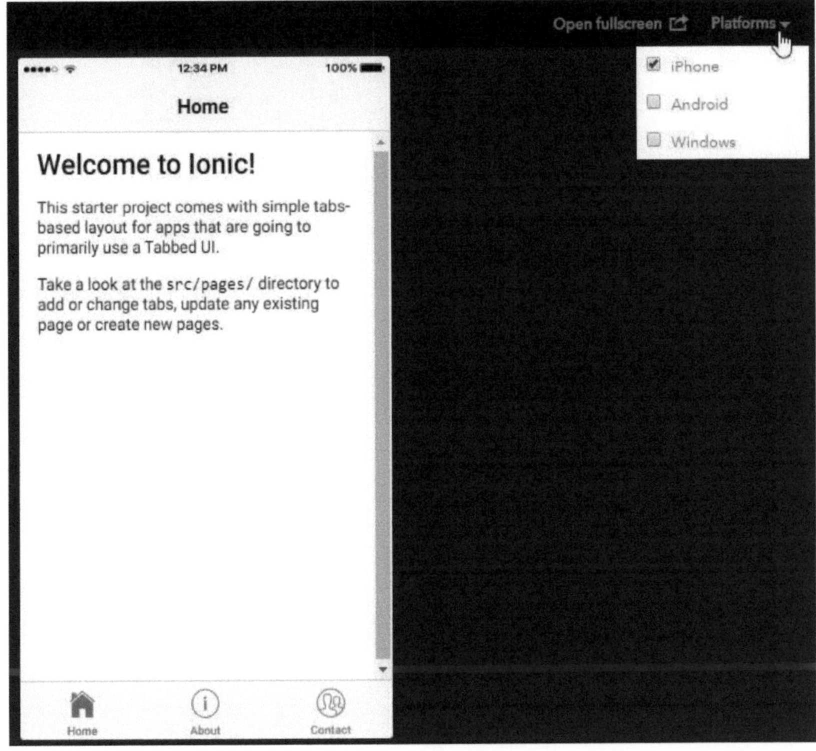

Simulación Concreta

Simulación para Android

Otra posibilidad es trabajar con una simulación concreta y para lograrlo vamos a ejecutar el comando: `ionic serve -android`

```
PS C:\IONIC\mynewproject> ionic serve --android
Starting app-scripts server: --address 0.0.0.0 --port 8100 --livereload-port 35729 --dev-logger
Ctrl+C to cancel
[16:15:53]  watch started ...
[16:15:53]  build dev started ...
[16:15:53]  clean started ...
[16:15:53]  clean finished in 8 ms
[16:15:53]  copy started ...
[16:15:53]  deeplinks started ...
[16:15:53]  deeplinks finished in 23 ms
[16:15:53]  transpile started ...
```

Podrá notar que le muestra en el servidor, la simulación del teléfono con el sistema operativo solicitado.

EMULACIÓN DE LA APP

Como no es posible contar con todos los dispositivos posibles y de hecho es muy probable que contemos con un teléfono con S.O Android o tal vez uno con IOS, Para hacer pruebas con dispositivos que no tenemos disponibles para nosotros, utilizaremos los emuladores, no es lo mismo ya que estos trabajaran más lento, un poco molestos además de no ser pruebas al 100%, sin embargo son bastante útiles a la hora de desarrollar, para el caso de Android necesitaremos un emulador antes de poder utilizarlo, para lograrlo abriremos Android Studio y pulsaremos un click en la opción **Start a New Android Studio Project.**

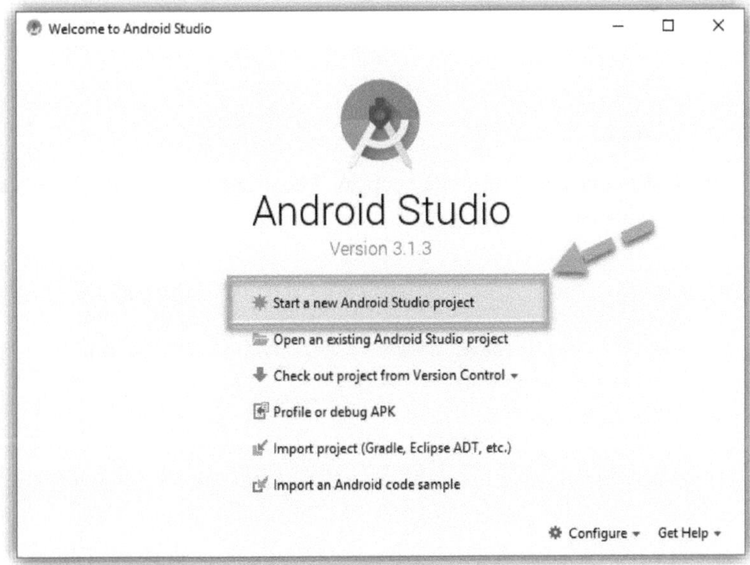

Nos mostrará una interface, en donde podremos colocar el nombre, en este caso será: **ejemplo1,** pulsa el botón **NEXT** para seguir avanzando.

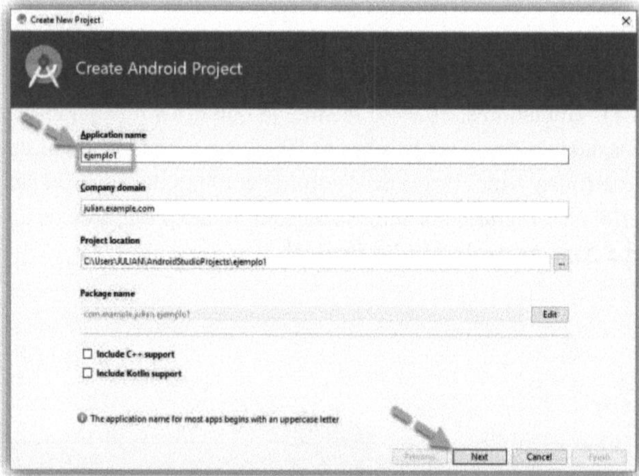

De forma predeterminada se mostrara la opción Phone and Tablet, seleccionada de modo predeterminado.

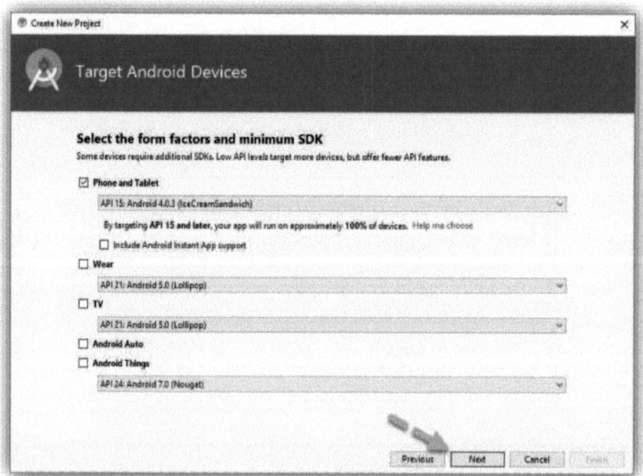

Podrá notar que le ofrece una visualización de proyecto en blanco, pulse el botón **NEXT**.

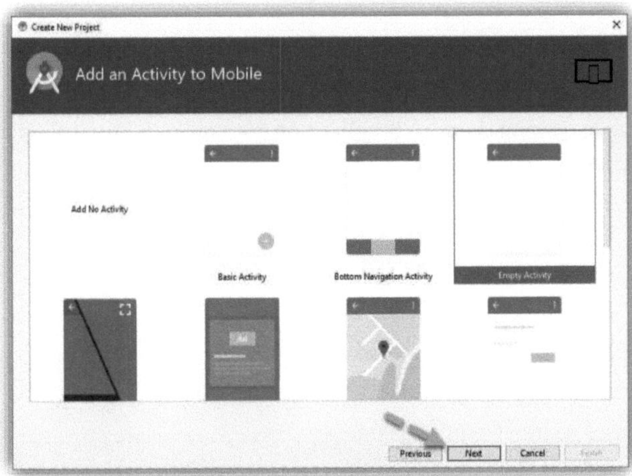

Notara que le ofrece el nombre **MainActivity**, le recomiendo dejar ese nombre y pulsar un click sobre el botón FINISH.

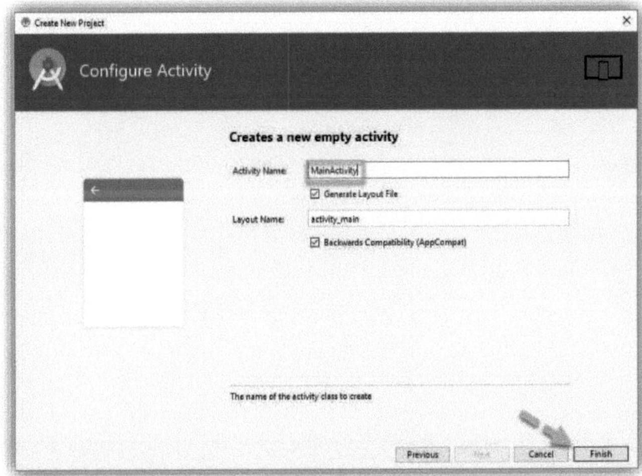

Notara que inicia el proceso de construcción del proyecto.

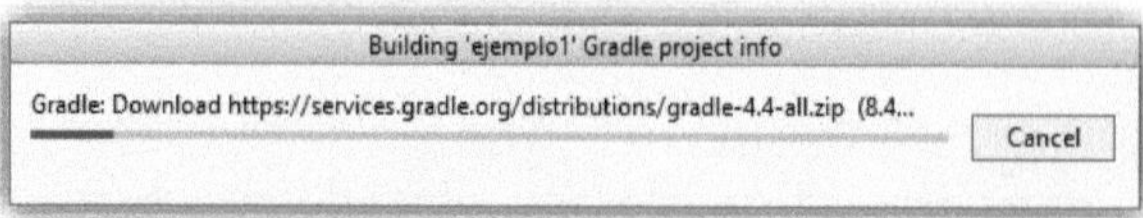

Le pedirá que le permita acceso a la aplicación por medio del firewall, pulse un click sobre el botón **Allow acces.**

Finalizado el proceso, le mostrará la interface principal.

Crear Máquinas Virtuales

Lo siguiente que haremos, será pulsar un click sobre el **AVDMANAGER**.

Le mostrará una interface, en donde deberá pulsar sobre el botón **Create Virtual Device,** ya que los emuladores consisten en máquinas virtuales, que simularán el sistema operativo que deseemos en nuestro PC.

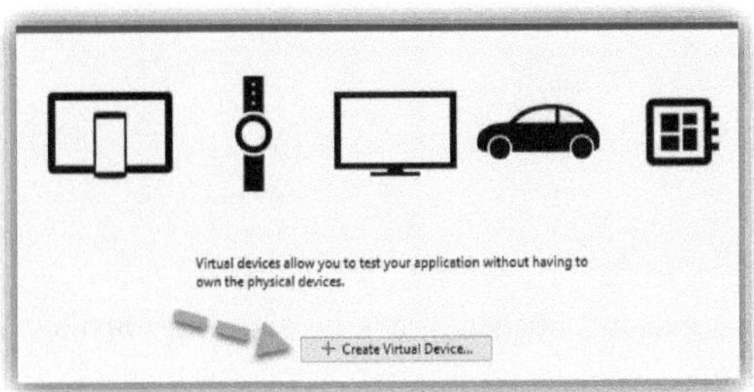

Le mostrará un listado de diferentes sistemas operativos, además de poder elegir entre distintos dispositivos, en nuestro caso dejaremos la selección que nos ofrece el sistema de modo predeterminado y pulsaremos un click sobre el botón **NEXT**.

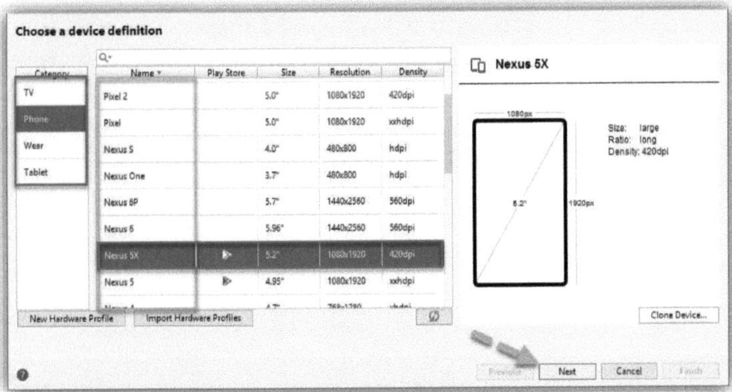

Instalación de Imagen

En caso de no contar con una imagen de sistema, deberemos descargarla, pulse un click sobre la opción **Download**.

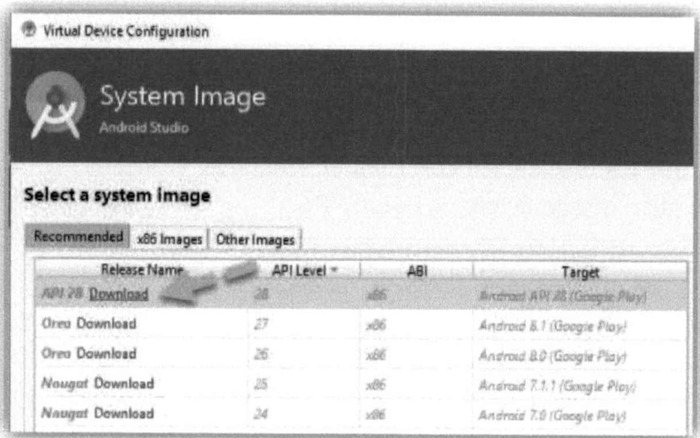

Es recomendable que instale las siguientes imágenes, con los siguientes niveles de API: **24, 25, 26, 27 y 28**

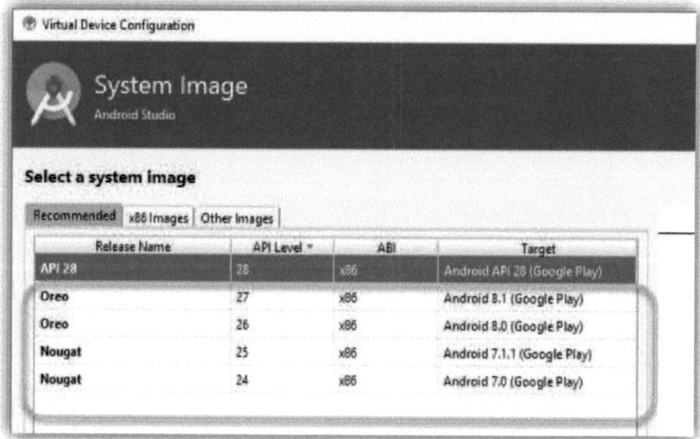

Le pedirá que acepte el acuerdo de licencia y pulse un click sobre el botón **NEXT**.

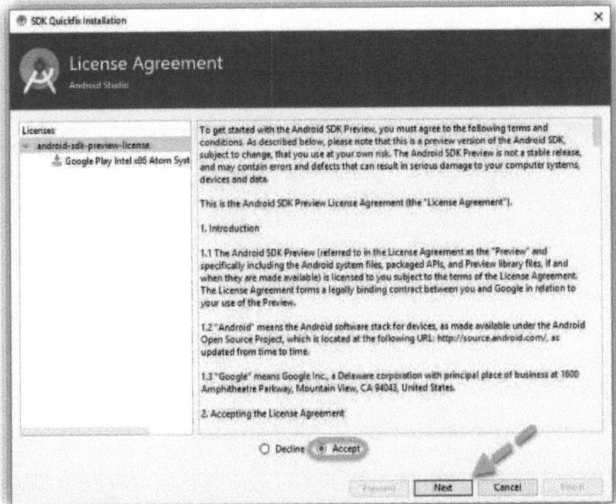

Al momento de aceptar el acuerdo de licencia, podrá notar que inicia el proceso de descarga de los componentes.

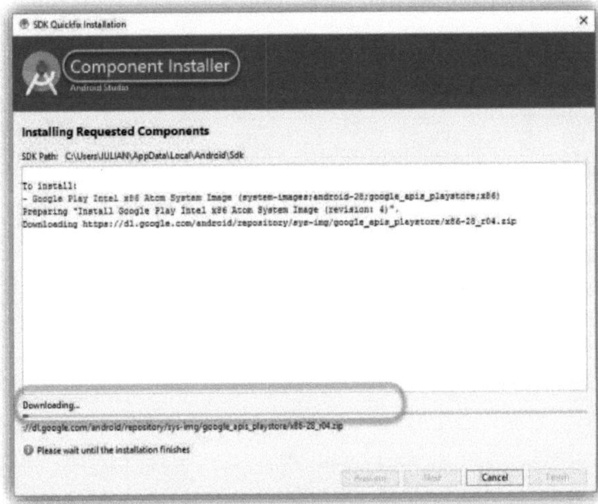

Una vez que ha finalizado la descarga, deberá pulsar un click sobre el botón **FINISH**.

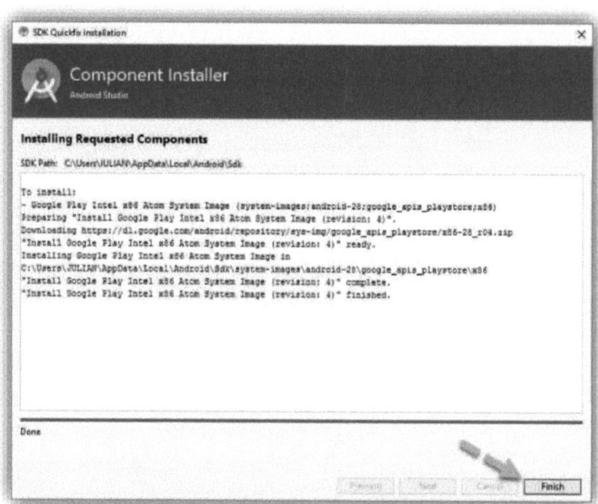

Podrá notar que al lograrse la descarga ya contaremos con acceso a las imágenes, una vez que estas han sido descargadas pulsaremos un click sobre la imagen requerida, en este caso **Oreo API 26** y posteriormente sobre el botón **NEXT**.

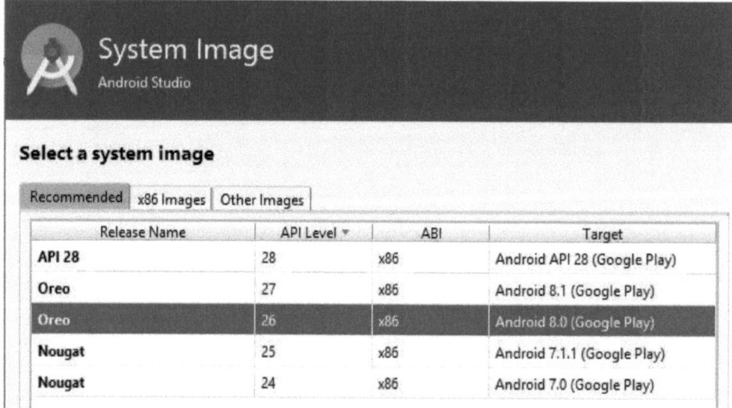

Release Name	API Level ▼	ABI	Target
API 28	28	x86	Android API 28 (Google Play)
Oreo	27	x86	Android 8.1 (Google Play)
Oreo	26	x86	Android 8.0 (Google Play)
Nougat	25	x86	Android 7.1.1 (Google Play)
Nougat	24	x86	Android 7.0 (Google Play)

Le mostrará una interface en donde podremos seleccionar características más específicas, es decir si deseamos que inicie de modo vertical u Horizontal, una vez que contamos con las características requeridas pulsaremos un click sobre el botón FINISH.

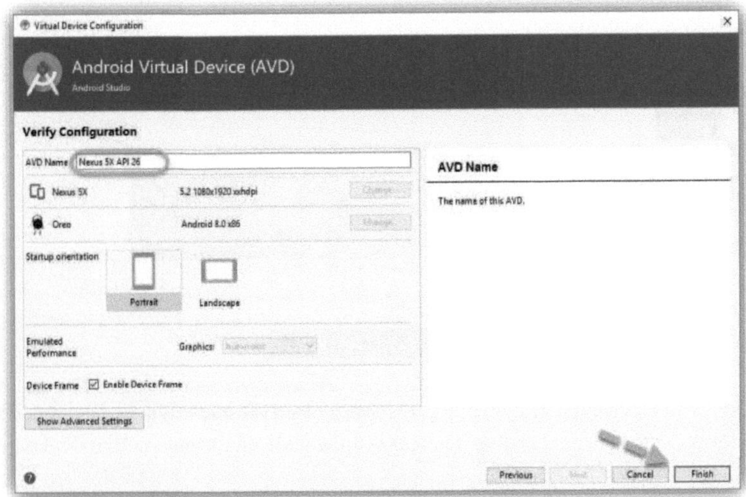

En este momento ya contaremos con una imagen preparada, Es importante mencionar que para un óptimo funcionamiento, deberás crear una máquina virtual con **API 26.**

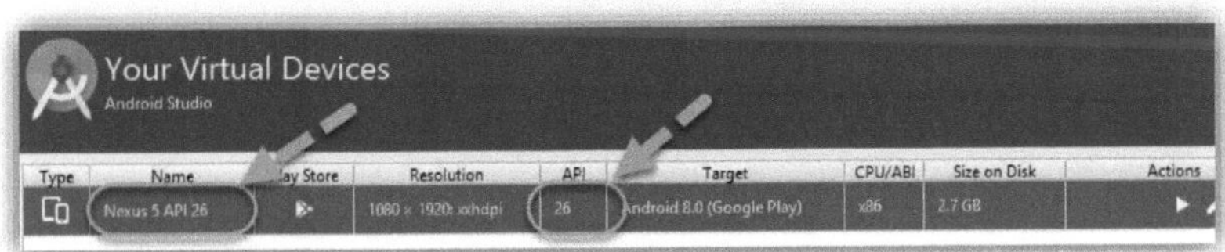

Nota: *Es requerido que Android estudio permanezca abierto para concretar los pasos posteriores.*

Añadiendo plataformas necesarias en Visual Studio

Esto se debe a que Ionic se instala con lo más básico, por cuestiones de optimización de recursos, en esto momento añadiremos las plataformas que vamos a necesitar en específico para lograrlo deberemos dirigirnos a la ruta del proyecto en la terminal y ejecutaremos la instrucción:

Es necesario que ingrese a la ruta del proyecto y ejecute el comando:
- `npm i`

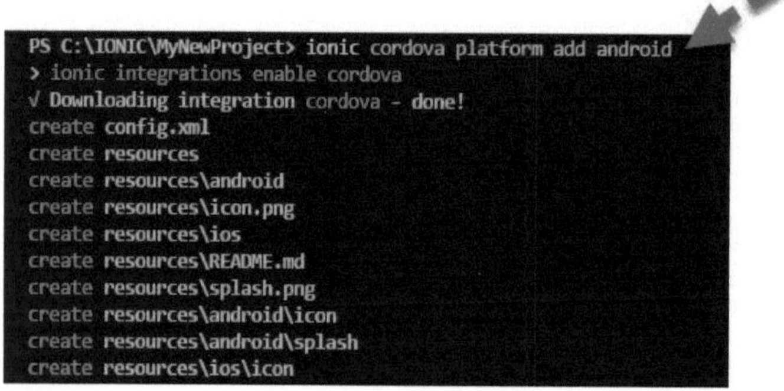

Como siguiente paso ejecute el comando:
- `Ionic cordova  humbnai add Android`

Al momento de ejecutar el comando, podremos observar que inicia la descarga de la plataforma, esto será necesario para crear la aplicación en formato nativo de Android

```
PS C:\IONIC\MyNewProject> ionic cordova platform add android
> ionic integrations enable cordova
√ Downloading integration cordova - done!
create config.xml
create resources
create resources\android
create resources\icon.png
create resources\ios
create resources\README.md
create resources\splash.png
create resources\android\icon
create resources\android\splash
create resources\ios\icon
```

Podrá notar que finaliza el proceso de instalación de los paquetes requeridos.

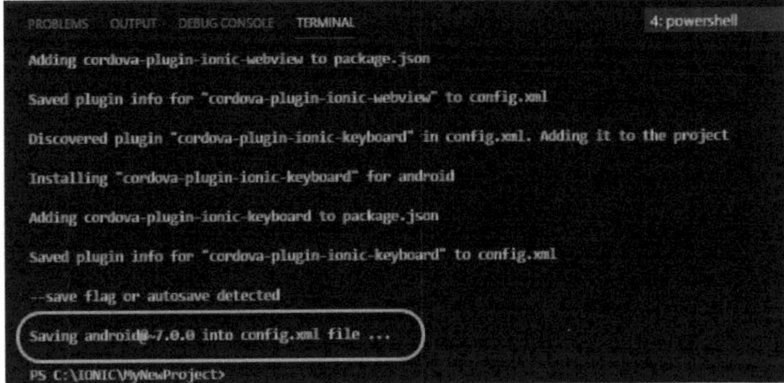

Emulación de la máquina virtual

Lo siguiente que haremos, será ejecutar el comando:

- `Ionic cordova emulate Android`

Podrá notar que inicia la comprobación del código en búsqueda de errores, al no encontrar ningún error, el proceso continuará con la construcción de la aplicación del archivo APK.

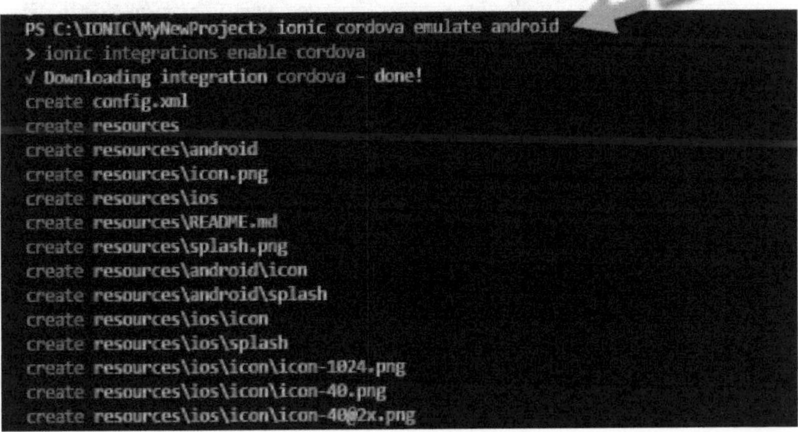

Será necesario que le brindemos el acceso para que pueda lograrlo y con ese acceso, creará la aplicación.

Podrá observar que se inicia la descarga de todo lo necesario para construir la aplicación, una vez que termine todo el proceso arrancara el emulador.

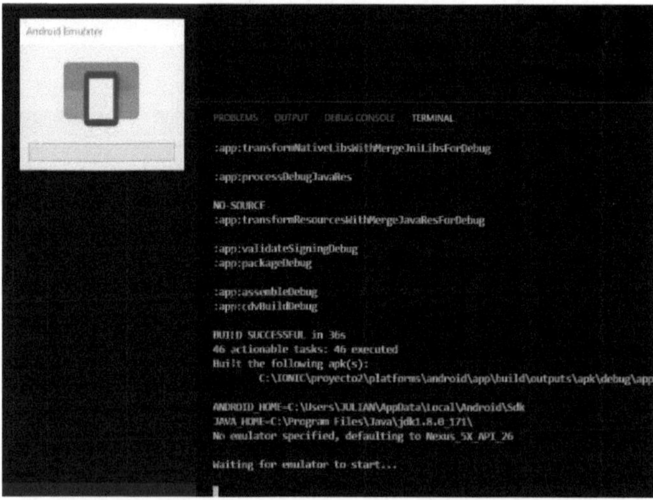

Vista de la aplicación Funcionando en el emulador.

MODIFICANDO PÁGINAS A NUESTRA APP

En esta sección del curso, realizaremos algunos cambios al contenido de nuestra aplicación, para lograrlo, es necesario que se dirija a la ruta del proyecto con el cual iniciamos la práctica y tiene por nombre **MyNewProject**.

Una vez que estamos dentro de la ruta del proyecto ejecutaremos el comando:

- `npm i`

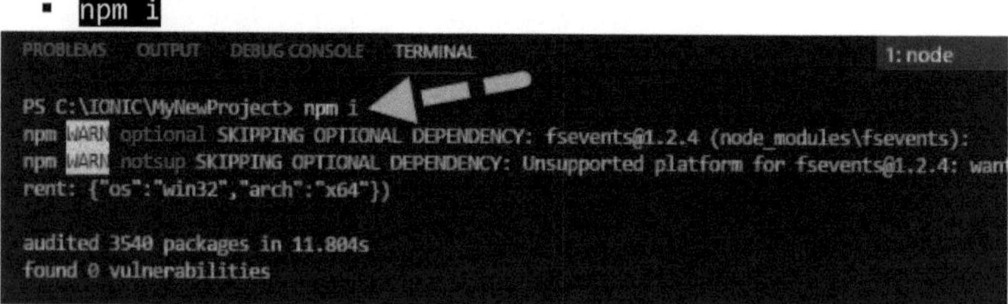

Inicializando el servidor

Como segundo paso deberemos inicializar el servidor con el comando:

- `ionic serve`

Podremos visualizar que el navegador, muestra la aplicación en ejecución.

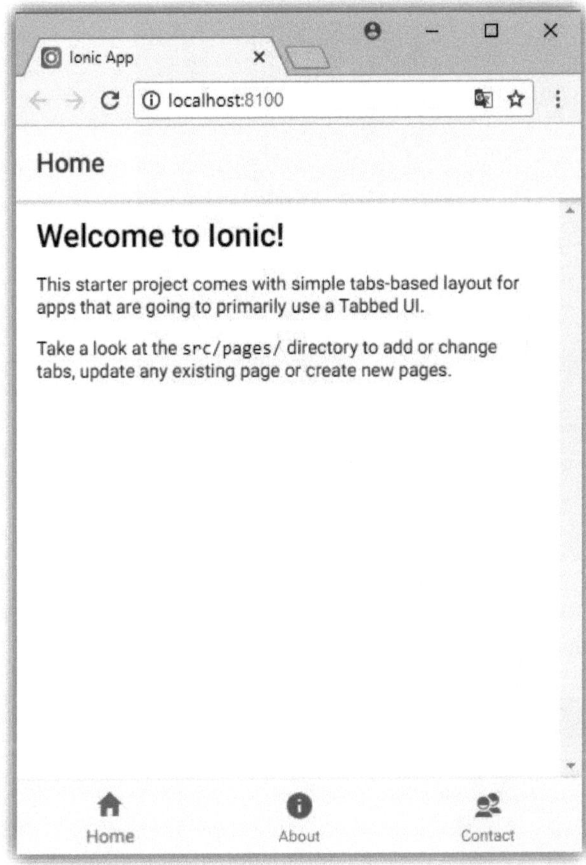

Como siguiente paso vamos a dirigirnos a la sección que contiene las páginas del proyecto, las cuales encontraremos con los nombres: **about, contact y home.**

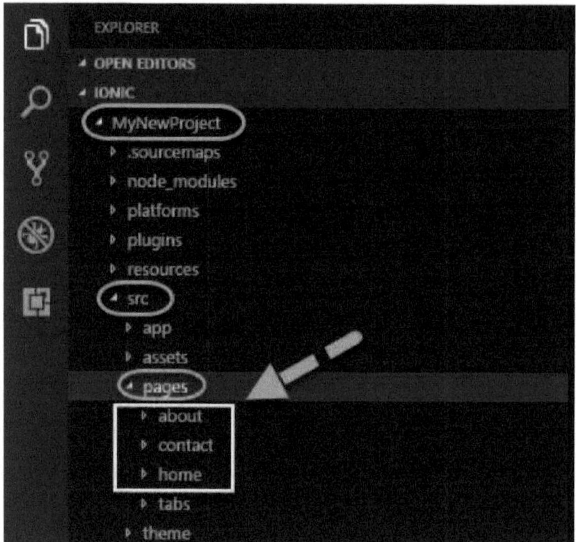

Abriremos el directorio de Home y podremos observar que contamos con los archivos: **home.html, home.scss y home.ts**

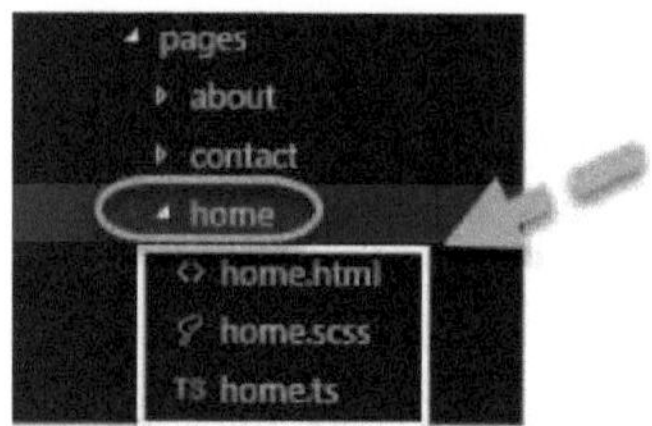

Cambios en la pestaña Home.

Deberás abrir el archivo que tiene por nombre **home.html**, en donde podrás notar que cuentas con un título y dos párrafos

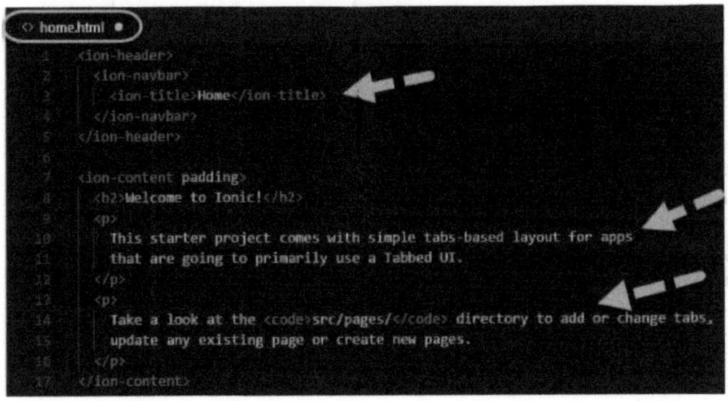

```html
<ion-header>
  <ion-navbar>
    <ion-title>Home</ion-title>
  </ion-navbar>
</ion-header>

<ion-content padding>
  <h2>Welcome to Ionic!</h2>
  <p>
    This starter project comes with simple tabs-based layout for apps
    that are going to primarily use a Tabbed UI.
  </p>
  <p>
    Take a look at the <code>src/pages/</code> directory to add or change tabs,
    update any existing page or create new pages.
  </p>
</ion-content>
```

Vamos a sustituir el contenido del título y de cada uno de los párrafos por la siguiente información:

Etiqueta	Contenido
`< ion-title >`	Diplomado UES
`< h1>`	UES Ingeniería en Software!
`<p>`	Este diplomado está dirigido a estudiantes de ingenierías, programadores, diseñadores y a todas aquellas personas que quieran aprender este FrameWork. Aunque no es obligatorio se recomienda que el alumno cuente con conocimientos básicos para cursar el diplomado los cuales son experiencia en algún lenguaje de programación orientado a objetos, JavaScript, TypeScript, HTML & CSS, así como conocimientos básicos de programación para dispositivos móviles.
`<h2>`	Al terminar el diplomado el participante
`<p>`	Sera capaz crear un sitio web con características avanzadas, compatible con dispositivos móviles y de fácil indexación en motores de búsqueda.
`<p>`	Sera capaz de crear aplicaciones móviles hibridas que utiliza los FrameWork más modernos y potentes: Angular, Sass y Cordova. Desarrollando aplicaciones para IOS, Android y Windows.

Logrando un resultado similar al mostrado en la siguiente imagen.

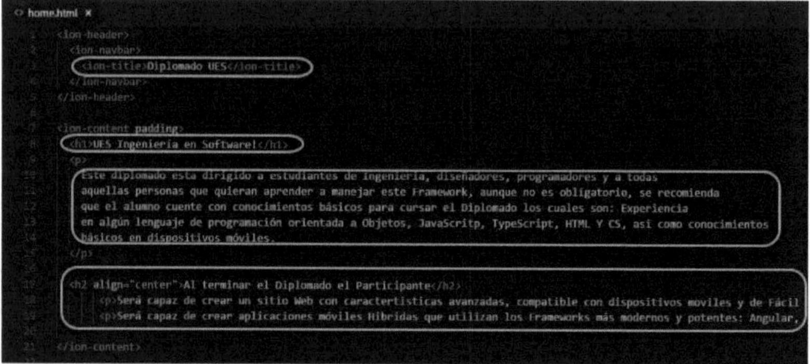

Visualizándose de la siguiente manera los cambios en el Navegador.

Cambios en la pestaña About.

Deberás abrir el archivo que tiene por nombre **about.html**, en donde podrás notar que cuentas con un título **<ion-title>** y una sección de contenido **<ion-content>**

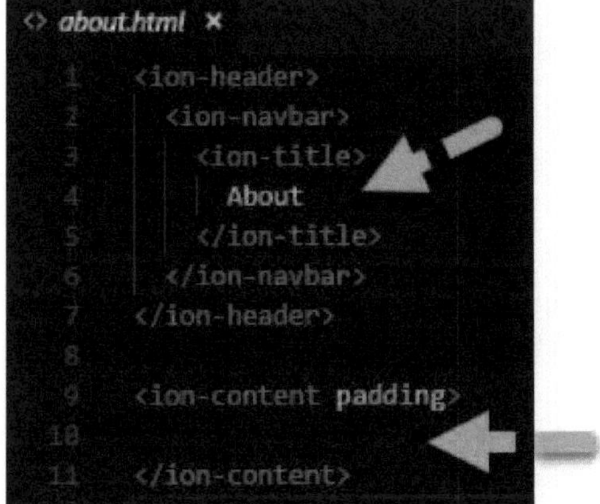

Vamos a sustituir el contenido del título y de cada uno de los párrafos por la siguiente información:

Etiqueta	Contenido
`< ion-title >`	Nosotros
`< h2>`	UES
`<p>`	Ingeniería en Software
`<p>`	Proponer y aplicar soluciones e innovaciones tecnológicas con la finalidad de automatizar los procesos, atendiendo los principios de la organización y gestión efectiva de la información en los departamentos que así lo requieran.

Logrando un resultado similar al mostrado en la siguiente imagen.

Visualizándose de la siguiente manera los cambios en el Navegador.

Cambios en la pestaña contact.

Deberás abrir el archivo que tiene por nombre **contact.html**, en donde podrás notar que cuentas con un título **<ion-title>** y una sección de contenido **<ion-content>**

```
<> contact.html ×
1    <ion-header>
2      <ion-navbar>
3        <ion-title>
4          Contacto
5        </ion-title>
6      </ion-navbar>
7    </ion-header>
8
9    <ion-content>
10     <ion-list>
11       <ion-list-header>Siguenos en la página Oficial</ion-list-header>
12       <ion-item>
13         <ion-icon name="ionic" item-start></ion-icon>
14         https://www.ues.mx/
15       </ion-item>
16     </ion-list>
17   </ion-content>
```

Vamos a sustituir el contenido del título y de cada uno de los párrafos por la siguiente información:

Etiqueta	Contenido
`< ion-title >`	Contacto
`<ion-list-header>`	Síguenos en la página Oficial
`<p>`	Ingeniería en Software
`<ion-item>`	https://www.ues.mx/

Logrando un resultado similar al mostrado en la siguiente imagen.

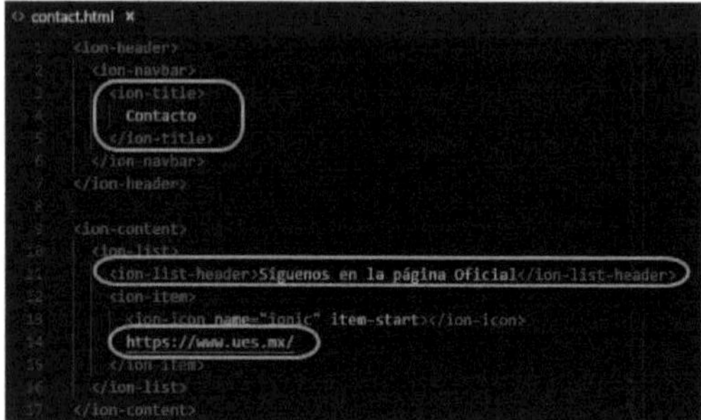

Visualizándose de la siguiente manera los cambios en el Navegador

Aplicar estilo

Lo que haremos, será dirigirnos al directorio Home y abriremos el archivo **home.scss,** dentro de ese archivo especificaremos cada una de las etiquetas en donde queremos que se aplique un determinado color entre las cuales están: **Content, p, h1 y h2**

Logrando un resultado como el siguiente.

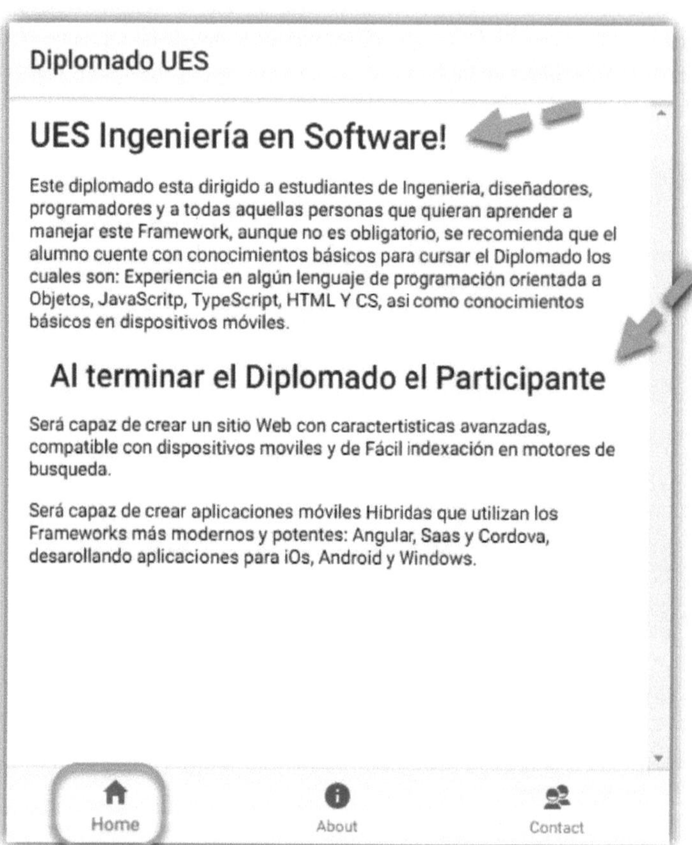

Aplicación general del estilo

Si deseas aplicar el estilo a la APP completa, entonces, deberás dirigirte al directorio themes y localizar el archivo con el nombre variables.scss, en ese archivo deberás especificar el color para cada una de las etiquetas, entre las cuales están: **Content, p, h1 y h2**

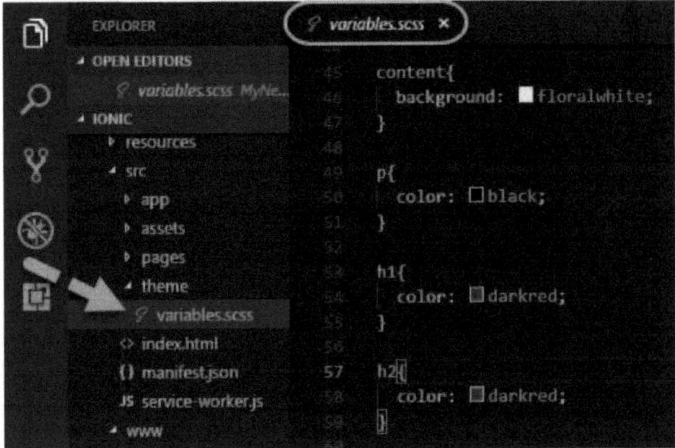

Logrando un resultado como el siguiente.

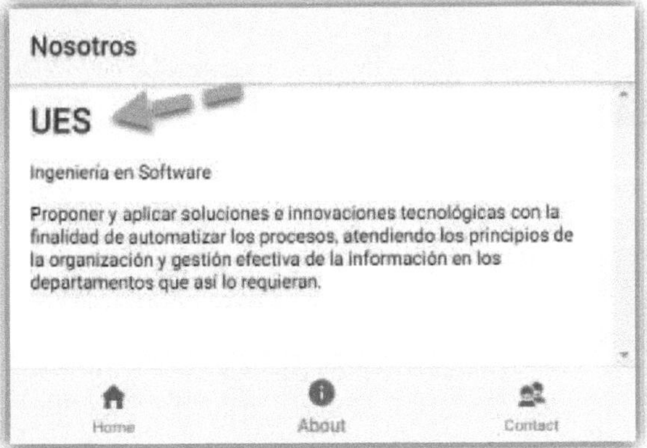

AGREGANDO PÁGINAS A NUESTRA APLICACIÓN

Para poder agregar páginas a nuestra aplicación, para lograrlo vamos a dirigirnos al directorio con el nombre **pages** y dentro buscaremos el directorio tabs, una vez dentro del directorio abriremos el archivo **tabs.html.**

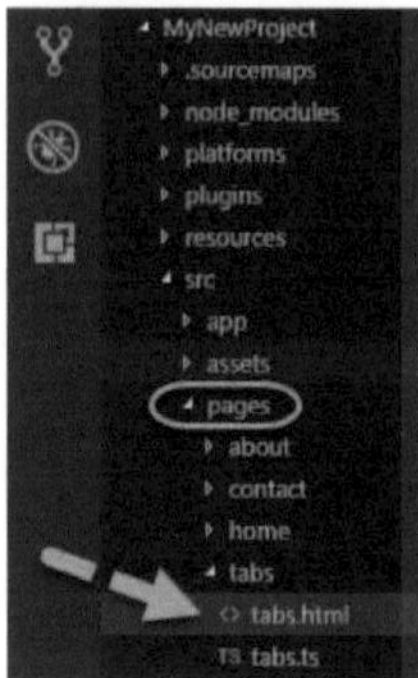

Al abrir el archivo podremos observar que entre etiquetas **<ion-tabs>** se encuentran cada uno de nuestros iconos de navegación, que en nuestro caso son el Home, about y el contact.

```
<> tabs.html   ✕
1    <ion-tabs>
2      <ion-tab [root]="tab1Root" tabTitle="Home" tabIcon="home"></ion-tab>
3      <ion-tab [root]="tab2Root" tabTitle="About" tabIcon="information-circle"></ion-tab>
4      <ion-tab [root]="tab3Root" tabTitle="Contact" tabIcon="contacts"></ion-tab>
5    </ion-tabs>
```

Lo que haremos, será agregar un **<ion-tab>** y le modificaremos unos parámetros, correspondientes al *root, tabTitle y TabIcon.*

```
<> tabs.html   ✕
1    <ion-tabs>
2      <ion-tab [root]="tab1Root" tabTitle="Home" tabIcon="home"></ion-tab>
3      <ion-tab [root]="tab2Root" tabTitle="About" tabIcon="information-circle"></ion-tab>
4      <ion-tab [root]="tab3Root" tabTitle="Contact" tabIcon="contacts"></ion-tab>
5
6      <ion-tab [root]="tab4Root" tabTitle="Youtube" tabIcon="logo-youtube"></ion-tab>
7
8    </ion-tabs>
```

El icono lo podremos obtener de la página que corresponde a la documentación de
IONIC: https://ionicons.com/

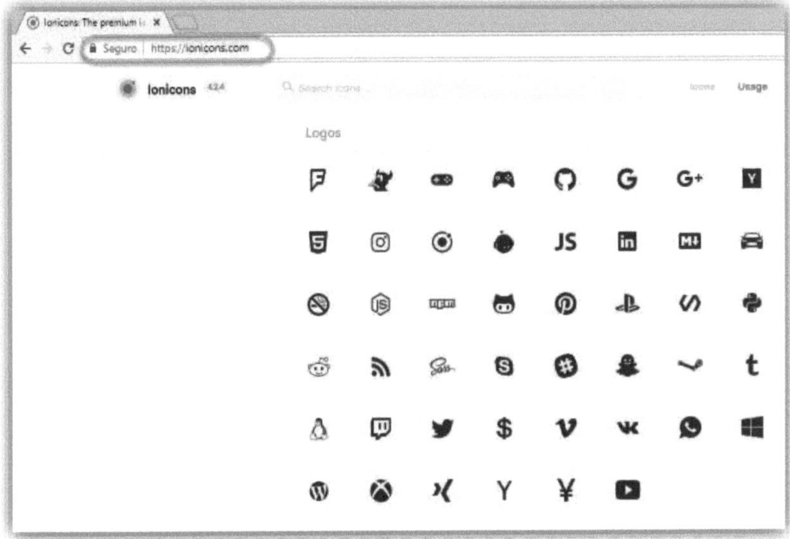

Al seleccionar un Icono, este nos ofrece los parámetros que deberemos utilizar en
nuestra APP.

Al momento de ejecutar la aplicación, podremos observar el siguiente cambio en el Navegador, sin embargo en este momento, al pulsar sobre el nuevo Icono, podremos apreciar que esta no cuenta con funcionalidad y esto se debe a que nos hace falta crear la página y la indexación.

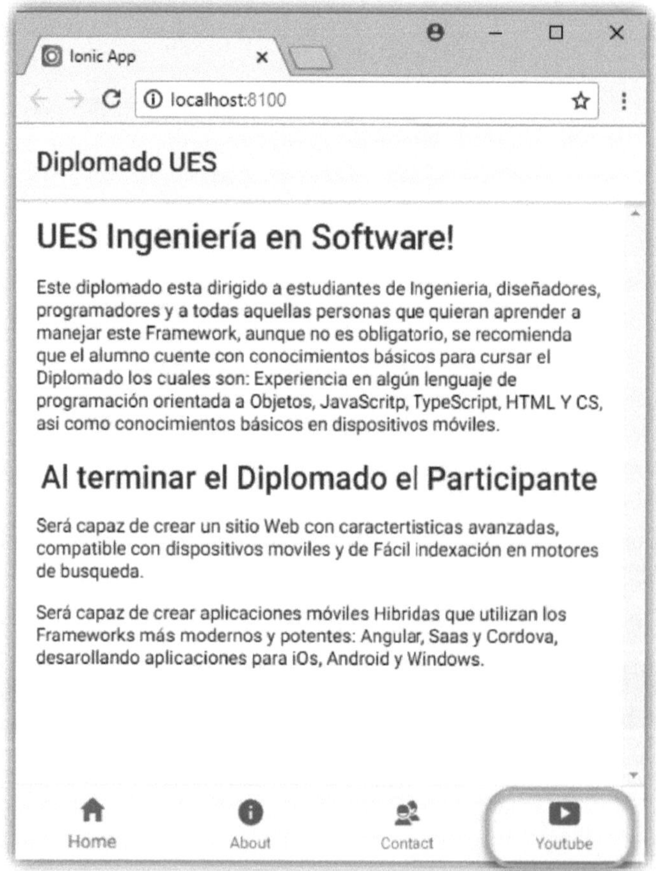

Creación de Página e Indexación

Lo siguiente que deberemos hacer es crear la página, para poder hacer esto, deberemos dirigirnos a la ruta del proyecto y una vez posicionado en la ruta del proyecto ejecutamos el siguiente comando: `ionic generate page Youtube`

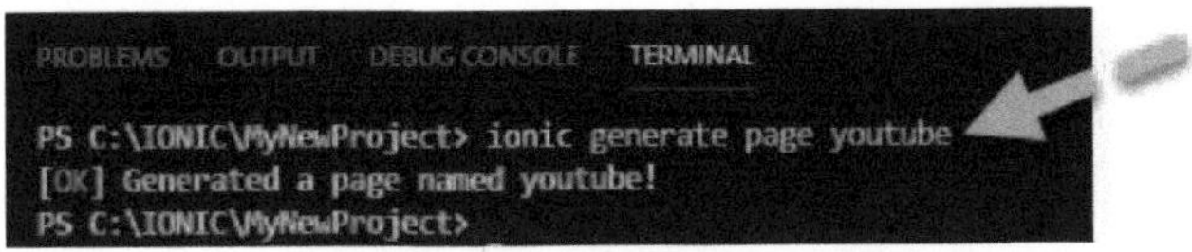

Podrá observar cómo es que se ha creado un directorio con el nombre asignado, el cual contiene los archivos base: *youtube.html, youtube.module.ts, youtube.scss y youtube.ts*

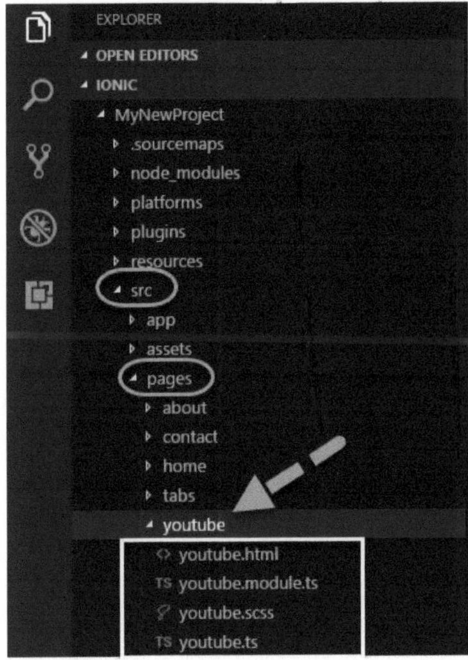

Vinculación de la página

Lo que haremos, será dirigirnos al directorio **TABS** y dentro del directorio abriremos el archivo **tabs.ts**, en donde encontramos que se están importando algunas clases y está llamando a la carpeta correspondiente, lo que haremos, será crear nuestra línea de importación e invocar a nuestro directorio y también estableceremos el nombre de la clase, quedando de la siguiente manera.

```
TS tabs.ts     ×
1    import { Component } from '@angular/core';
2
3    import { AboutPage } from '../about/about';
4    import { ContactPage } from '../contact/contact';
5    import { HomePage } from '../home/home';
6
7    import { YoutubePage } from '../Youtube/youtube';
8
```

También deberemos llevarla a la clase, en donde agregaremos el **tab4root** con el nombre de clase **YoutubePage**.

```
7    import { YoutubePage } from '../Youtube/youtube';
8
9
10   @Component({
11     templateUrl: 'tabs.html'
12   })
13   export class TabsPage {
14
15     tab1Root = HomePage;
16     tab2Root = AboutPage;
17     tab3Root = ContactPage;
18
19     tab4Root = YoutubePage;
20
21     constructor() {
```

El siguiente paso será dirigirnos a la carpeta **APP** y abrir el archivo **app.module.ts**, en donde podremos observar las importaciones, sin embargo deberemos crear la correspondiente a la nueva página y su correspondiente clase.

```ts
app.module.ts ✕
1   import { NgModule, ErrorHandler } from '@angular/core';
2   import { BrowserModule } from '@angular/platform-browser';
3   import { IonicApp, IonicModule, IonicErrorHandler } from 'ionic-angular';
4   import { MyApp } from './app.component';
5
6   import { AboutPage } from '../pages/about/about';
7   import { ContactPage } from '../pages/contact/contact';
8   import { HomePage } from '../pages/home/home';
9   import { TabsPage } from '../pages/tabs/tabs';
10
11  import { YoutubePage } from '../pages/Youtube/youtube';
12
```

El siguiente paso, será declarar la clase **YoutubePage**, la cual acabamos de establecer en **@NgModule** y **entryComponents**.

```ts
app.module.ts ●
10
11  import { YoutubePage } from '../pages/Youtube/youtube';
12  |
13  import { StatusBar } from '@ionic-native/status-bar';
14  import { SplashScreen } from '@ionic-native/splash-screen';
15
16  @NgModule({
17    declarations: [
18      MyApp,
19      AboutPage,
20      ContactPage,
21      HomePage,
22      TabsPage,
23      YoutubePage
24    ],
25    imports: [
26      BrowserModule,
27      IonicModule.forRoot(MyApp)
28    ],
29    bootstrap: [IonicApp],
30    entryComponents: [
31      MyApp,
32      AboutPage,
33      ContactPage,
34      HomePage,
35      TabsPage,
36      YoutubePage
37    ],
38    providers: [
```

Podremos visualizar el cambio en el navegador, y notara que en este momento al pulsar sobre el icono con el nombre Youtube, este lo dirige a la página recién creada.

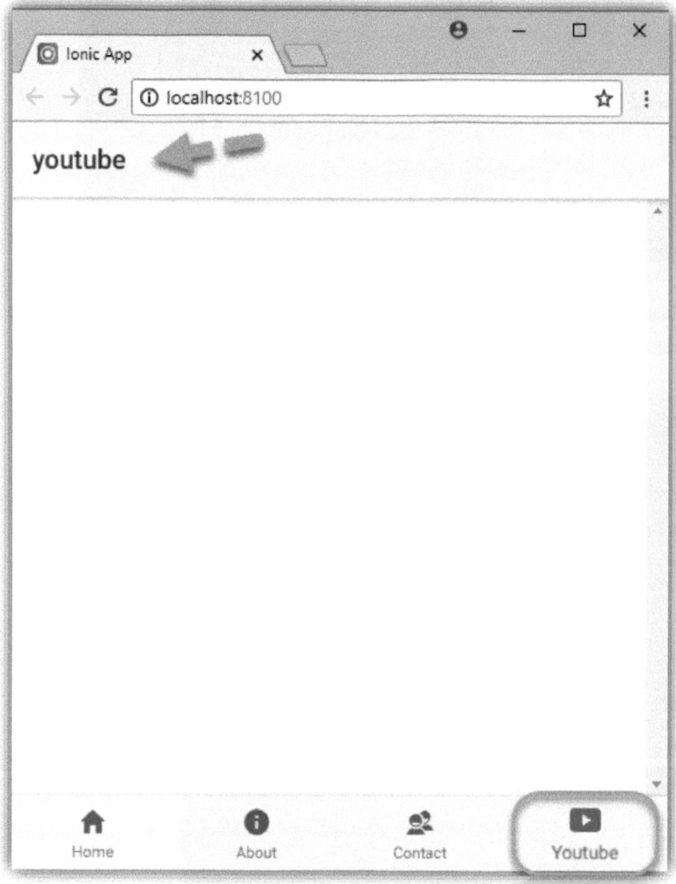

AGREGANDO BOTONES A NUESTRA APP

Utilizando el procedimiento descrito en el capítulo anterior Págs. 287-293, crea una nueva página con el nombre botones.

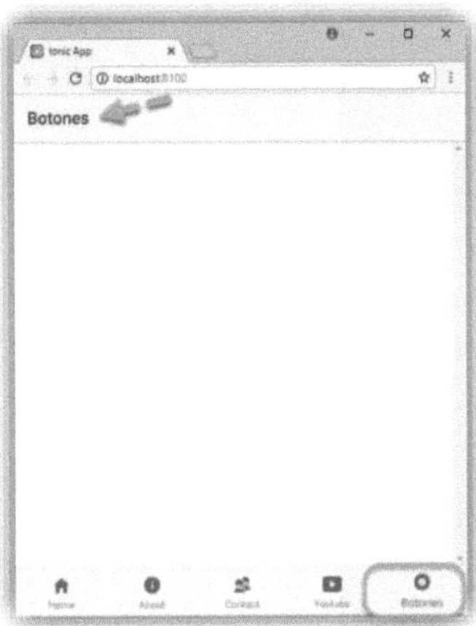

Lo siguiente que haremos, será dirigirnos a la documentación de IONIC, en el siguiente URL: https://ionicframework.com/docs/api/components/button/Button/

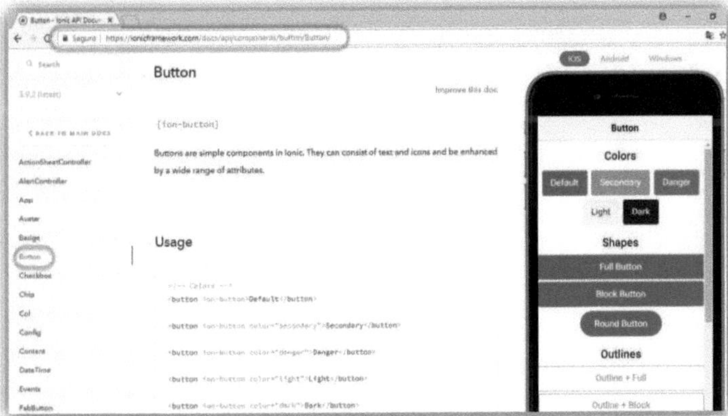

Botón Básico

El siguiente paso será dirigirse al directorio **botones** y abrir el archivo con el nombre **botones.html,** una vez abierto el archivo, deberá dirigirse a la etiqueta <ion-content>, lugar en donde vamos a establecer cada uno de los botones.

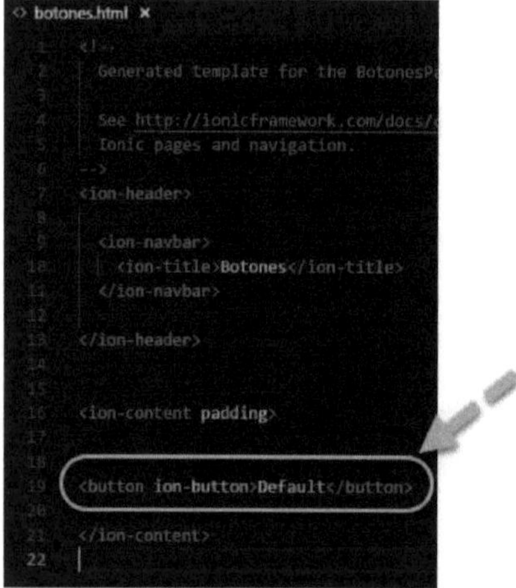

Al dirigirnos al navegador, podremos observar el siguiente cambio.

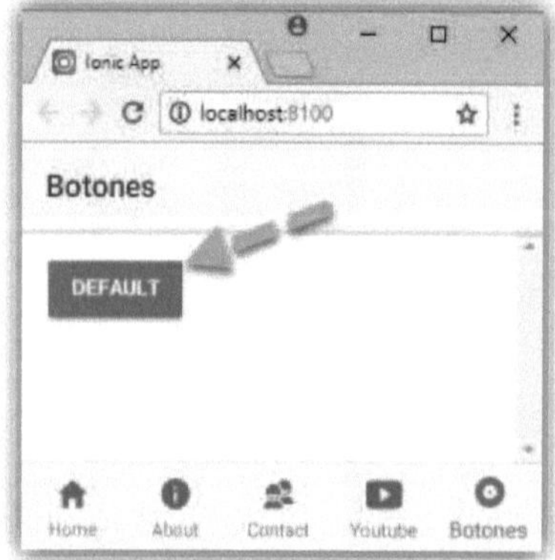

Botones de Colores

Sin embargo al volver a la documentación podremos observar que tenemos una amplia gama de propiedades, así que para observar el cambio en nuestra APP copiaremos el código de la documentación.

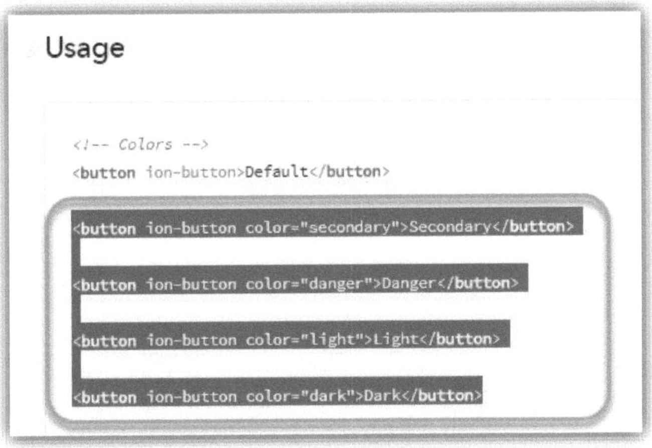

Nos dirigiremos a la etiqueta **<ion-content>,** lugar en donde vamos a establecer cada uno de los botones de color.

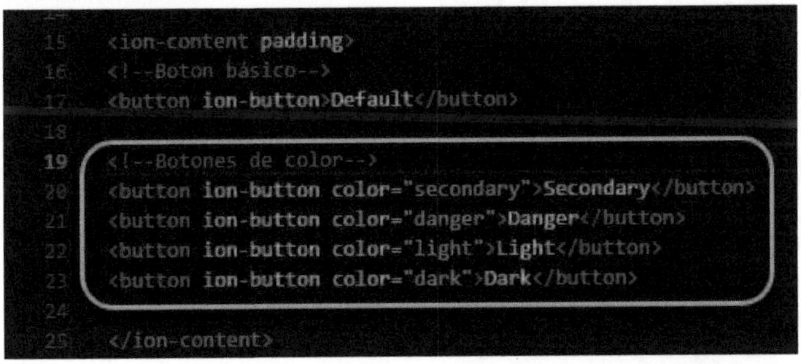

Al dirigirnos al navegador, podremos observar que se han agregado botones con los colores que tenemos establecidos en las variables del archivo **variables.scss**

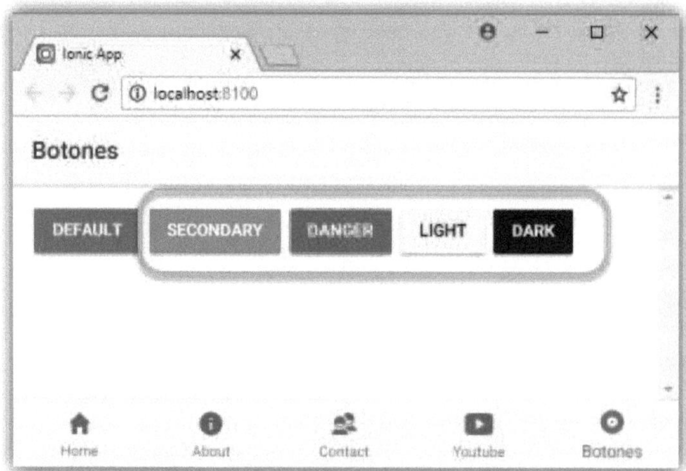

Si deseas personalizar los valores de estas variables, deberás dirigirte al directorio Theme y seleccionar el archivo **variables.scss**

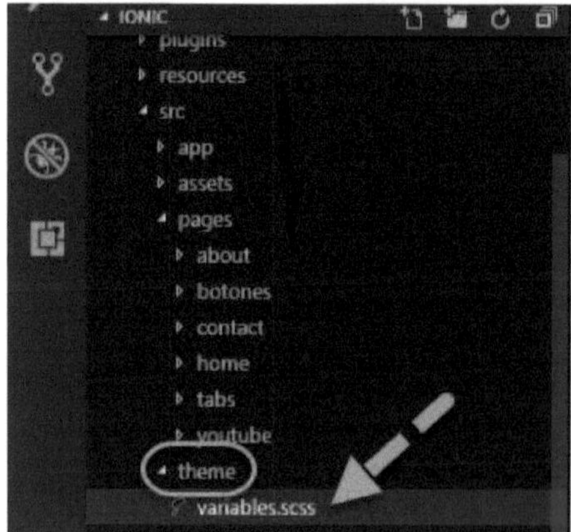

En donde podrás notar que cuentas con los nombres: **primary, secondary, danger, light, y dark** los cuales tienen asignado un color, sin embargo al cambiar el color en las variables notaras como cambia la apariencia de tus botones.

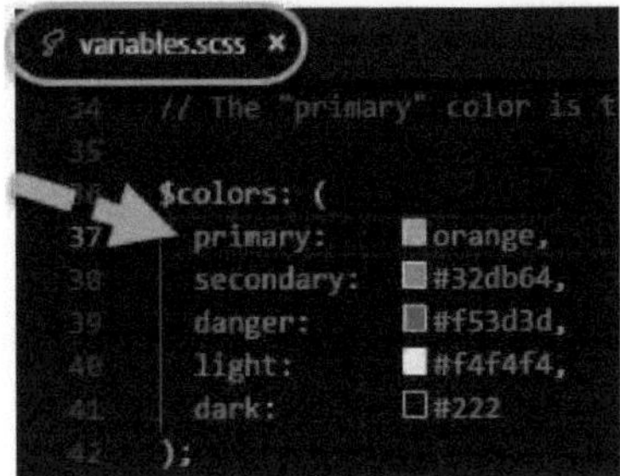

Para mostrar el ejemplo cambiare el color de la variable **Primary**.

Al momento de ejecutar la aplicación, podremos observar que el cambio se aplicó con éxito en el primer botón, el cual está invocando a la variable con el nombre primary, de modo predeterminado.

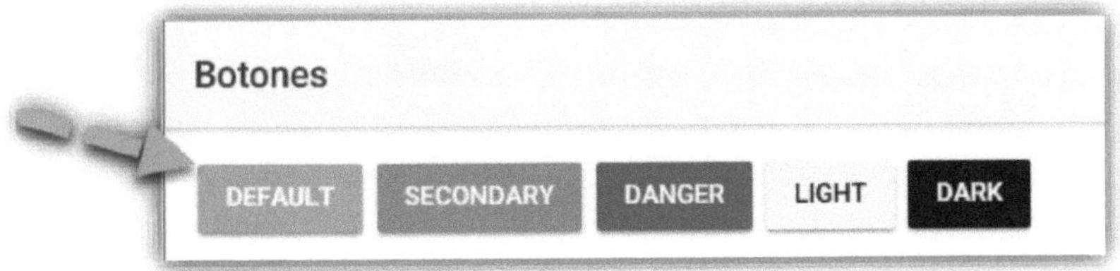

Botones con Forma

Si volvemos a la documentación podremos observar que contamos con los botones con propiedades de forma, en este fragmento de líneas de código observamos un botón completo, uno completo en forma de bloque y otro de forma redondeado.

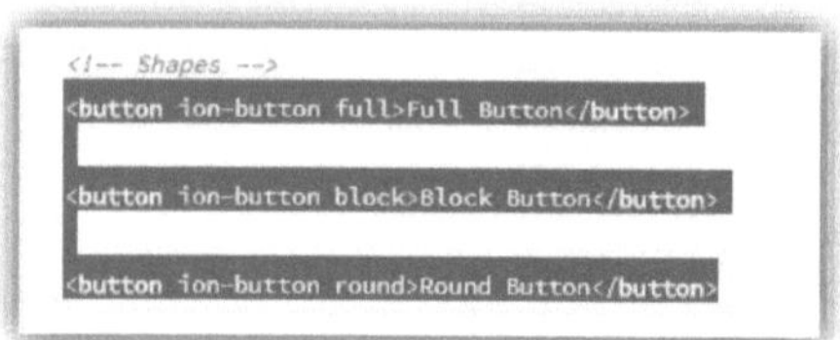

Nos dirigiremos a la etiqueta **<ion-content>,** lugar en donde vamos a establecer cada uno de los botones con forma.

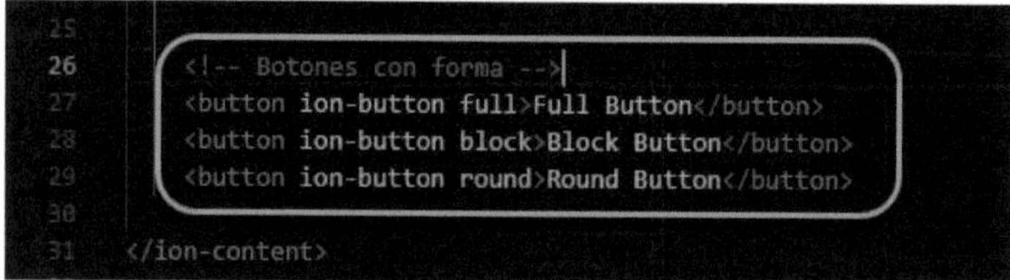

Al momento de ejecutar la aplicación, podremos observar que se agregaron tres botones.

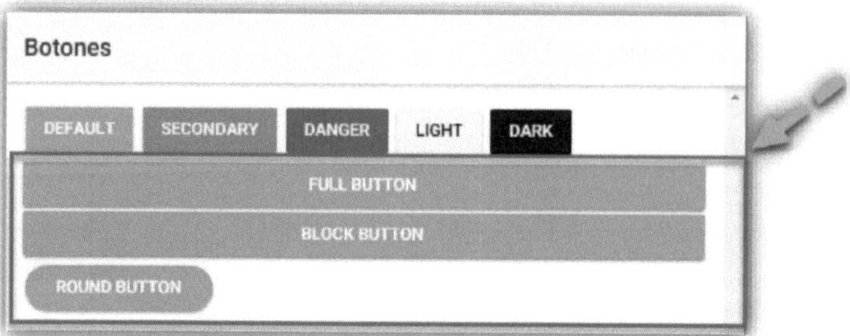

Botones Outline

Al volver a la documentación podremos observar, botones con características similares a los botones con forma pero en estos casos se agrega la palabra Outline, lo que provoca que adquiera una apariencia en donde se observa el botón solo con el contorno.

```
<!-- Outline -->
<button ion-button full outline>Outline + Full</button>

<button ion-button block outline>Outline + Block</button>

<button ion-button round outline>Outline + Round</button>
```

Nos dirigiremos a la etiqueta **<ion-content>,** lugar en donde vamos a establecer cada uno de los botones con la propiedad Outline.

```
31      <!-- Outline -->
32      <button ion-button full outline>Outline + Full</button>
33      <button ion-button block outline>Outline + Block</button>
34      <button ion-button round outline>Outline + Round</button>
35
```

Al momento de ejecutar la aplicación, podremos observar que se agregaron tres botones, con la propiedad **Outline**.

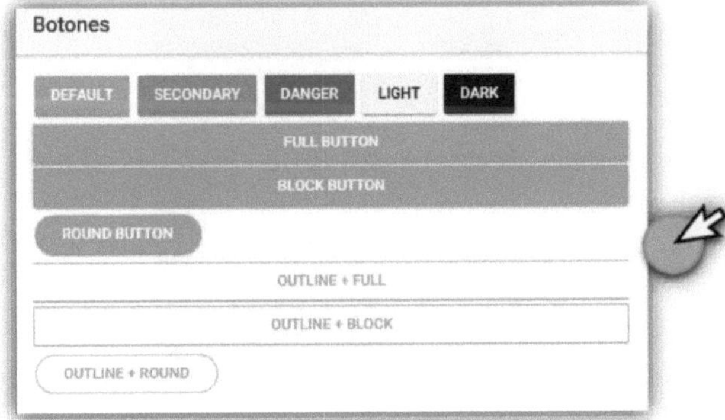

Botones con Icono

En la documentación también podremos encontrar botones, con Iconos aplicados.

```
<!-- Icons -->
<button ion-button icon-start>
  <ion-icon name="star"></ion-icon>
  Left Icon
</button>

<button ion-button icon-end>
  Right Icon
  <ion-icon name="star"></ion-icon>
</button>

<button ion-button icon-only>
  <ion-icon name="star"></ion-icon>
</button>
```

Nos dirigiremos a la etiqueta **<ion-content>**, lugar en donde vamos a establecer cada uno de los botones con la propiedad **<ion-icon>**.

```
36      <!-- Icons -->
37        <button ion-button icon-start>
38          <ion-icon name="star"></ion-icon>
39          Left Icon
40        </button>
41
42        <button ion-button icon-end>
43          Right Icon
44          <ion-icon name="star"></ion-icon>
45        </button>
46
47        <button ion-button icon-only>
48          <ion-icon name="star"></ion-icon>
49        </button>
```

Al momento de ejecutar la aplicación, podremos observar que se agregaron tres botones a los cuales se les agrega un icono, al utilizar el parámetro icon-start, este se ajusta al inicio, al agregar icon-end, este se ajusta al final del icono, y al utilizar icon-only este se ajusta al centro del tamaño del icono.

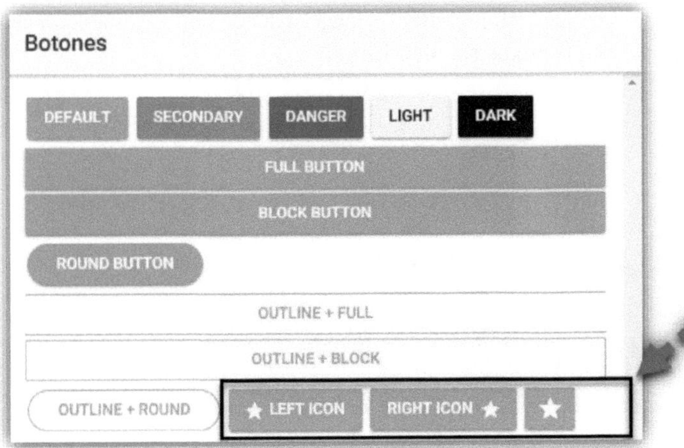

Personalización de Iconos.

Recuerda que también puedes personalizar el icono, estos los podremos obtener de la página que corresponde a la documentación de IONIC: https://ionicons.com/

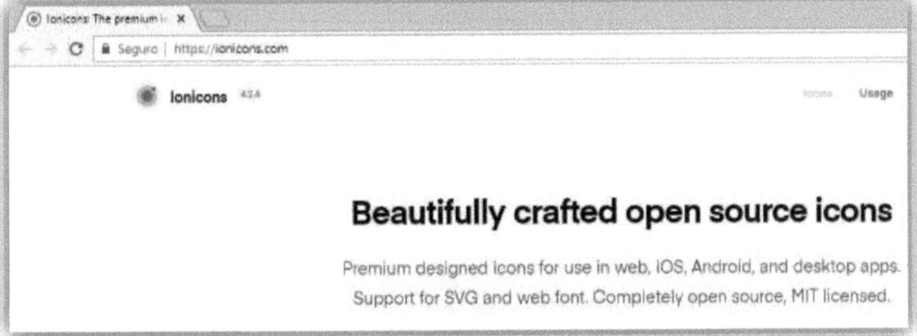

Los botones que utilizare para el ejemplo son los siguientes:

- `<ion-icon name="logo-android"></ion-icon>`
- `<ion-icon name="logo-angular"></ion-icon>`
- `<ion-icon name="logo-apple"></ion-icon>`

Nos dirigiremos a la etiqueta **<ion-content>,** lugar en donde vamos a establecer cada uno de los botones con la propiedad **<ion-icon>.**

```html
51    <!-- Iconos personalizados -->
52    <button ion-button icon-end>
53                        Android
54          <ion-icon name="logo-android"></ion-icon>
55    </button>
56
57    <button ion-button icon-end>
58                        Angular
59          <ion-icon name="logo-angular"></ion-icon>
60
61    </button>
62
63    <button ion-button icon-end>
64                        iOs
65          <ion-icon name="logo-apple"></ion-icon>
66    </button>
```

Al momento de ejecutar la aplicación podremos observar cómo se han agregado tres botones con iconos personalizados.

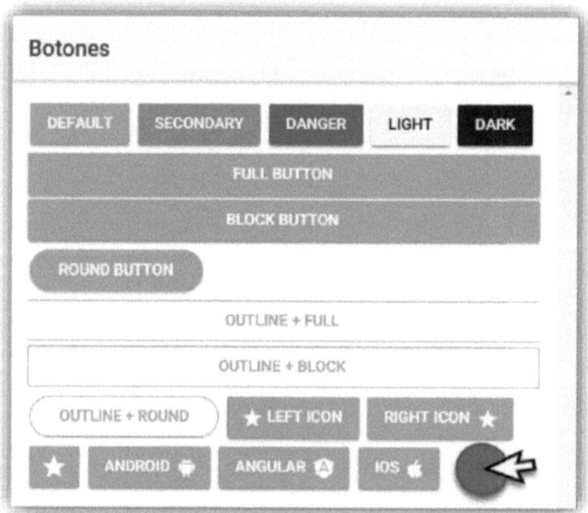

DESARROLLO POR PARTE DEL ALUMNO: CREACIÓN DE APP PERSONALIZADA

Después de haber desarrollado los ejercicios de práctica, el alumno deberá diseñar una APP, la cual contenga las características solicitadas por el Docente.

Características de la aplicación:

1. Aplicación tipo TABS.
2. Además de los tabs que están incluidos de modo predeterminado, el alumno deberá incluir al menos tres tabs, a los cuales le agregará un nombre, icono de acuerdo al contenido que desea mostrar, de esta forma estará personalizando los tabs que están de forma predeterminada, más los que él ha ingresado.
3. Deberá aplicar un estilo personalizado en cada una de las pestañas y además agregar un estilo personalizado que aplique a toda la APP en forma generalizada.
4. Agregara botones con iconos personalizados en su aplicación.
5. Mostrará sus resultados a su instructor y comentara sus resultados.
6. Elabora un reporte de práctica.

COLORES Y ESTILOS EN NUESTRA APP

Lo siguiente que haremos será personalizar nuestra aplicación agregando botones en el Header, así como personalizando colores de nuestra APP, para hacerlo, deberemos dirigirnos a la URL de la documentación, y nos posicionamos en la sección de Navbar: https://ionicframework.com/docs/api/components/button/Button/

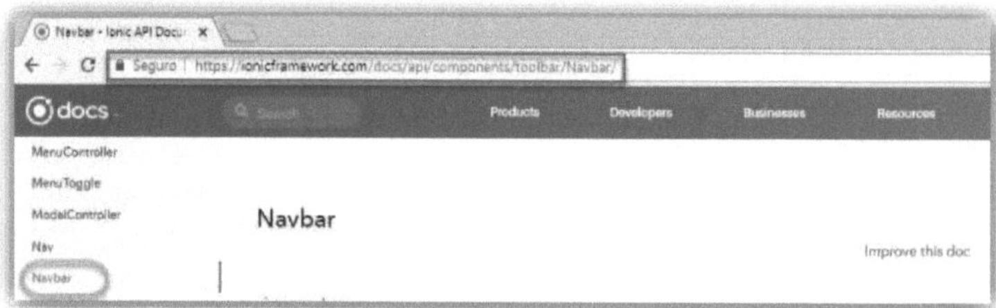

Podremos observar que contamos con un código, el cual podremos utilizar en nuestra barra de navegación.

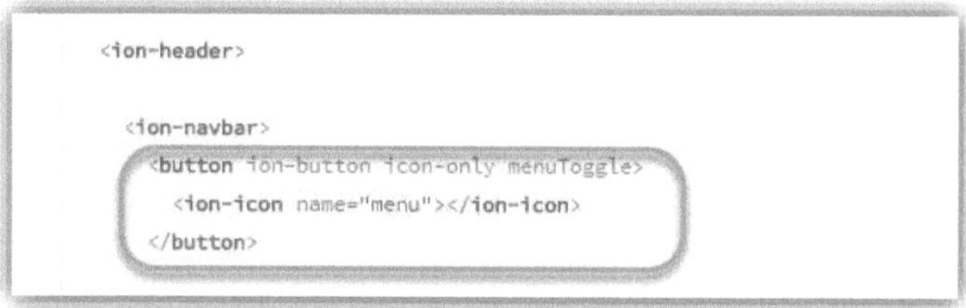

Como siguiente paso, deberemos dirigirnos al directorio **Pages/home** y dentro de este buscaremos el archivo con el nombre **home.html**

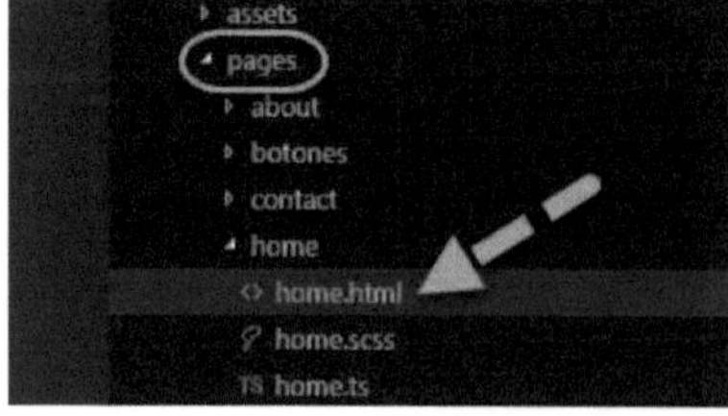

Una vez que cuentas con el archivo abierto, ingresa el siguiente código, en donde podrás observar que estamos ingresando un botón con un icono personalizado, además de centrar el texto que corresponde al título.

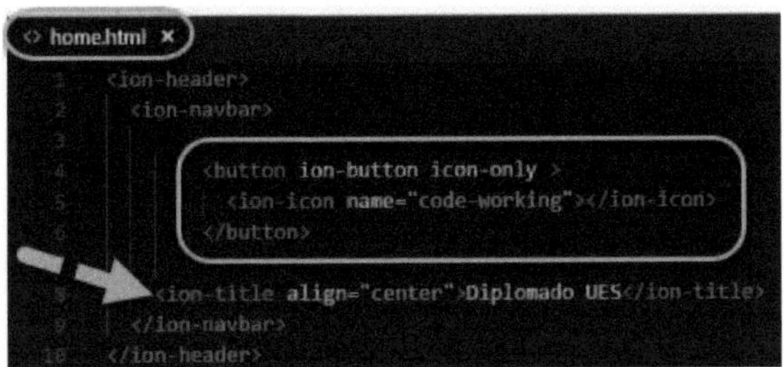

Al dirigirte al navegador, podrás observar cómo es que se ha incluido un icono en la parte izquierda de la barra de navegación y el titulo se presenta centrado.

Aplicando estilo

Dentro de la página de la documentación, deberás dirigirte a la sección THEMING y seleccionar la opción CSS Utilities, en esta sección podremos encontrar recursos que nos van a permitir aplicar formato al texto de nuestra aplicación, cambiar el texto de minúscula a mayúscula, podríamos agregar flotaciones, también podríamos agregar padding a tu APP.

https://ionicframework.com/docs/

En este ejemplo, podrás apreciar que en el titulo estamos utilizando la propiedad **text-center**, esto nos permite visualizar el texto centrado en la APP, independientemente del tipo de sistema Operativo que esté utilizando.

```html
<ion-navbar>

    <!--Boton básico-->
    <button ion-button icon-only >
      <ion-icon name="code-working"></ion-icon>
    </button>

    <!--Titulo alineado de forma central-->
    <ion-title text-center>Diplomado UES</ion-title>
</ion-navbar>
```

Tematiza tu APP

También podremos dirigirnos a la sección Theming Your APP, ya que como vimos en la sección anterior, podremos utilizar los colores de modo global en nuestra APP, los cuales encontramos en el directorio themes/ y dentro del directorio encontraremos la variables.scss la cual contiene los valores con los colores.

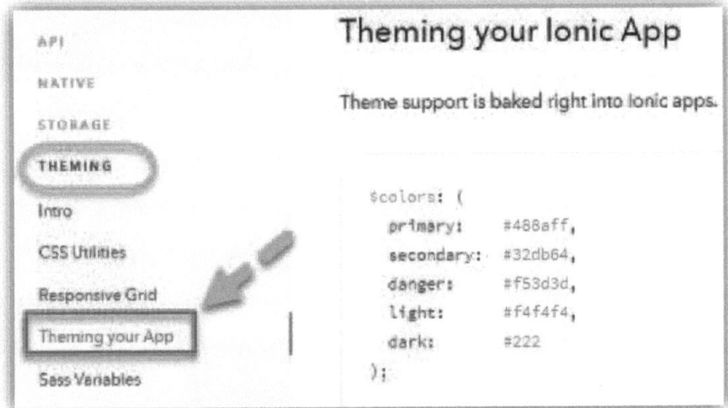

En este ejemplo, aplicaremos **color** a la sección del **NAVBAR** de la pestaña **home.html.**

```html
<ion-header>
    <!--Color aplicado a la barra de Navegación-->
    <ion-navbar color="dark">
        <!--Boton básico-->
        <button ion-button icon-only >
          <ion-icon name="code-working"></ion-icon>
        </button>

        <!--Titulo alineado de forma central-->
        <ion-title text-center>Diplomado UES</ion-title>
    </ion-navbar>
</ion-header>
```

También aplicaremos color a la sección **<ion-tabs>** de la página **tabs.html**

```
<> tabs.html  ×

1    <!--Color aplicado a la sección TABS-->
2    <ion-tabs color="gris">
3        <ion-tab [root]="tab1Root" tabTitle="Home" tabIcon="home"></ion-tab>
4        <ion-tab [root]="tab2Root" tabTitle="About" tabIcon="information-circle"></ion-tab>
5        <ion-tab [root]="tab3Root" tabTitle="Contact" tabIcon="contacts"></ion-tab>
6
7        <ion-tab [root]="tab4Root" tabTitle="Youtube" tabIcon="logo-youtube"></ion-tab>
8        <ion-tab [root]="tab5Root" tabTitle="Botones" tabIcon="disc"></ion-tab>
9
10   </ion-tabs>
```

Al momento de ejecutare el navegador podremos observar el siguiente cambio aplicado, en donde podremos apreciar que en el header se aplicó el color negro y en la sección tabs, se aplicó el color gris.

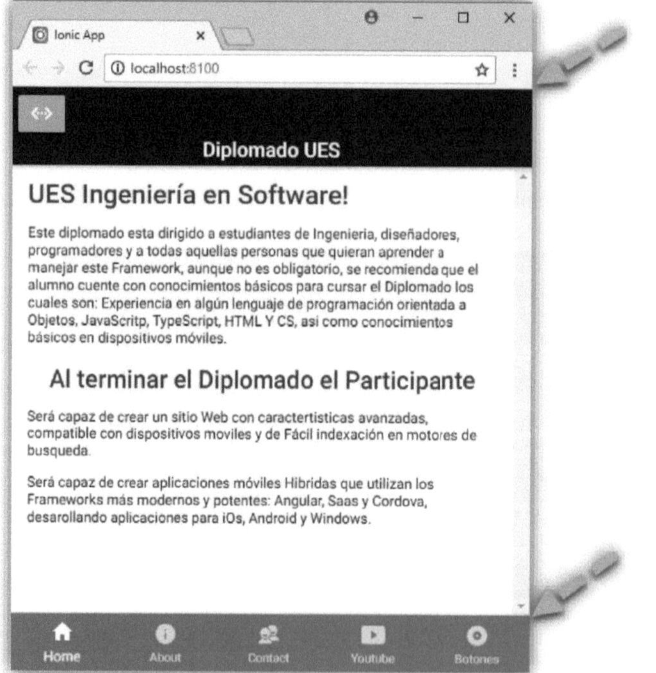

INSERCION DE IMÁGENES A LA APP

Lo siguiente que haremos, será colocar imágenes a nuestra aplicación y para ello nos vamos a dirigir a la sección CARDS de la documentación.

https://ionicframework.com/docs/components/#cards

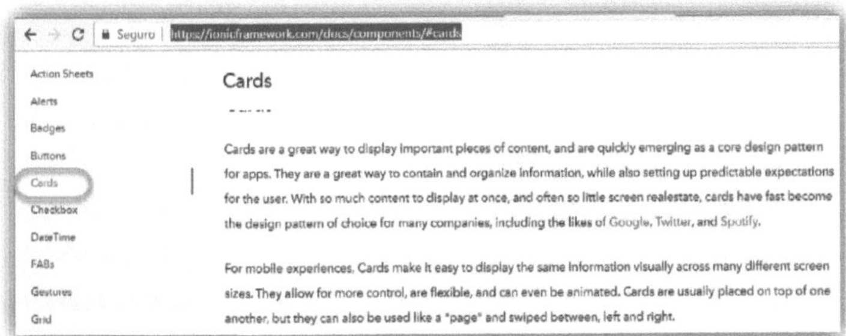

Localizaremos la sección de código que se refiere a **Images in Cards** y lo copiaremos.

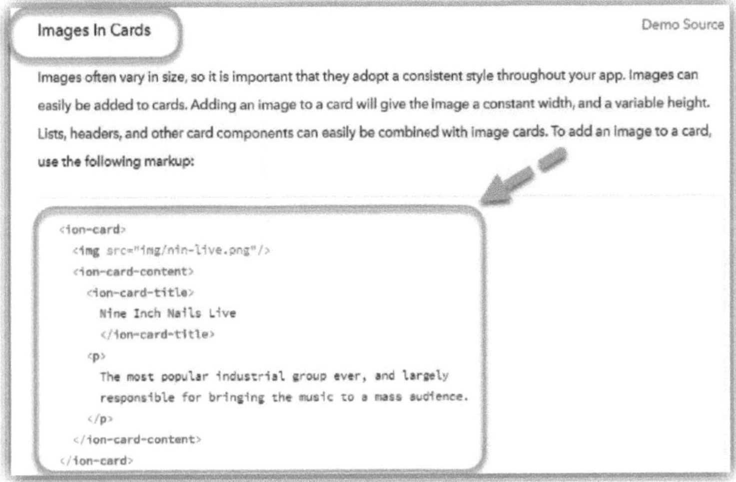


```
<ion-card>
  <img src="img/nin-live.png"/>
  <ion-card-content>
    <ion-card-title>
      Nine Inch Nails Live
    </ion-card-title>
    <p>
      The most popular industrial group ever, and largely
      responsible for bringing the music to a mass audience.
    </p>
  </ion-card-content>
</ion-card>
```

Nos dirigiremos al directorio **YouTube** de nuestro proyecto y abriremos la página
youtube.html

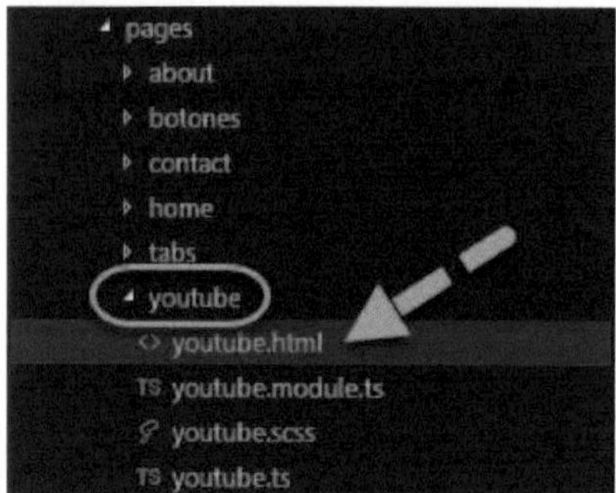

El código copiado de la documentación lo utilizaremos dentro de las etiquetas **<ion-content>**

```html
</ion-header>


<ion-content padding>

  <ion-card>
    <img src="img/nin-live.png"/>
    <ion-card-content>
      <ion-card-title>
        Nine Inch Nails Live
      </ion-card-title>
      <p>
        The most popular industrial group ever, and largely
        responsible for bringing the music to a mass audience.
      </p>
    </ion-card-content>
  </ion-card>

</ion-content>
```

El siguiente paso será crear un directorio con el nombre IMG y colocar una imagen dentro del directorio en la siguiente ruta:

Lo siguiente que haremos, será modificar la ruta del recurso para direccionarla a nuestro proyecto, también cambiaremos el título y la descripción del párrafo.

Vamos a sustituir el contenido del título y de cada uno de los párrafos por la siguiente información:

Etiqueta	Contenido
`< src >`	img src="assets/imgs/02.jpg"/
`< ion-card-title>`	EDUCODE 2016
`<p>`	Participación de Alumnos de la carrera I.S de la UES en el primer Hackaton, organizado por la SEC y las distintas universidades.

```html
<ion-content padding>

  <ion-card>
    <!--Ruta personalizada para localizar el recurso-->
    <img src="assets/imgs/02.jpg"/>
    <ion-card-content>
      <!--Personalización del Titulo-->
      <ion-card-title>
        EDUCODE 2016
      </ion-card-title>
      <!--Texto personaliado en parrafo-->
      <p>
        Participación de Alumnos de la carrera I.S de la UES en el primer Hackaton, organiza
      </p>
    </ion-card-content>
  </ion-card>

</ion-content>
```

Al momento de visualizar los cambios en el navegador, podremos observar que se agregó una imagen con un efecto sobre la misma, además de mostrar el título y párrafo personalizado.

LISTAS Y NGFOR

Utilizando el procedimiento descrito en el capítulo anterior Págs. 287-293, crea una nueva página con el nombre listas.

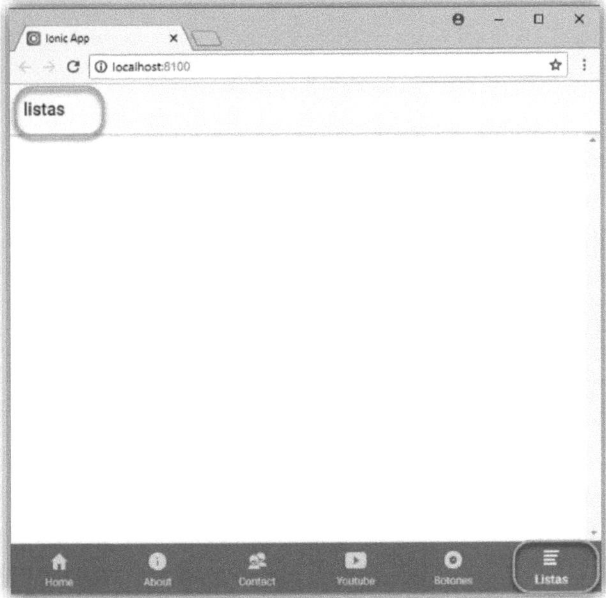

Lo siguiente que haremos, será dirigirnos a la documentación de IONIC, en el siguiente URL: https://ionicframework.com/docs/components/#cards

Una vez dentro de la documentación nos vamos a dirigir a la sección **Lists In Cards** y copiaremos el código que se muestra.

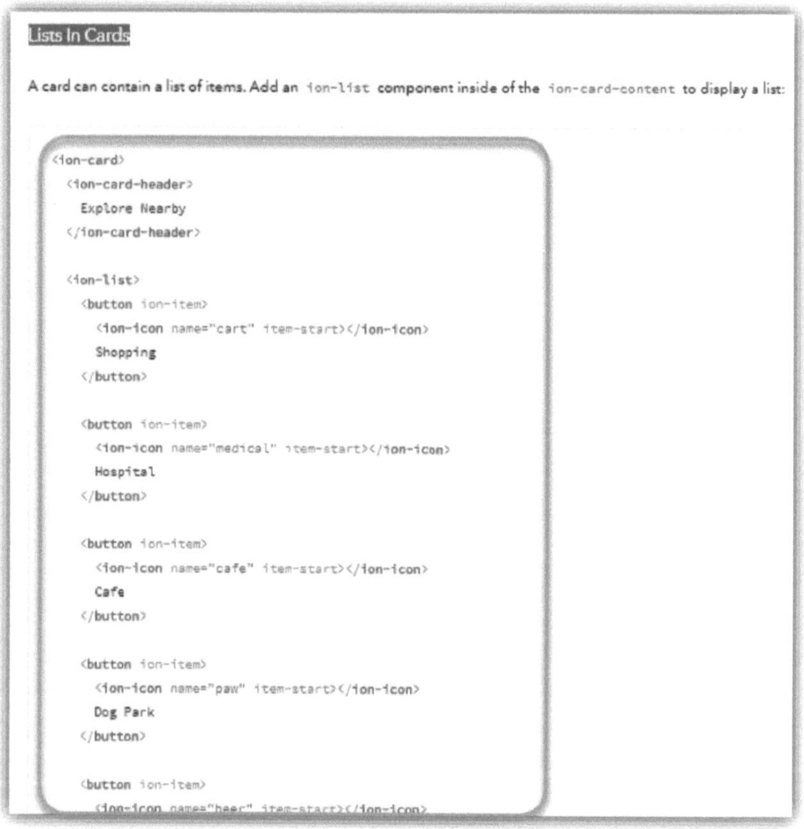

Lists In Cards

A card can contain a list of items. Add an `ion-list` component inside of the `ion-card-content` to display a list:

```
<ion-card>
  <ion-card-header>
    Explore Nearby
  </ion-card-header>

  <ion-list>
    <button ion-item>
      <ion-icon name="cart" item-start></ion-icon>
      Shopping
    </button>

    <button ion-item>
      <ion-icon name="medical" item-start></ion-icon>
      Hospital
    </button>

    <button ion-item>
      <ion-icon name="cafe" item-start></ion-icon>
      Cafe
    </button>

    <button ion-item>
      <ion-icon name="paw" item-start></ion-icon>
      Dog Park
    </button>

    <button ion-item>
      <ion-icon name="beer" item-start></ion-icon>
```

Como siguiente paso, nos vamos a dirigir al directorio de la página recién creada, en este caso se refiere a **LISTAS**, una vez dentro del directorio abriremos el archivo **listas.html**

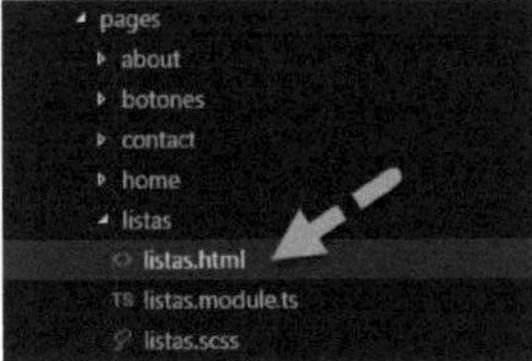

Una vez abierto el archivo listas.html, nos vamos a dirigir a las etiquetas < **ioncontent**> y en esa sección pegaremos el código copiado de la documentación, podrá observar que tenemos el componente **<ion-list>** y después tenemos el botón, el cual encierra todo el elemento, en este caso toma el icono más el texto

```html
<ion-content padding>

  <!--Listas dentro de una Tarjeta-->
  <ion-card>
    <ion-card-header>
      Explore Nearby
    </ion-card-header>

    <ion-list>
      <button ion-item>
        <ion-icon name="cart" item-start></ion-icon>
        Shopping
      </button>

      <button ion-item>
        <ion-icon name="medical" item-start></ion-icon>
        Hospital
      </button>

      <button ion-item>
        <ion-icon name="cafe" item-start></ion-icon>
        Cafe
      </button>

      <button ion-item>
        <ion-icon name="paw" item-start></ion-icon>
        Dog Park
      </button>

      <button ion-item>
        <ion-icon name="beer" item-start></ion-icon>
        Pub
      </button>

      <button ion-item>
        <ion-icon name="planet" item-start></ion-icon>
        Space
      </button>

    </ion-list>

  </ion-card>

</ion-content>
```

Al dirigirnos al navegador, podremos observar que se agregó una lista, dentro de una tarjeta

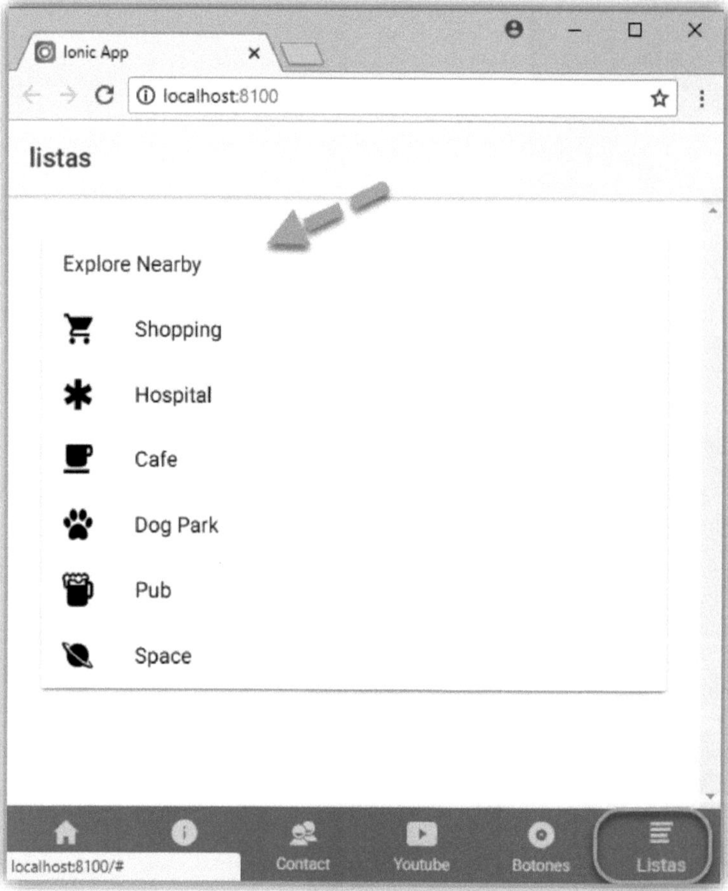

Creando las listas de Modo Dinámico

Para el desarrollo de esta sección vamos a crear un proyecto nuevo, con el nombre **LISTAS**, de tipo **TABS**.

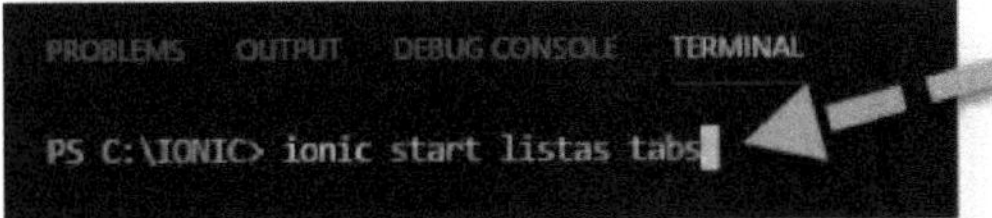

Podremos observar cómo se ha creado la estructura del nuevo proyecto.

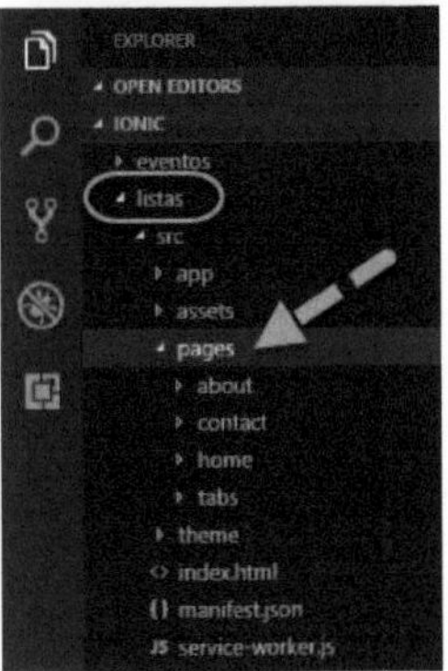

La idea es crear listas de modo dinámico, esto se refiere a la utilización de un ARRAY, la lista se creara de modo dinámico, para lograr esto, abriremos el archivo con el nombre **about.ts** y nos vamos a dirigir a la sección de la clase.

```
about.ts

import { Component } from '@angular/core';
import { NavController } from 'ionic-angular';

@Component({
  selector: 'page-about',
  templateUrl: 'about.html'
})
export class AboutPage {


  constructor(public navCtrl: NavController) {

  }

}
```

Dentro de la clase vamos a crear un **array**, creamos una variable llamada **lista** le vamos a indicar que es un **Array**, dentro de las llaves especificaremos que será de tipo **any**, colocamos el símbolo de igual y establecemos corchetes.

```
export class AboutPage {

    lista: Array<any> = [

    ]

    constructor(public navCtrl: NavController) {

    }

}
```

Dentro de los corchetes agregaremos los elementos de la lista, lo cuales estarán dentro de unas llaves, si deseamos agregar un elementos adicional, agregamos una coma, abrimos llaves y dentro de las llaves colocamos los elementos de la lista.

```
export class AboutPage {



    listas: Array<any>=[
        {titulo:'Ingenieria Ambiental'},
        {titulo:'Automatización de procesos'},
        {titulo:'Ingenieria Biomedica'},
        {titulo:'Ingenieria Biotecnología Acuática'},
        {titulo:'Ingenieria en Geociencias'},
        {titulo:'Ingenieria en Horticultura'},
        {titulo:'Ingenieria Industrial en Manufactura'},
        {titulo:'Ingenieria en Logística y Transporte'},
        {titulo:'Ingenieria en Mecatrónica'},
        {titulo:'Ingenieria en Software'},
        {titulo:'Ingenieria en Tecnología de Alimentos'}
    ]
```

El siguiente paso, será dirigirse a la etiqueta **<button ion-item>,** que es donde agregaremos un: ***ngFor="let item of items"**, utilizaremos también las dobles llaves, dentro de las cuales colocaremos el nombre de la variable que en este caso es item, seguido del valor que queremos mostrar.

```html
<> about.html
1   <ion-header>
2     <ion-navbar>
3       <ion-title>
4         CARRERAS OFERTADAS EN LA UNIVERSIDAD ESTATAL DE SONORA
5       </ion-title>
6     </ion-navbar>
7   </ion-header>
8
9   <ion-content padding>
10
11    <!--Creación de la Lista-->
12    <ion-list>
13      <button ion-item *ngFor="let item of lista">
14        <ion-icon name="book" item-start></ion-icon>
15        {{item.titulo}}
16      </button>
17    </ion-list>
18
19  </ion-content>
```

Podremos visualizar los siguientes cambios en el navegador.

DESARROLLO POR PARTE DEL ALUMNO: DESARROLLA UNA APLICACIÓN CON LISTA PERSONALIZADA.

Pestaña Home

- Establece el color danger en cada una de las pestañas de la aplicación.
- Personalizar la página Home con los siguientes elementos:
    - Establecer en un card la imagen ues.jpg
    - Debajo de la imagen deberá colocar la misión de la UES

Pestaña Carreras

- Cambia el nombre about por carreras e investiga en la página de la UES las carreras que oferta la institución para completar la pestaña.
  - https://www.ues.mx/

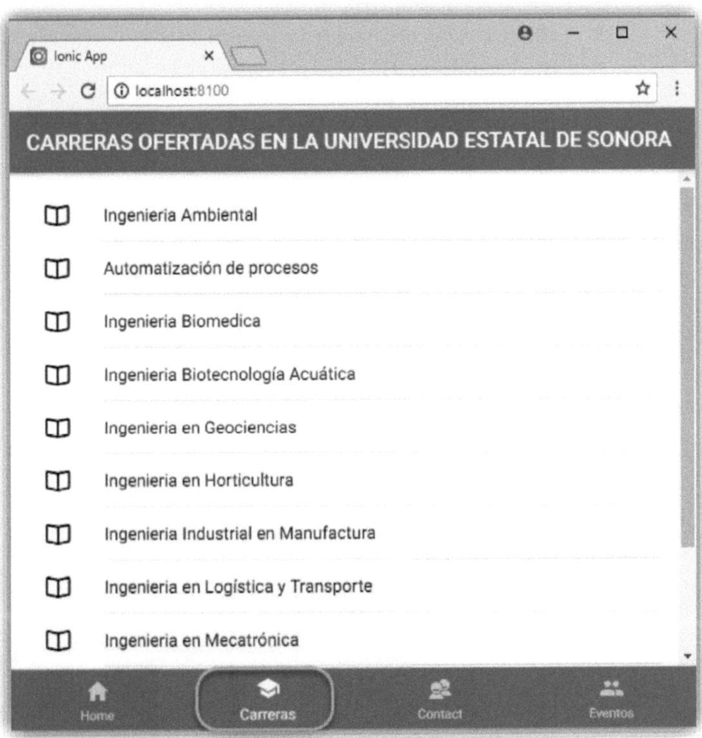

Pestaña Eventos

- Creará una pestaña llamada eventos en la cual personalizara los siguientes elementos:
    - Lista de tipo Thumbnail List
    - Items:
        - Limpiando sonora 2015
        - Taller Herramientas computacionales 2015
        - Feria Científica 2015
        - Feria Conalep 2016

ENLAZAR PÁGINAS CON NAV-CONTROLER

Utilizando el procedimiento descrito en el capítulo anterior Págs. 287-293, crea una nueva página con el nombre **información**.

Colocar enlace

El enlace será utilizado desde la página Home, por lo tanto agregaremos un botón,

El siguiente paso, será importar la nueva página que hemos creado, para hacerlo deberemos dirigirnos al directorio **APP** y abriremos el archivo `app.module.ts`, de donde copiaremos la línea que corresponde a la importación de la página.

```
TS app.module.ts  ✕

9    import { TabsPage } from '../pages/tabs/tabs';
10
11   import { YoutubePage } from '../pages/Youtube/youtube';
12   import { BotonesPage } from '../pages/botones/botones';
13   import { ListasPage } from '../pages/listas/lista';
14   import { InfoPage } from '../pages/info/info';
15
16   import { StatusBar } from '@ionic-native/status-bar';
17   import { SplashScreen } from '@ionic-native/splash-screen';
```

El siguiente paso, será dirigirnos al directorio **Home** y abriremos el archivo `home.ts`, el cual será el lugar en donde pegaremos la ruta que hemos copiado, también será importante que ajustemos la ruta.

```
TS home.ts   ✕

1    import { Component } from '@angular/core';
2    import { NavController } from 'ionic-angular';
3    import { InfoPage } from '../info/info';
4
5    @Component({
6      selector: 'page-home',
7      templateUrl: 'home.html'
8    })
9    export class HomePage {
10
11     constructor(public navCtrl: NavController) {
12
13     }
14
15   }
```

Invocar la Función

Como siguiente paso, deberemos dirigirnos a `home.html`, en donde deberemos dirigirnos a la etiqueta `<button>`, en donde abriremos paréntesis dentro de los cuales colocaremos la palabra **click**, fuera de los paréntesis, establecemos un igual y comillas dobles, dentro de las comillas dobles establecemos un nombre de función la cual llamaremos `PaginaInfo()`

```
home.html
...será capaz de crear aplicaciones móviles híbridas q
<button ion-button icon-end (click)="PaginaInfo()">
Información Adicional
<ion-icon name="information-circle"></ion-icon>
</button>
</ion-content>
```

Como siguiente paso, deberemos dirigirnos a la página `home.ts`, y fuera del constructor vamos a establecer la función con el nombre `PaginaInfo ()`, la cual está estructurada por llaves, dentro de las cuales colocaremos la función **NavCtrl**, en la cual le pasaremos como parámetro la página que hemos creado.

```
home.ts
import { Component } from '@angular/core';
import { NavController } from 'ionic-angular';
import { InfoPage } from '../info/info';

@Component({
  selector: 'page-home',
  templateUrl: 'home.html'
})
export class HomePage {

  constructor(public navCtrl: NavController) {

  }

  PaginaInfo(){
    this.navCtrl.push(InfoPage);
  }

}
```

Al momento de visualizar en el navegador, podremos observar que al momento de pulsar un click sobre el botón que hemos colocado en la página Home, este nos enviara a la página Info.

Observe como se adiciona una flecha de retroceso de modo automático.

CREAR LISTAS DINAMICAS CON NAVIGATION

Para el desarrollo de la parte de este curso vamos a crear un nuevo proyecto el cual tendrá por nombre **Navegación**, en donde podremos observar cómo funciona la Navegación.

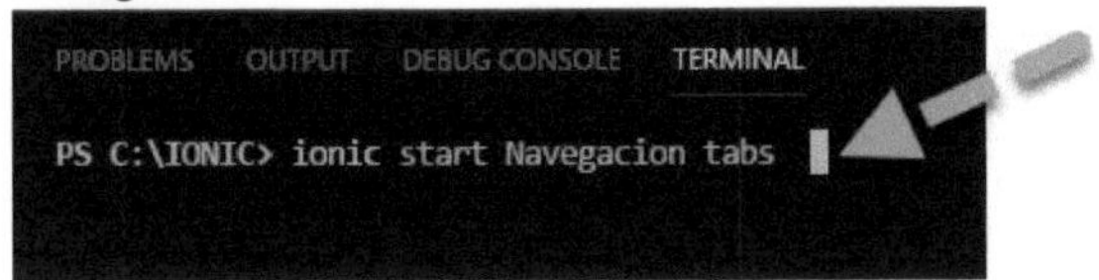

También será necesario que se dirija a la siguiente URL, en la cual se encuentra descrita la documentación perteneciente al proyecto, una vez abierta la página correspondiente seleccione la opción **Navigation**. Durante el desarrollo del presente proyecto observaremos como se crea una lista de forma dinámica a partir de un array, la cual mostrara un elemento de la lista el cual al pulsar un click nos mostrara un contenido perteneciente al array.

- https://ionicframework.com/docs/components/#modals

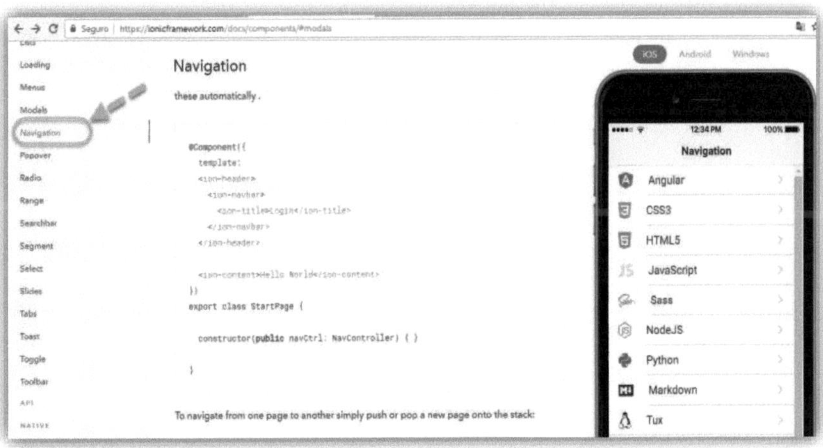

Documentación de la APP

Lo primero que haremos, será dirigirnos a la documentación y pulsar un click sobre la etiqueta **Demo Source.**

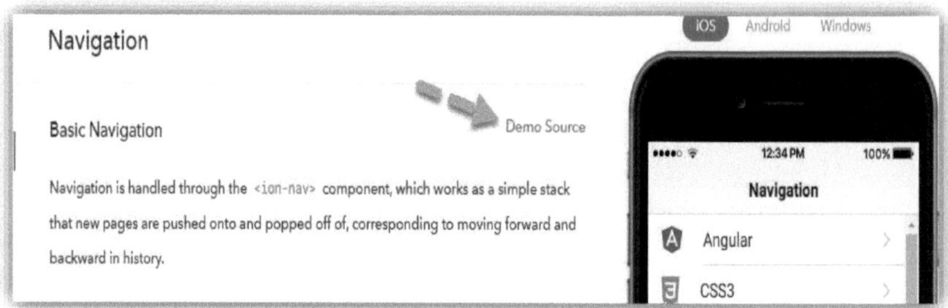

Podrá notar que lo direcciona a una página de **Git Hub**, en donde encontraremos la documentación del ejemplo, en donde el primer archivo que abriremos será el que tiene el nombre `navigation.html`

https://github.com/ionic-team/ionic-preview-app/tree/master/src/pages/navigation/basic

Podremos observar el código el cual tiene las etiquetas `<ion-list>`, dentro de las cuales se está abriendo un botón, en el cual se está generando un ciclo **FOR** para poder crear la lista de forma dinámica y además está utilizando el elemento **CLICK**, para que al presionar el botón se cree una función con el elemento item, por lo tanto copiaremos el contenido de las etiquetas `<ion-list>`

```
16 lines (13 sloc)   388 Bytes                                              Raw

 1
 2   <ion-header>
 3     <ion-navbar>
 4       <ion-title>Navigation</ion-title>
 5     </ion-navbar>
 6   </ion-header>
 7
 8   <ion-content>
 9     <ion-list>
10       <button ion-item *ngFor="let item of items" (click)="openNavDetailsPage(item)" icon-start>
11         <ion-icon [name]="'logo-' + item.icon" [ngStyle]="{'color': item.color}" item-start></ion-icon>
12         {{ item.title }}
13       </button>
14     </ion-list>
15   </ion-content>
```

Contact.html

Lo siguiente que haremos, será dirigirnos al archivo `contact.html`, en donde abriremos las etiquetas `<ion-content>` y dentro de estas colocaremos el código que hemos copiado con anterioridad.

```
contact.html  ×
 1   <ion-header>
 2     <ion-navbar>
 3       <ion-title>
 4         Contact
 5       </ion-title>
 6     </ion-navbar>
 7   </ion-header>
 8
 9   <ion-content>
10       <button ion-item *ngFor="let item of items" (click)="openNavDetailsPage(item)" icon-start>
11         <ion-icon [name]="'logo-' + item.icon" [ngStyle]="{'color': item.color}" item-start></ion-icon>
12         {{ item.title }}
13       </button>
14   </ion-content>
```

pages.ts/ Array

Abriremos nuevamente la documentación y ahora abriremos el archivo con el nombre `pages.ts`

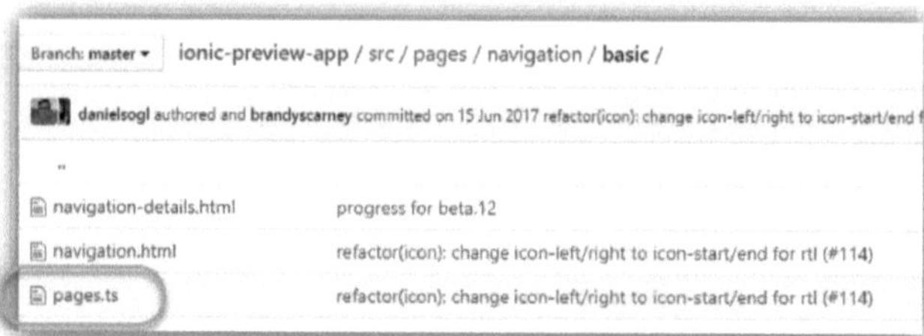

Nos vamos a fijar en el array que se está creando, el cual se está creando dentro del constructor, en donde observaremos que está declarando una variable llamada `items[];` la cual contiene corchetes, eso nos indica que es un array.

contact.ts

Lo siguiente que haremos, será dirigirnos a `contact.ts` y donde esta nuestra clase vamos a declarar la variable de tipo array llamada `items = [];`

```ts
import { Component } from '@angular/core';
import { NavController } from 'ionic-angular';

@Component({
  selector: 'page-contact',
  templateUrl: 'contact.html'
})
export class ContactPage {

  items = [];

  constructor(public navCtrl: NavController) {

  }

}
```

Y dentro del constructor vamos a pegar el array que hemos copiado desde la documentación, copia hasta el cierre del corchete desde donde dice `this.items = [`

```ts
  templateUrl: 'contact.html'
})
export class ContactPage {

  items = [];

  constructor(public navCtrl: NavController) {

    this.items = [
      {
        'title': 'Angular',
        'icon': 'angular',
        'description': 'A powerful Javascript framework for building single page apps.',
        'color': '#E63135'
      },
      {
        'title': 'CSS3',
        'icon': 'css3',
        'description': 'The latest version of cascading stylesheets - the styling lang',
        'color': '#0CA9EA'
      },
      {
        'title': 'HTML5',
        'icon': 'html5',
        'description': 'The latest version of the web\'s markup language.',
        'color': '#F46529'
      },
```

Visualización de elementos No Funcionales

Si nos dirigimos a nuestro navegador podremos observar que se ha creado la lista, sin embargo esta no es funcional en este momento.

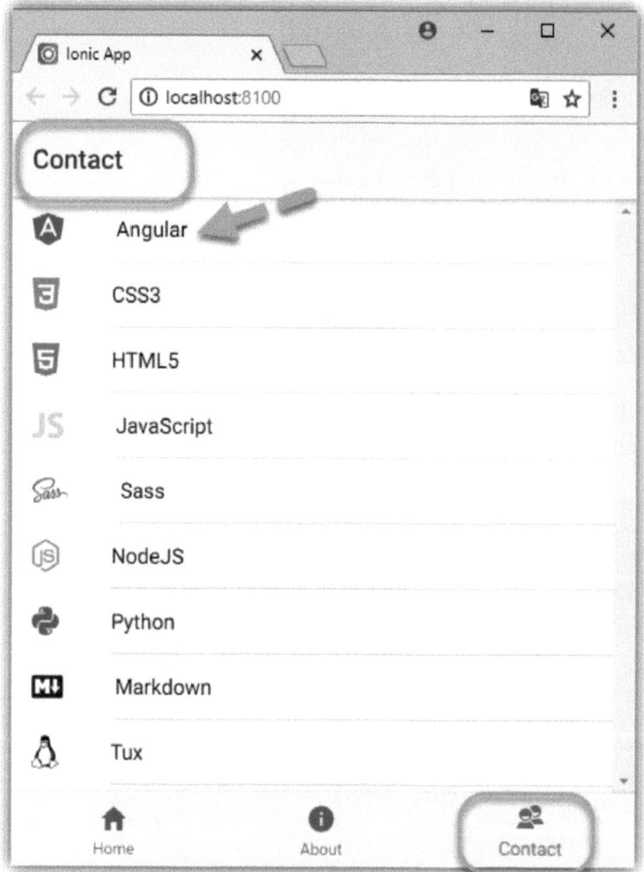

Page.ts/ Función openNavDetailsPage

Lo siguiente que haremos, será dirigirnos a la documentación, nos dirigiremos al pie de página del `array`, en donde copiaremos la función `openNavDetailsPage`

Creación de Página con el nombre Info

Utilizando el procedimiento descrito en el capítulo anterior Págs. 287-293, crea una nueva página con el nombre **información**.

contact.ts

Lo siguiente que haremos, será dirigirnos a la página `contact.ts` como indicarle la clase de la página destino, que para nuestro caso es `infoPage`, la cual debemos importar.

```
TS contact.ts
1    import { Component } from '@angular/core';
2    import { NavController } from 'ionic-angular';
3    import { InfoPage } from '../info/info';
4
```

Y fuera de la sección del constructor pegaremos la función recién creada, a la cual, le haremos los ajustes correspondientes a nuestro proyecto, tales como `NavCtrl` así.

- `this.navCtrl.push(InfoPage, { item: item });`

```
TS contact.ts
64          {
65              'title': 'Tux',
66              'icon': 'tux',
67              'description': 'The official mascot of the Linux kernel!',
68              'color': '#000'
69          },
70      ]
71
72      }
73
74      openNavDetailsPage(item) {
75          this.navCtrl.push(InfoPage, { item: item });
76      }
77
78  }
```

Page.ts/ Clase

Lo siguiente que haremos será dirigirnos a la documentación en donde, copiaremos la clase, observa que en la documentación se está generando un componente, el cual está llamando a un elemento llamado `templateUrl: 'navigation-details.html'`.

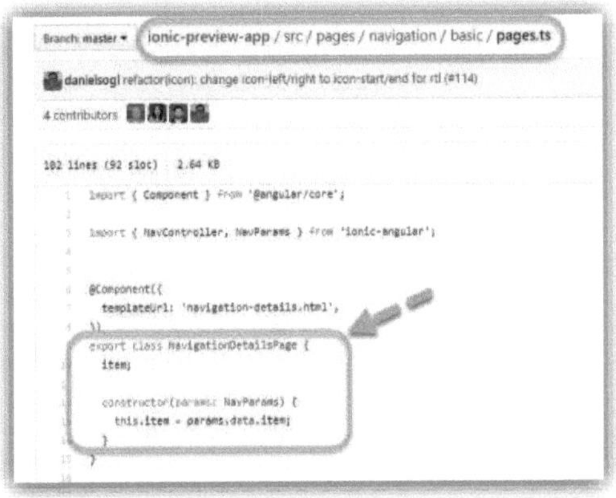

Observa que como nosotros generamos una página, no necesitamos colocar un componente, más bien vamos a utilizar la clase, lo que haremos, será dirigirnos al archivo **info.ts,** y pegar colocar la variable llamada `item;` en la clase llamada `infoPage`, también habremos de personalizar el elemento que colocaremos dentro del constructor, con el cual estaremos llamando al elemento item; el cual has sido colocado en la clase.

- `this.item = navParams.data.item;`

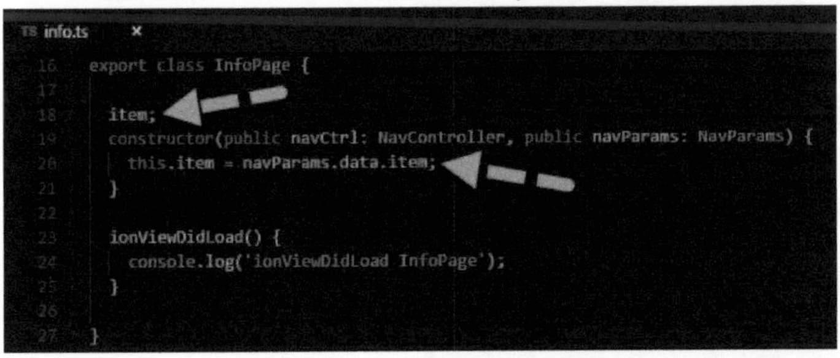

navigation.html

Regresaremos a la documentación e ingresaremos a la sección navigation.html, observa cómo se está llamando al elemento {{item.title}}, el cual podremos utilizarlo, cópialo para utilizarlo en la página `info.html`

info.html

Ahora deberás dirigirte a la página info.html, remplaza el contenido de la etiqueta `</ion-title>` por el siguiente contenido {{item.title}}

También copiaremos desde la misma sección de la documentación el código que está dentro de las etiquetas `<ion-list>`, las cuales se refieren a la invocación del icono así como la descripción del objeto.

```html
<ion-header>
  <ion-navbar>
    <ion-title>Navigation</ion-title>
  </ion-navbar>
</ion-header>

<ion-content>
  <ion-list>
    <button ion-item *ngFor="let item of items" (click)="openNavDetailsPage(item)" icon-start>
      <ion-icon [name]="'logo-' + item.icon" [ngStyle]="{'color': item.color}" item-start></ion-icon>
      {{ item.title }}
    </button>
  </ion-list>
</ion-content>
```

El código copiado, lo pegaremos en la sección de la etiqueta `<ion-content padding>`, Observa cómo se está estableciendo el llamado al icono, al estilo y además llama a la descripción.

```html
<ion-header>
  <ion-navbar>
    <ion-title>{{item.title}}</ion-title>
  </ion-navbar>
</ion-header>

<ion-content padding>
  <ion-list>
    <button ion-item *ngFor="let item of items" (click)="openNavDetailsPage(item)" icon-start>
      <ion-icon [name]="'logo-' + item.icon" [ngStyle]="{'color': item.color}" item-start></ion-icon>
      {{ item.title }}
    </button>
    <p>{{ item.description}}</p>
  </ion-list>

</ion-content>
```

Ahora, dirígete al Navegador y pulsa un click sobre cualquiera de los iconos mostrados.

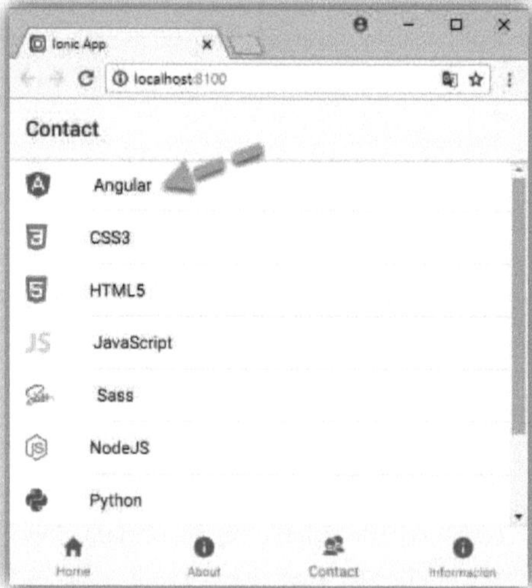

Observa cómo te ha direccionado a una pantalla con la descripción del objeto

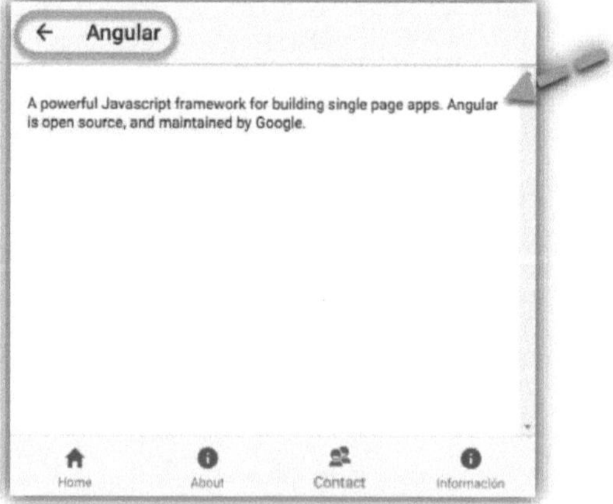

SISTEMA DE COLUMNAS UTILIZANDO GRID-FLEXBOX

En esta parte del curso vamos a trabajar con Grid, el cual podremos ver más a detalle, en la siguiente URL https://ionicframework.com/docs/api/components/grid/Grid/

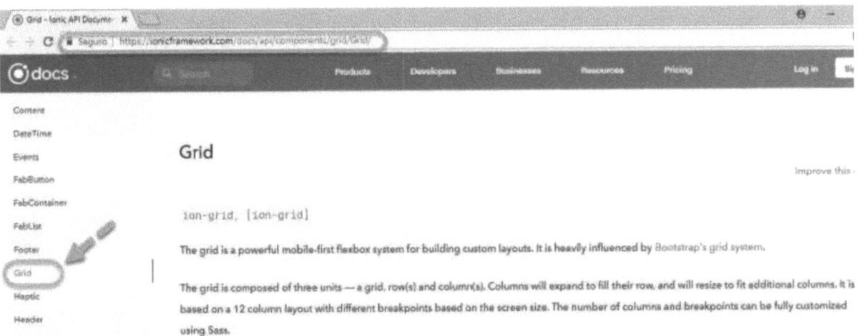

Cuando nosotros deseamos distribuir nuestro diseño en nuestra aplicación, existe un método llamado las doce columnas, para poner en práctica esta sección, vamos a crear un proyecto llamado Grid y será de tipo tabs.

Una vez que tengas la aplicación, vamos a realizar unos cambios en las pestañas.

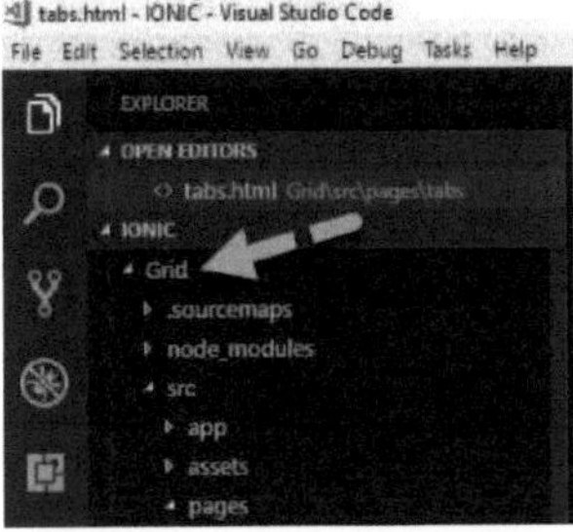

Uno de los primeros cambios, será cambiar el nombre así como Icono del segundo Tab, quedando de la siguiente manera.

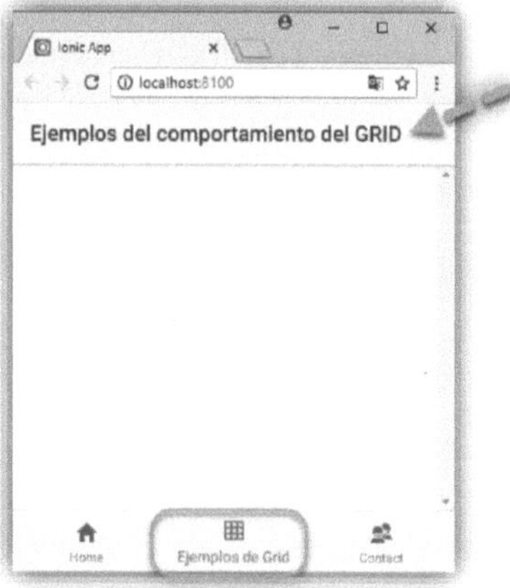

about.html

Lo siguiente que haremos, será dirigirnos a la página about.html, una vez en la página deberás dirigirte a la etiqueta <ion-content>, en donde colocaremos las etiquetas <ion-grid>, <ion-row>, <ion-col>, quedando de la siguiente manera.

```
about.html
1    <ion-header>
2      <ion-navbar>
3        <ion-title>
4          Ejemplos del comportamiento del GRID
5        </ion-title>
6      </ion-navbar>
7    </ion-header>
8
9    <ion-content padding>
10
11       <ion-grid>
12         <ion-row>
13           <ion-col>
14
15           </ion-col>
16         </ion-row>
17       </ion-grid>
18
19   </ion-content>
```

Lo siguiente que haremos, será colocar un párrafo, dentro de nuestra columna, el cual tendrá como texto, "Esta es mi primer Columna"

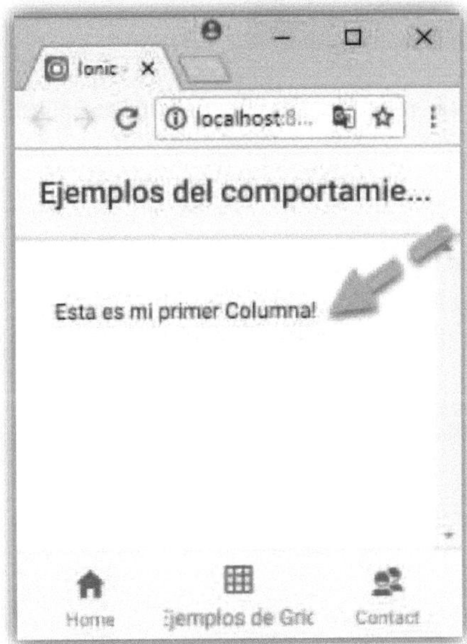

Al momento de ejecutar la aplicación, observaremos que se aprecia el párrafo, pero no se aprecia el tamaño de la columna.

about.scss

Para poder establecer un color y de esa forma apreciar el tamaño de la columna, dirígete a la página `about.scss` y establece la siguiente personalización de estilo, en donde le indicaremos que el fondo de la columna será rojo, la letra contenida en la celda será de color blanco y tendrá un pading de 10 Px.

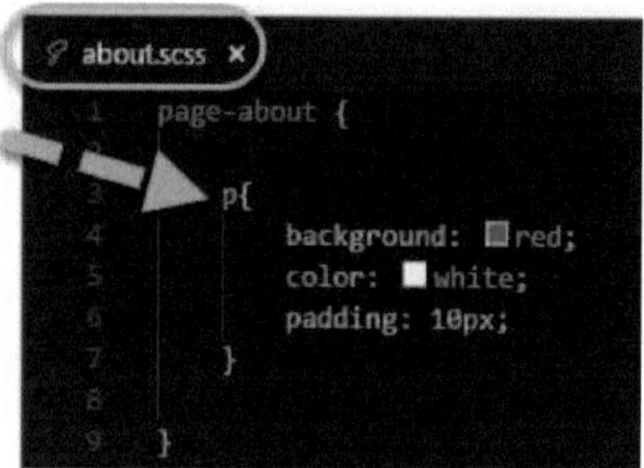

El ejecutar la aplicación, podremos observar que se han aplicado los cambios.

Agregar una nueva columna

Lo siguiente que haremos, será agregar una segunda columna, para lograrlo deberás dirigirte al archivo `about.html` una vez dentro de la página dirígete a la etiqueta `<ion-content>`

Si ejecutas la aplicación podrás observar como se ha creado una segunda columna, notando como el tamaño de la columna se ajusta al tamaño del dispositivo.

Cantidad Máxima de Columnas.

La cantidad máxima de columnas que nosotros podremos establecer, será de 12, lo que nosotros podemos hacer, es establecer una propiedad en la cual establecemos el tamaño de la misma quedando de la siguiente manera `<ion-col col-1>`, la ventaja de esta propiedad es que nosotros sabemos que la cantidad máxima es de 12, por lo tanto podemos replicar 12 veces la columna con una dimensión de 1.

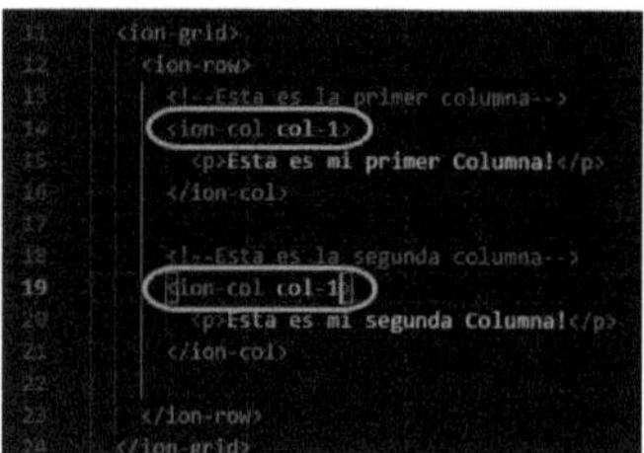

Si ejecutas la aplicación, podrás observar que al ajustar las dimensiones del celular el texto se comprime de un modo desagradable.

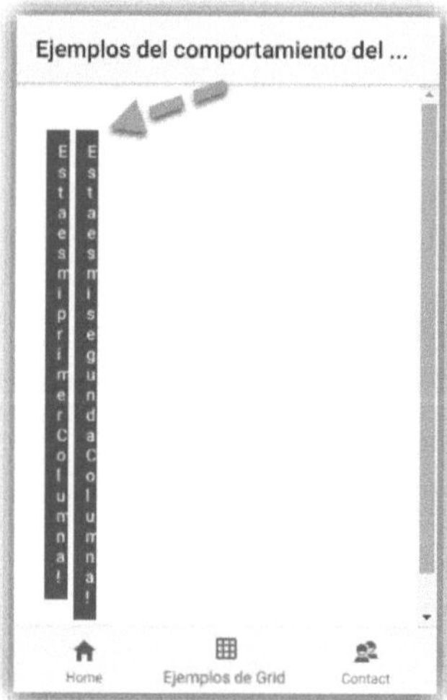

Otro ejemplo que podremos utilizar es poder distribuir los doce espacios con la misma propiedad, quedando de la siguiente manera.

Al ejecutar la aplicación podrás observar cómo es que se han distribuido las 12 unidades las dos columnas, de ese modo no se distorsiona el contenido de las dos columnas, ya que le estas asignando seis unidades a cada una.

Adicionar una Fila

Para poder adicionar una fila, lo que haremos, deberemos adicionar una etiqueta `</ion-row>` y dentro de esta etiqueta colocar una etiqueta `<ion-col>` y dentro de esta etiqueta un párrafo indicando que es una segunda fila.

Al momento de ejecutar la aplicación podrás observar cómo se agrega una segunda columna, la cual se ajusta de modo automático a las dimensiones de la aplicación.

Ajustar el tamaño de las columnas de acuerdo al contenido

Para poder ajustar el tamaño de la columna de acuerdo al contenido deberemos aplicar una propiedad a la etiqueta <ion-col col-auto>

Al ejecutar la aplicación, podremos observar cómo se ajusta de acuerdo a su contenido la columna número 2.

REALIZA UNA APLICACIÓN: GALERÍA DE IMÁGENES

El alumno construye una aplicación Utilizando Grid-FlexBox genera al menos cinco eventos, cada evento deberá estar contenido en una tarjeta, además de incluir un botón el cual al ser presionado, me enviara a una página con el contenido de las imágenes.

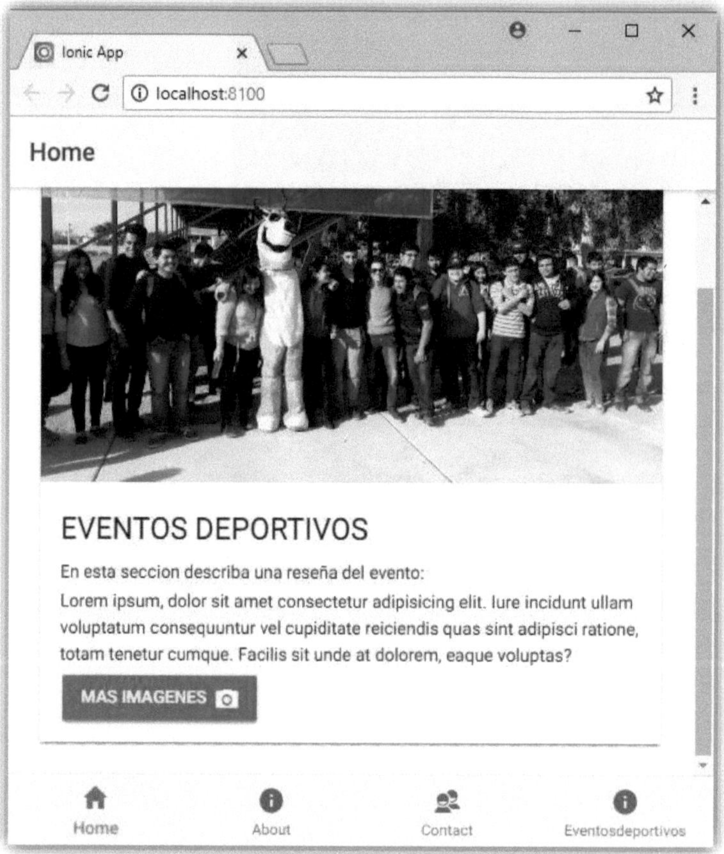

Para el desarrollo de este ejemplo, el alumno construye una pestaña para cada evento, en cada pestaña el alumno mostrara el contenido de las imágenes utilizando una distribución con FlexGridBox.

CREACION DE ALERTAS

Para poner en práctica esta sección, vamos a crear un proyecto llamado Alertas y será de tipo tabs.

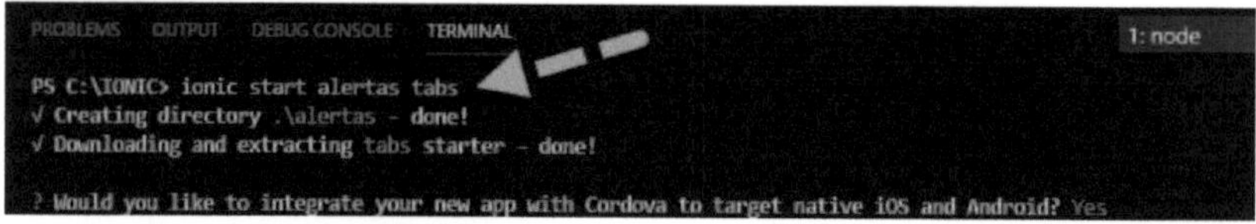

Observaremos que se ha creado el proyecto.

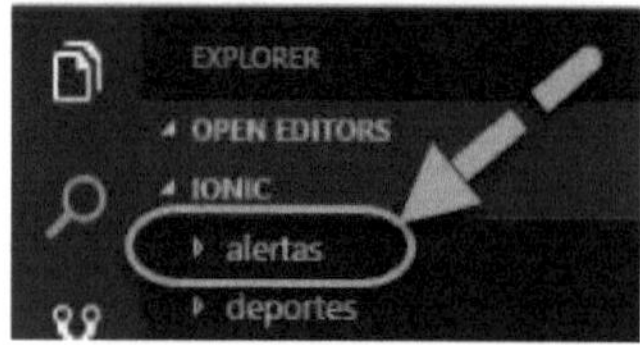

En esta sección analizaremos el tema de las alteras, para lo cual deberemos dirigirnos a la documentación de Ionic en la siguiente URL, en la cual deberemos pulsar un click sobre el botón Demo Source.

- https://ionicframework.com/docs/components/#alert

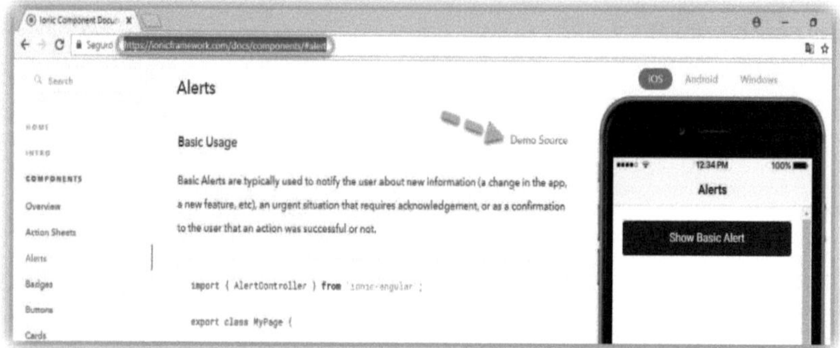

Una vez que ha pulsado el botón `Demo Source`, podrá notar que se muestra una página en Git Hub, en la cual podrá encontrar los archivos `pages.ts` y `template.html`

https://github.com/ionic-team/ionic-preview-app/tree/master/src/pages/alerts/basic

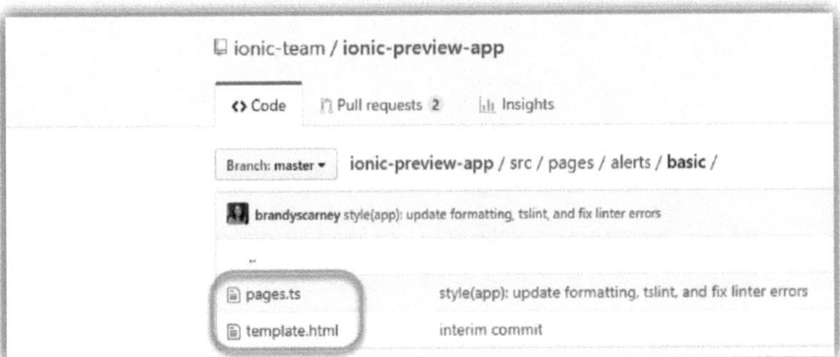

El primer archivo que abriremos, será el que tiene el nombre `template.html`, en donde podremos observar que se está formando un botón, un evento click con una función específica, eso significa que cada vez que hagamos un click se disparará la función, así que lo que haremos, será copiar este código y pasarlo a nuestro proyecto.

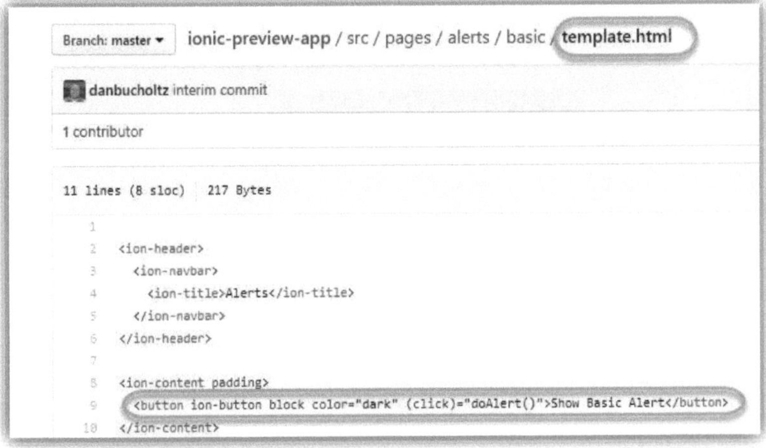

home.html

Lo siguiente que haremos será dirigirnos a la página home.html, sustituiremos el contenido de la etiqueta `<ion-content>`, por el código del botón copiado en la documentación.

```
<> home.html  ×
1    <ion-header>
2      <ion-navbar>
3        <ion-title>Home</ion-title>
4      </ion-navbar>
5    </ion-header>
6
7    <ion-content padding>
8
9        <button ion-button block color="dark" (click)="doAlert()">Show Basic Alert</button>
10
11   </ion-content>
```

Al momento de ejecutar la aplicación, podremos observar que se ha incorporado un botón con la leyenda **"Show Basic Alert"**, sin embargo en este momento no tiene funcionalidad, ya que nos falta crear la función.

pages.ts

Nos dirigiremos nuevamente a la documentación a la sección que corresponde a `pages.ts`, observe que los aspectos que cuidaremos son la importación de AlertController, observa que también nos presenta la construcción de la función llamada `alert`, en la cual se crea una variable que está llamando a `AlertController` por medio de su variable `alerCtrl`, La importación y la función deberemos hacerla en el archivo `home.ts`

- https://github.com/ionic-team/ionic-preview-app/tree/master/src/pages/alerts/basic

Branch: master ▾   ionic-preview-app / src / pages / alerts / basic / **pages.ts**

brandyscarney style(app): update formatting, tslint, and fix linter errors

2 contributors

23 lines (16 sloc) | 441 Bytes

```
1    import { Component } from '@angular/core';
2
3    import { AlertController } from 'ionic-angular';
4
5
6    @Component({
7      templateUrl: 'template.html'
8    })
9    export class BasicPage {
10
11     constructor(public alerCtrl: AlertController) { }
12
13     doAlert() {
14       let alert = this.alerCtrl.create({
15         title: 'New Friend!',
16         message: 'Your friend, Obi wan Kenobi, just approved your friend request!',
17         buttons: ['Ok']
18       });
19       alert.present()
20     }
21
22   }
```

home.ts

Lo que haremos entonces, será dirigirnos al archivo `home.ts` y realizar la importación.

```ts
import { Component } from '@angular/core';
import { NavController } from 'ionic-angular';

import { AlertController } from 'ionic-angular';
```

Ahora dirígete al constructor en donde declararemos una variable de tipo pública llamada `alerta` en donde copiaremos `AlertController`.

```ts
@Component({
  selector: 'page-home',
  templateUrl: 'home.html'
})
export class HomePage {

  constructor(public navCtrl: NavController, public alerta:AlertController) {

  }

}
```

Lo siguiente que haremos, será crear la función fuera del constructor.

```ts
@Component({
  selector: 'page-home',
  templateUrl: 'home.html'
})
export class HomePage {

  constructor(public navCtrl: NavController, public alerta:AlertController) {

  }

  doAlert() {

  }

}
```

Lo siguiente que haremos, será dentro de la función es crear una variable con el nombre "mialerta" el cual será igual a `this.alerta.create ({   });` y dentro de estas llaves introduciremos todas las propiedades que nosotros necesitemos que aparezcan en nuestra alerta en donde colocaremos un **título, mensaje y un botón**, por último deberemos añadir un elemento el cual nosotros le pusimos por nombre **"mialerta"** y le pasamos el método **present**, quedando de la siguiente manera.

```
18    doAlert() {
19      let mialerta = this.alerta.create({
20        title:'Este titulo corresponde a una Alerta Básica',
21        message:'Este es un mensaje personalizado para una Alerta Básica',
22        buttons:['Pulsa un Click para aceptar']
23      });
24      mialerta.present();
25    }
```

Al momento de ejecutar nuestra aplicación podremos observar que al momento de pulsar un click sobre el botón, este nos envía un mensaje, con los parámetros que nosotros establecimos.

Duplicar la Función y el Botón

Lo siguiente que haremos, será dirigirnos al **home.ts** y duplicar la función, además de añadirle un 2 para diferenciarla de la primera.

```
18    doAlert() {
19      let mialerta = this.alerta.create({
20        title:'Este titulo corresponde a una Alerta Básica',
21        message:'Este es un mensaje personalizado para una Alerta Básica',
22        buttons:['Pulsa un Click para aceptar']
23      });
24      mialerta.present();
25    }
26
27    doAlert2() {
28      let mialerta2 = this.alerta.create({
29        title:'Este titulo corresponde a una Alerta Básica',
30        message:'Este es un mensaje personalizado para una Alerta Básica',
31        buttons:['Pulsa un Click para aceptar']
32      });
33      mialerta2.present();
34    }
35
36  }
```

Ahora nos deberemos dirigir al archivo home.html, en donde deberemos referenciarlo a la segunda función que hemos creado.

```
<> home.html  ×
1    <ion-header>
2      <ion-navbar>
3        <ion-title>Home</ion-title>
4      </ion-navbar>
5    </ion-header>
6
7    <ion-content padding>
8
9      <button ion-button block color="dark" (click)="doAlert()">Show Basic Alert</button>
10     <button ion-button block color="dark" (click)="doAlert2()">Show Basic Alert 2</button>
11
12   </ion-content>
```

Lo siguiente que haremos, será dirigirnos a la documentación específicamente a la sección **Prompt Alerts**, de donde tomaremos como base para ajustar los parámetros de nuestra función.

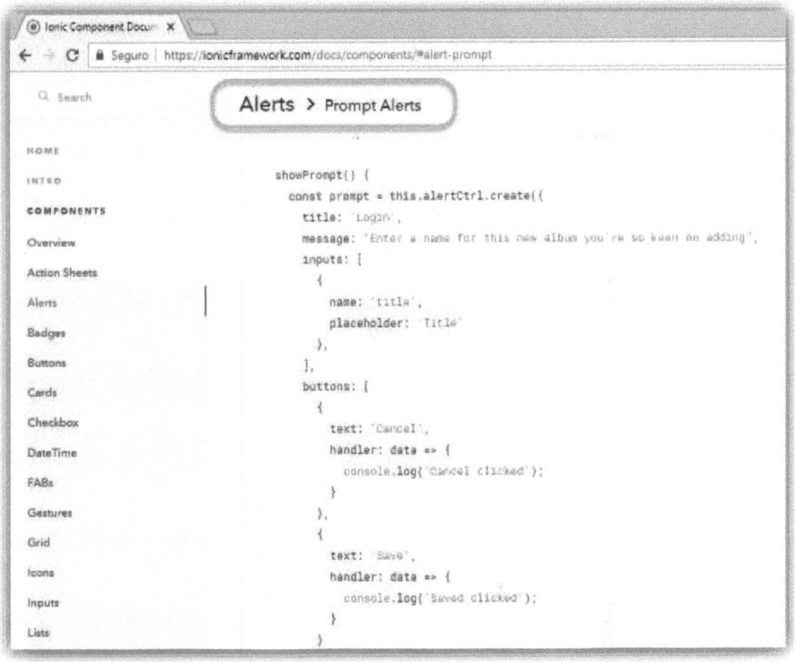

Ionic Component Docum
Seguro | https://ionicframework.com/docs/components/#alert-prompt
Search
Alerts > Prompt Alerts
HOME
INTRO
COMPONENTS
Overview
Action Sheets
Alerts
Badges
Buttons
Cards
Checkbox
DateTime
FABs
Gestures
Grid
Icons
Inputs
Lists
showPrompt() {
const prompt = this.alertCtrl.create({
title: 'Login',
message: "Enter a name for this new album you're so keen on adding",
inputs: [
{
name: 'title',
placeholder: 'Title'
},
],
buttons: [
{
text: 'Cancel',
handler: data => {
console.log('Cancel clicked');
}
},
{
text: 'Save',
handler: data => {
console.log('Saved clicked');
}
}

Modificación de la Función.

Dirígete a la segunda función, modifica en mensaje que aparece en el título en este caso será "login", además deberemos agregar un input el cual tomaremos de la documentación y establecemos el valor "Nombre" en los parámetros name y placeholder, también agregaremos el array botones el cual encontraremos en la documentación, observa que este cuenta con dos objetos a los cuales en el primero estableceremos el valor Cancelar y en el segundo objeto el valor Guardar, el Handler que se encuentra dentro del array se refiere a la función que se va a ejecutar cuando nosotros pulsemos un click en cada uno de los botones, quedando de la siguiente manera.

```typescript
doAlert2() {
  let mialerta2 = this.alerta.create({
    title:'Login',
    message:'Este es un mensaje personalizado para una Alerta Básica',
    inputs: [
      {
        name: 'Nombre',
        placeholder: 'Nombre'
      },
    ],
    buttons: [
      {
        text: 'Cancelar',
        handler: data => {
          console.log('Cancel clicked');
        }
      },
      {
        text: 'Guardar',
        handler: data => {
          console.log('Saved clicked');
        }
      }
    ]
  });
  mialerta2.present();
}
```

Ejecución de la Aplicación

Observa como al ejecutar la función, nos muestra el segundo botón en donde al pulsarlo observaremos una ventana emergente con dos botones, los cuales pertenecen a Guardar y Cancelar

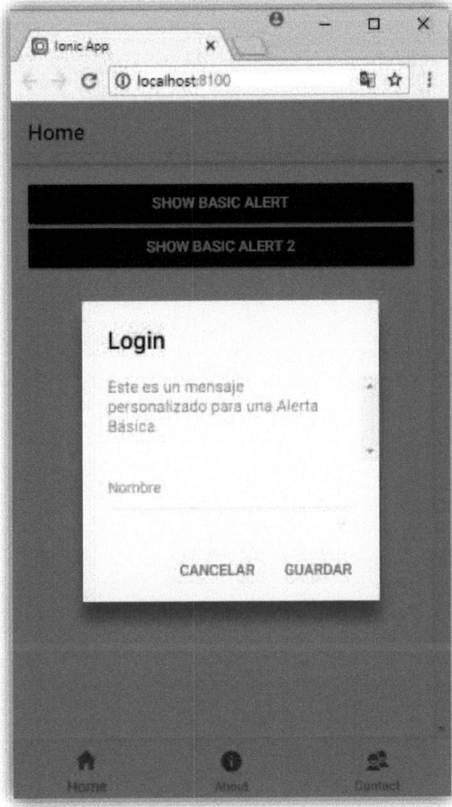

Visualización en Modo Inspección

Si ejecutamos la aplicación utilizando el inspector de elementos y nos dirigimos a la consola, al momento de realizar la ejecución de la aplicación podremos observar el estado que guardan las variables una para el caso cancelar y la otra para el caso Guardar.

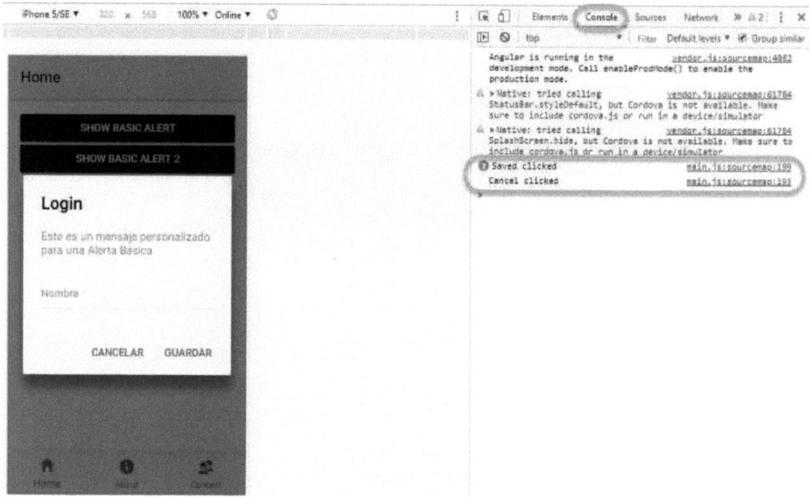

DESARROLLO POR PARTE DEL ALUMNO: SELECCIÓN DE ELEMENTOS DE LISTA

El alumno desarrolla una aplicación la cual utilizando las alertas, establece un botón el cual al ser pulsado deberá mostrar un listado de las ciudades del Estado de Sonora.

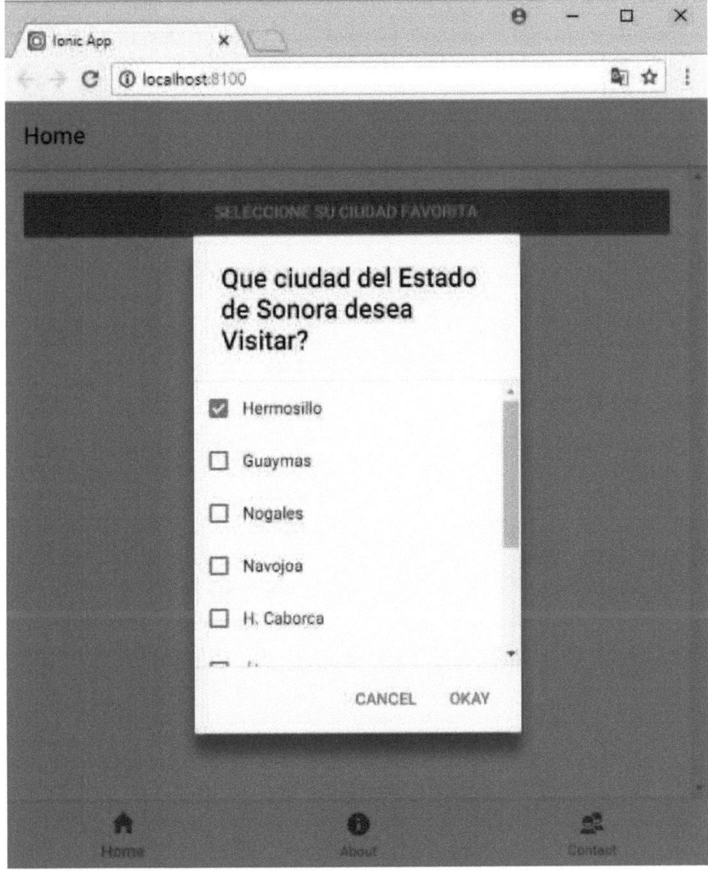

CONEXIÓN CON API REST

En esta parte del curso vamos a obtener datos de un proveedor externo, para poder mostrarlo en nuestra aplicación, para lograrlo nos vamos a dirigir a la siguiente página. https://jsonplaceholder.typicode.com/

En el siguiente sitio, encontraremos algunos ejemplos en formato JSON, para visualizar un ejemplo, pulse un click sobre el **Hipervínculo /users 10 items**

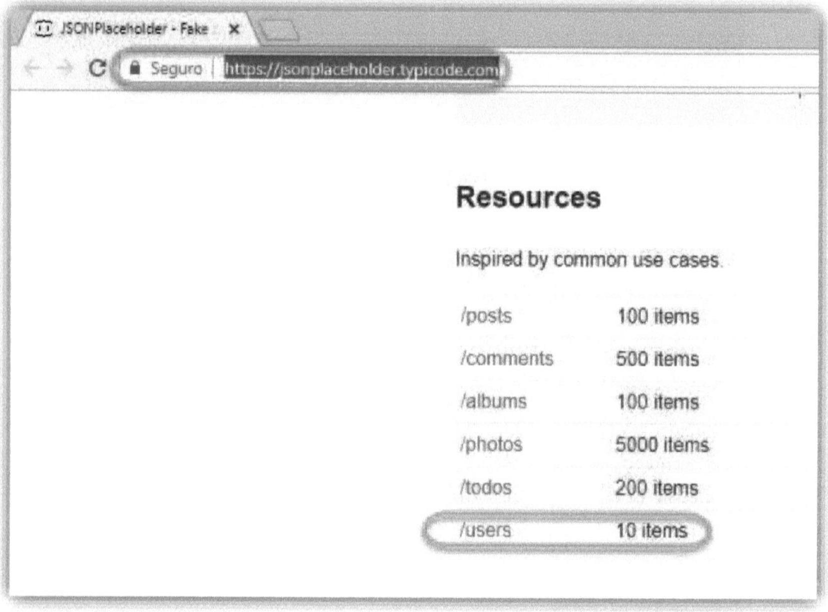

En donde podrá observar que se visualiza el ejemplo con el formato **JSON**


```json
[
  {
    "id": 1,
    "name": "Leanne Graham",
    "username": "Bret",
    "email": "Sincere@april.biz",
    "address": {
      "street": "Kulas Light",
      "suite": "Apt. 556",
      "city": "Gwenborough",
      "zipcode": "92998-3874",
      "geo": {
        "lat": "-37.3159",
        "lng": "81.1496"
      }
    },
    "phone": "1-770-736-8031 x56442",
    "website": "hildegard.org",
    "company": {
      "name": "Romaguera-Crona",
      "catchPhrase": "Multi-layered client-server neural-net",
      "bs": "harness real-time e-markets"
    }
  },
  {
    "id": 2,
    "name": "Ervin Howell",
    "username": "Antonette",
    "email": "Shanna@melissa.tv",
    "address": {
      "street": "Victor Plains",
      "suite": "Suite 879",
      "city": "Wisokyburgh",
      "zipcode": "90566-7771",
      "geo": {
        "lat": "-43.9509",
        "lng": "-34.4618"
      }
    },
    "phone": "010-692-6593 x09125",
    "website": "anastasia.net",
    "company": {
      "name": "Deckow-Crist",
```

Creación del proyecto

Lo siguiente que haremos, será crear un proyecto con el nombre **MyAPPI**, la cual será de tipo **Tabs :** `ionic start MyAPPI tabs`

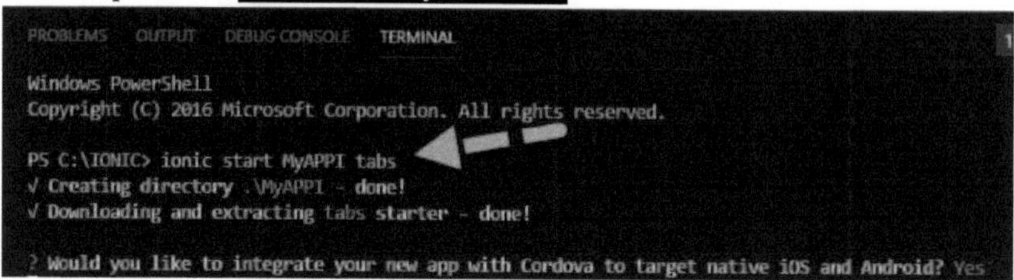

Crear el proveedor de Servicios

Una vez creado el proyecto ingresaremos a la ruta del proyecto utilizando la terminal ejecutando la combinación de teclas **CTRL + Ñ**, una vez abierta la terminal ingrese el siguiente comando: `npm i`

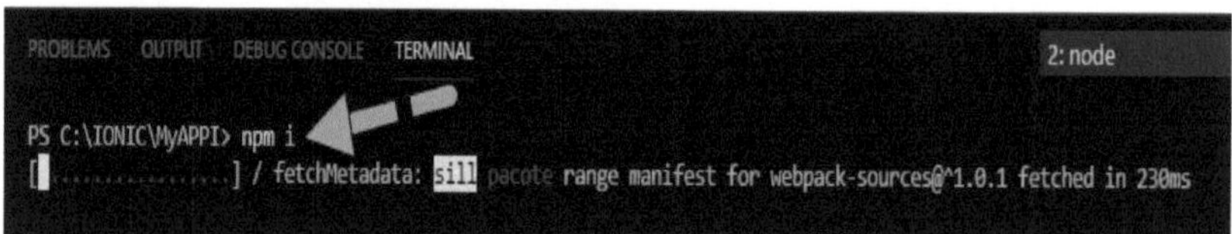

Una vez que se han cargado las librerías ejecute el comando:
`ionic g provider proveedor1`

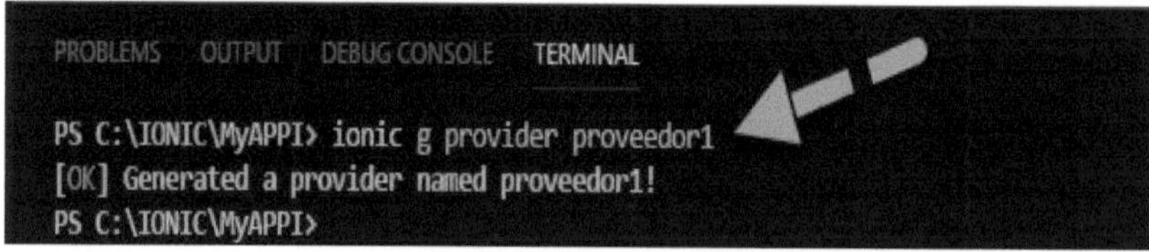

Podrá observar como se ha creado un directorio con el nombre **Providers** y dentro de la estructura de directorios podremos encontrar el archivo con el nombre **proveedor1.ts**

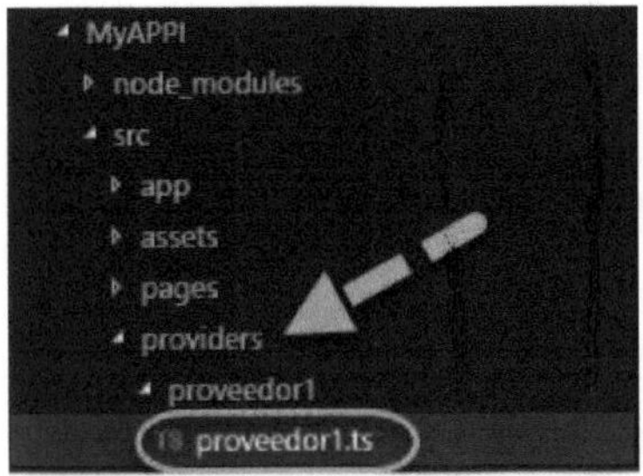

Observe que si abrimos el directorio recién creado encontraremos que se han importado algunas librerías y además se ha creado la clase, la cual deberemos copiar.

```
Proveedor1Provider

TS proveedor1.ts  ✕
 6        Generated class for the Proveedor1Provider provider.
 7
 8        See https://angular.io/guide/dependency-injection for more info on providers
 9        and Angular DI.
10      */
11     @Injectable()
12     export class Proveedor1Provider {
13
14       constructor(public http: HttpClient) {
15         console.log('Hello Proveedor1Provider Provider');
16       }
17
```

app.module.ts

El siguiente paso, será dirigirnos al archivo **app.module.ts**, en donde podremos observar que se ha realizado la importación del proveedor en modo automático.

```typescript
import { StatusBar } from '@ionic-native/status-bar';
import { SplashScreen } from '@ionic-native/splash-screen';
import { Proveedor1Provider } from '../providers/proveedor1/proveedor1';

@NgModule({
  declarations: [
    MyApp,
    AboutPage,
    ContactPage,
    HomePage,
    TabsPage
  ],
  imports: [
    BrowserModule,
    IonicModule.forRoot(MyApp)
  ],
  bootstrap: [IonicApp],
  entryComponents: [
    MyApp,
    AboutPage,
    ContactPage,
    HomePage,
    TabsPage
  ],
  providers: [
    StatusBar,
    SplashScreen,
    {provide: ErrorHandler, useClass: IonicErrorHandler},
    Proveedor1Provider
  ]
})
export class AppModule {}
```

app.module.ts/ Importación de Clase

Lo siguiente que haremos, será importar la clase `HttpClientModule`, la cual nos
servirá para poder conectarnos con un cliente externo, por medio de **Http**

```
import { HttpClientModule } from '@angular/common/http';
```

```
TS app.module.ts  ×
    import { StatusBar } from '@ionic-native/status-bar';
12  import { SplashScreen } from '@ionic-native/splash-screen';
13  import { Proveedor1Provider } from '../providers/proveedor1/proveedor1';
14
15  import { HttpClientModule } from '@angular/common/http';
16
```

Lo siguiente que haremos, será tomar la clase e importarla dentro de **Imports**.

```
TS app.module.ts  ×
14
15  import { HttpClientModule } from '@angular/common/http';
16
17  @NgModule({
18    declarations: [
19      MyApp,
20      AboutPage,
21      ContactPage,
22      HomePage,
23      TabsPage
24    ],
25    imports: [
26      BrowserModule,
27      HttpClientModule,
28      IonicModule.forRoot(MyApp)
29    ],
30    bootstrap: [IonicApp],
31    entryComponents: [
32      MyApp,
33      AboutPage,
34      ContactPage,
35      HomePage,
```

proveedor1.ts

Lo siguiente que haremos, será dirigirnos al archivo **proveedor1.ts** y realizamos la importación de la clase `HttpClientModule`.

```
Import { HttpClientModule } from '@angular/common/http';
```

```
TS proveedor1.ts  ×

    1    import { HttpClient } from '@angular/common/http';
    2    import { Injectable } from '@angular/core';
    3
    4    import { HttpClientModule } from '@angular/common/http';
    5
```

Lo siguiente que haremos, será crear una función, esta será fuera de la sección del constructor, la cual tendrá por nombre `ObtenerDatos(){}`, y dentro de las llaves vamos a agregar un return para que nos devuelva una conexión, que en este caso vamos a establecer `this.http.get('')`; y dentro de las comillas vamos a introducir el enlace en donde se encuentra nuestro JS, que para nuestro ejemplo es:

- https://jsonplaceholder.typicode.com/users

```
humbnail os(){
   return this.http.get('https://jsonplaceholder.typicode.com/users');
}
```

```
13    @Injectable()
14    export class Proveedor1Provider {
15
16      constructor(public http: HttpClient) {
17        console.log('Hello Proveedor1Provider Provider');
18      }
19
20      ObtenerDatos(){
21        return this.http.get('https://jsonplaceholder.typicode.com/users');
22      }
23
24    }
```

home.ts

Lo siguiente que haremos, será dirigirnos a la página `home.ts`, ya que es donde queremos que se muestre la vista, una vez que se encuentre en la página vamos a importar la clase `Proveedor1Provider`.

```
Import { Proveedor1Provider  } from '../../providers/proveedor1/proveedor1';
```

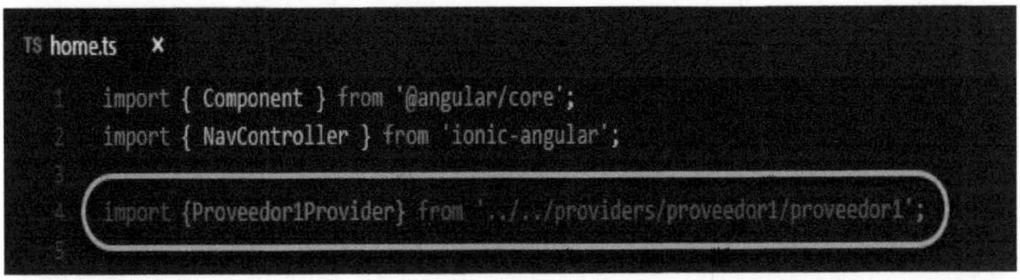

```
TS home.ts   ✕

1    import { Component } from '@angular/core';
2    import { NavController } from 'ionic-angular';
3
4    import {Proveedor1Provider} from '../../providers/proveedor1/proveedor1';
5
```

Lo siguiente que haremos, será dirigirnos dentro de nuestro constructor y declaremos una variable de tipo pública llamada `proveedor` la cual llama a la clase `Proveedor1Provider`

```
TS home.ts   ✕

1    import { Component } from '@angular/core';
2    import { NavController } from 'ionic-angular';
3
4    import {Proveedor1Provider} from '../../providers/proveedor1/proveedor1';
5
6    @Component({
7      selector: 'page-home',
8      templateUrl: 'home.html'
9    })
10   export class HomePage {
11
12     constructor(public navCtrl: NavController, public proveedor:Proveedor1Provider) {
13
14     }
15
16   }
```

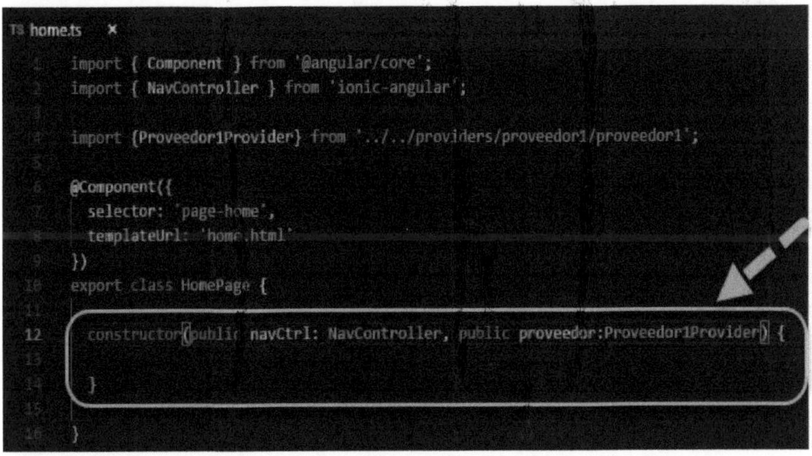

Lo siguiente que haremos, será posicionarnos fuera del constructor y establecer una función llamada `IonViewDidLoad () {}` y dentro de las llaves le pasamos los siguientes parámetros:

- `this.proveedor.ObtenerDatos()`

Debajo vamos a establecer un suscribe a un data, el cual se ira con la flecha arrow (=>) `this.usuarios = data;` es necesario también establecer una variable con el nombre usuario y colocarla fuera del constructor ya que es en esta variable en donde almacenaremos los datos y por último generaremos la notificación de un error.

```
humbnail os d(){
    this.proveedor.obtenerDatos()
    .subscribe(
    (data)=> {this.usuarios = data;},
    (error)=>{console.log(error);}
    )
}
```

```
TS home.ts    ✕

7    @Component({
8      selector: 'page-home',
9      templateUrl: 'home.html'
10   })
11   export class HomePage {
12
13     usuarios
14
15     constructor(public navCtrl: NavController, public proveedor:Proveedor1Provider) {
16
17     }
18
19     ionViewDidLoad(){
20       this.proveedor.ObtenerDatos()
21       .subscribe(
22       (data)=> {this.usuarios = data;},
23       (error)=>{console.log(error);}
24       )
25     }
26
27   }
```

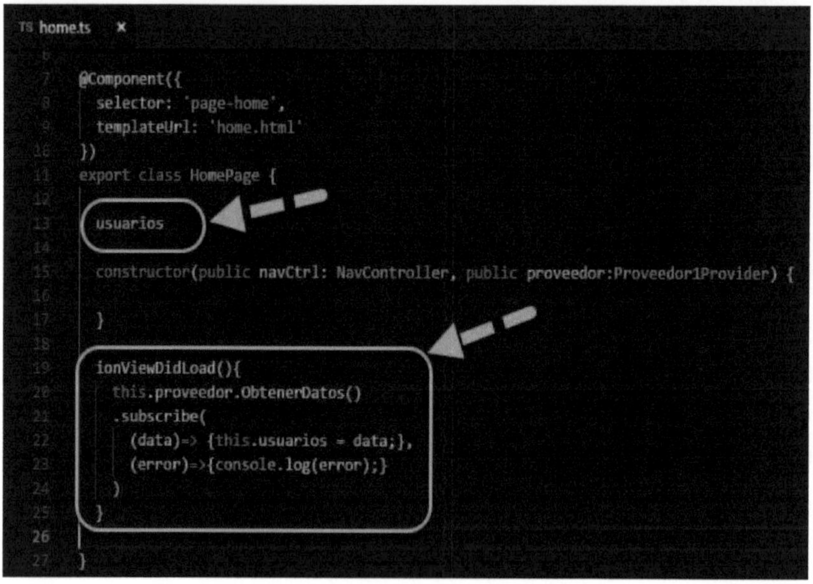

home.html

Lo siguiente que haremos, será dirigirnos a la pestaña **home.html** y una vez que nos encontremos dentro de la página modificaremos el contenido de la etiqueta <ion-content padding>

```
<h2>Datos de un servidor externo</h2>
  <ion-list>
    <button ion-item *ngFor="let usuario of usuarios">
      {{usuario.id}} - {{usuario.name}}
    </button>
  </ion-list>
```

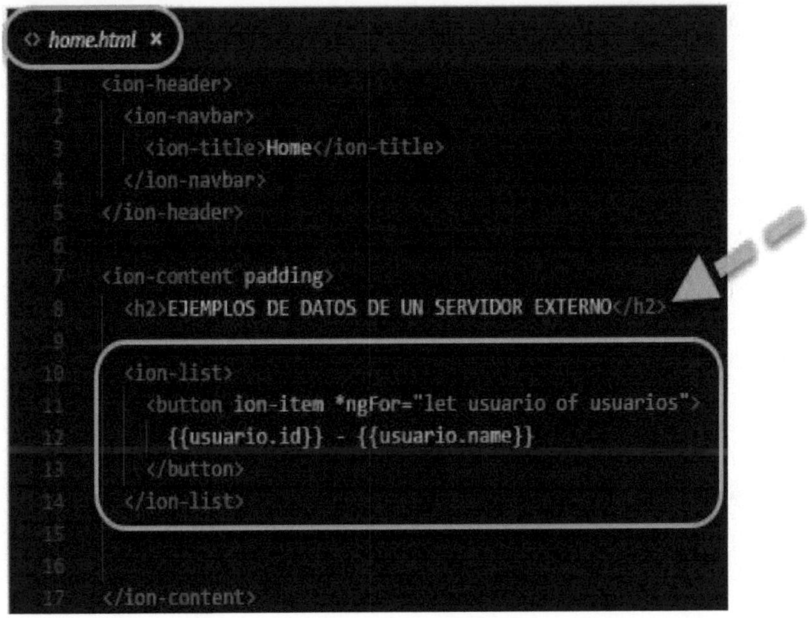

Podremos Observar el siguiente resultado en nuestra APP

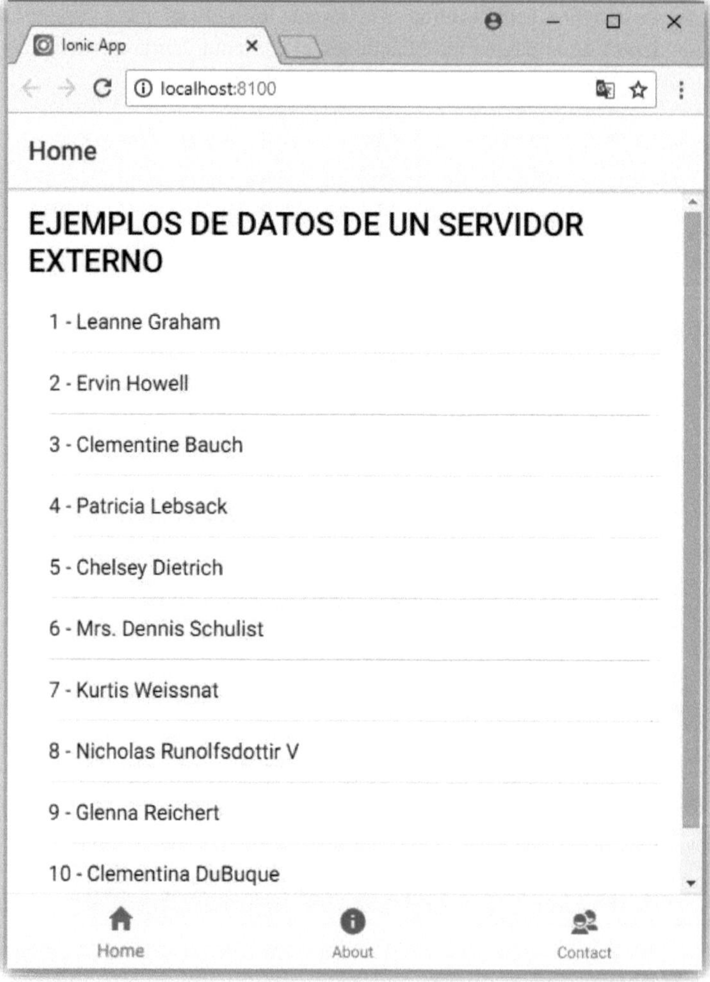

COMPILACIÓN PARA ANDROID

Lo que haremos, en esta sección del curso, es realizar los pasos necesarios para poder realizar la compilación de un proyecto determinado, así que lo primero que haremos, será dirigirnos a la terminal e ingresar por medio del comando CD a la ruta del proyecto en cuestión y ejecutamos el comando:

- `ionic cordova build android –relase`

Al ejecutar el comando, me generará la APK final que vamos a utilizar para subir a la tienda de Google.

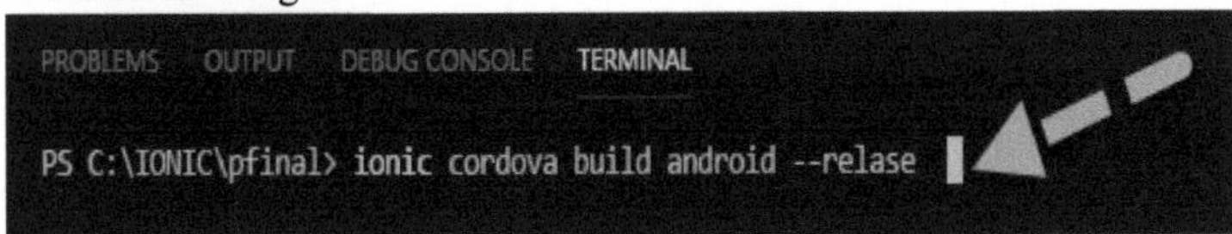

Podremos observar que el proceso, se ha realizado con éxito, en donde podremos observar la ruta especifica en donde encontraremos la aplicación.

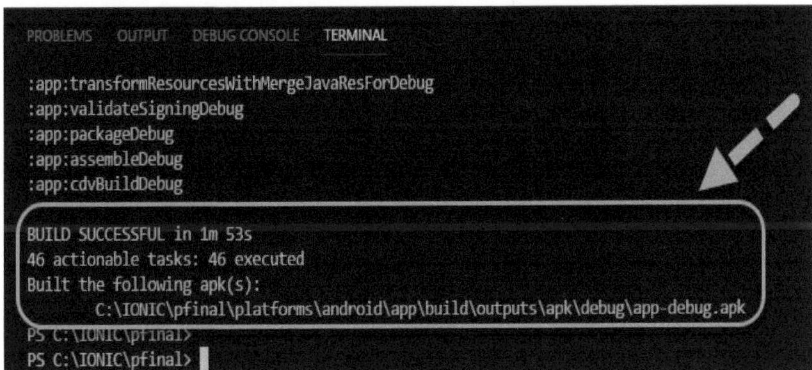

Al dirigirnos a la siguiente ruta, encontraremos la aplicación que ha generado

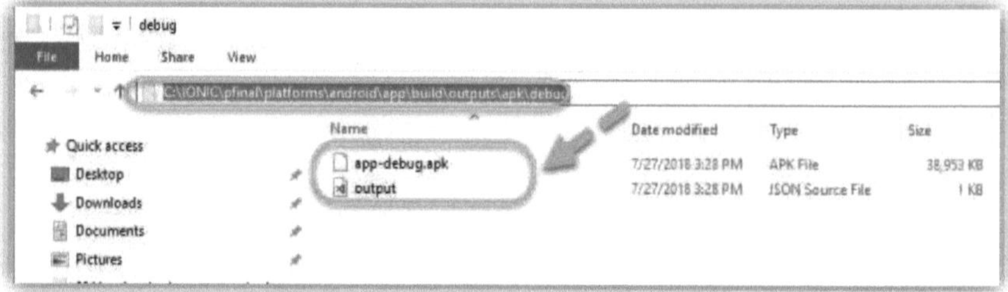

Creación de Variables del entorno

Lo siguiente que haremos, será dirigirnos a las variables del entorno y agregar la siguiente variable: `C:\Program Files\Java\jdk1.8.0_171\bin`

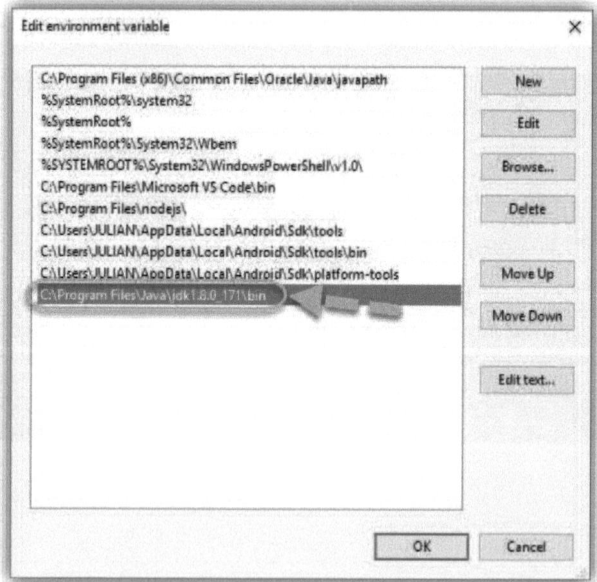

También agregaremos la siguiente ruta, para añadir las credenciales a mi aplicación y para ello necesitaremos el Build-tools del android SDK, esta ruta es la misma que utilizamos para generar la compilación.

```
C:\Users\JULIAN\AppData\Local\Android\Sdk\build-tools\28.0.1
```

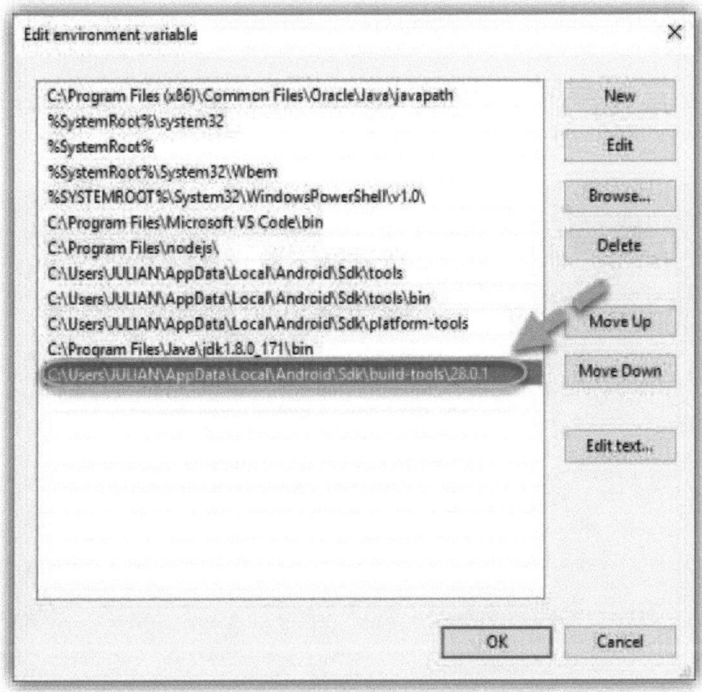

Generación de la Llave

Lo siguiente que haremos, será dirigirnos a la terminal e ingresamos el siguiente comando, una vez que has ingresado y ejecutado el comando, notará que le solicitará una contraseña

```
keytool -genkey -v -keystore curso-key.keystore -alias curso
-keyalg RSA -keysize 2048 -validity 10000
```

Una vez que ingresa la contraseña, podrá notar que le realizará algunas preguntas, las cuales al finalizarlas generará la llave.

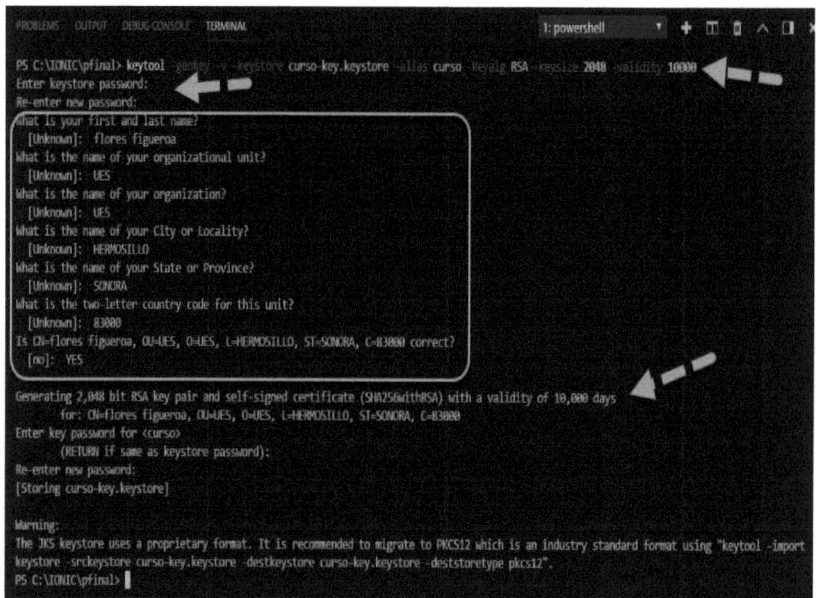

Lo siguiente que haremos,

```
jarsigner -verbose -sigalg SHA1withRSA -digestalg SHA1 -keystore curso-key.keystore
C:\IONIC\pfinal\platforms\android\app\build\outputs\apk\debug\app-debug.apk curso
```

DESARROLLO DE PROYECTO FINAL

Lo siguiente que haremos, será crea un proyecto integrado, utilizando listas avanzadas. Para lograrlo, requerimos crear un proyecto llamado **pfinal.**

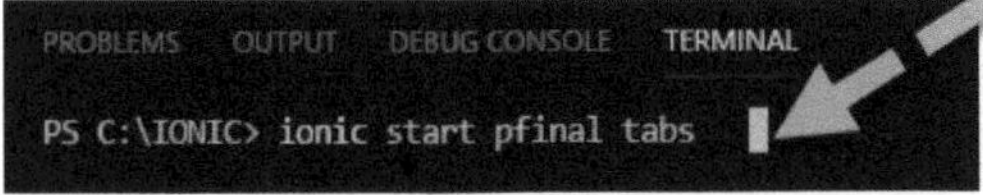

Una vez que ha sido creado el proyecto, dirigente a la sección Paginas.

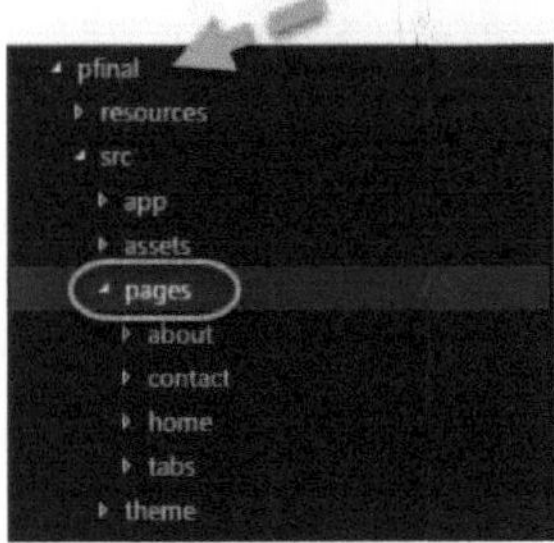

home.html

Dirígete a la página home.html y remplaza el contenido de la etiqueta `<ion-content padding>` por las etiquetas `<ion-list>`, dentro del cual contendrá una serie de elementos, los cuales se cargaran de modo dinámico, por medio de un array.

```html
<ion-header>
  <ion-navbar>
    <ion-title>Home</ion-title>
  </ion-navbar>
</ion-header>

<ion-content padding>
  <ion-list>
    <button ion-item *ngFor="let item of lista">
      <h3>{{item.titulo}}</h3>
    </button>
  </ion-list>
</ion-content>
```

home.ts

Ahora dirígete a la página home.ts y crea un array con el nombre lista, el cual contendrá once elementos, las cuales utilizan las variables título, id, y descripción.

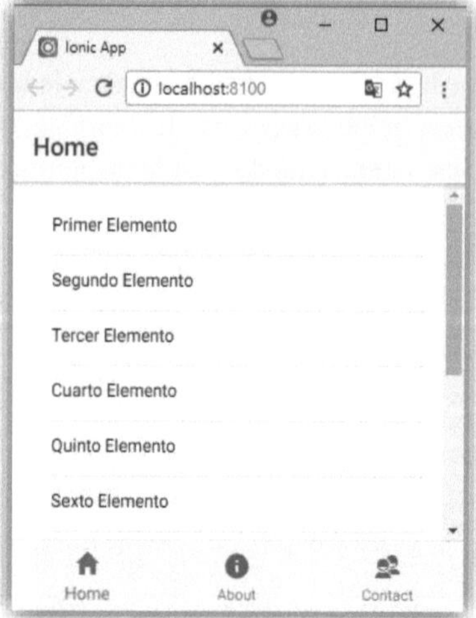

Logrando el siguiente resultado.

home.html

Lo siguiente que haremos, será crear la etiqueta `<ion-list-header>`, dentro de la estructura de etiquetas de `<ion-list>`

Logrando el siguiente resultado.

Lo siguiente que haremos, será agrupar a los elementos, utilizando una etiqueta
`<ion-item-group>`.

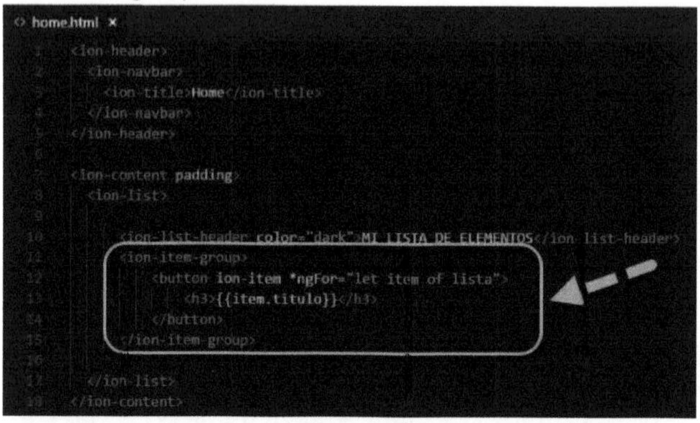

Esta etiqueta nos permite agrupar múltiples conjuntos de elementos, la cual deberá
ser dividida por la etiqueta `<ion-item-divider>`

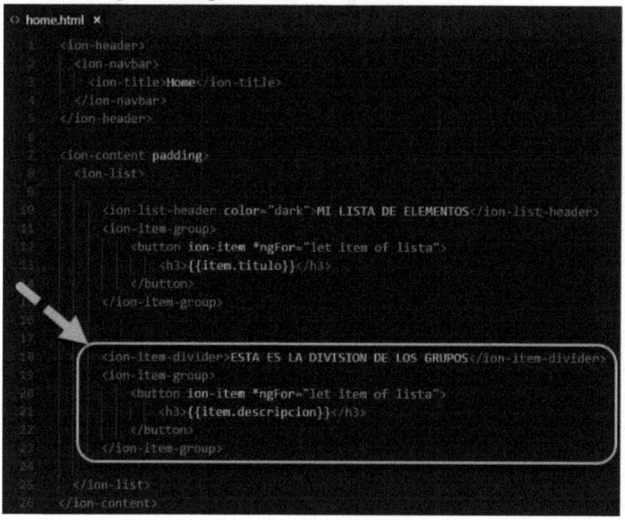

Logrando el siguiente resultado.

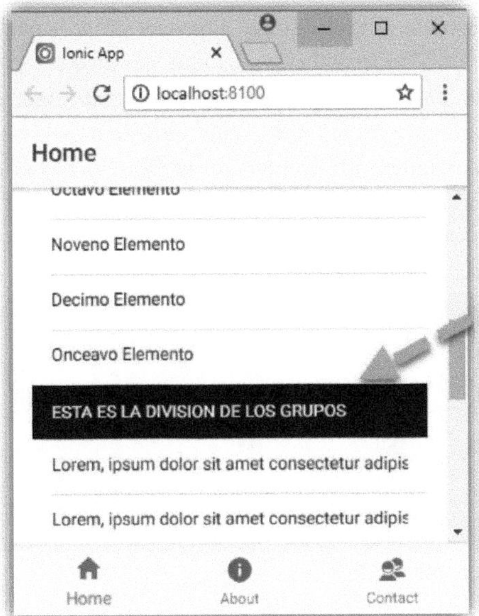

Ruta de Archivos

Lo siguiente que haremos, será cargar las imágenes que vamos a necesitar en la siguiente ruta.

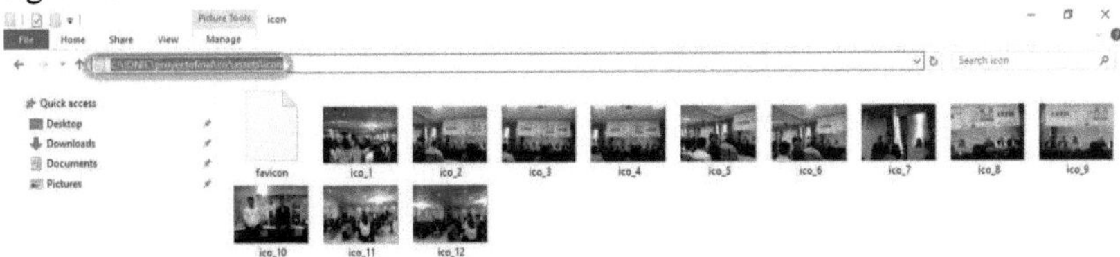

Thumbnail

Lo siguiente que haremos, será dirigirnos al primer grupo y añadiremos la etiqueta `<ion-thumbnail>`, en donde indicaremos que la imagen estará alineada a la izquierda utilizando un `item-left`, es importante mencionar que tomaremos la imagen de forma dinámica, razón por la cual utilizaremos la variable `item` la cual tiene un identificador único, utilizaremos el atributo `[src]` el cual está colocado entre corchetes y servirá para poder utilizar el código java script entre las comillas, en donde podemos establecer una cadena de caracteres con la ruta de las imágenes y con la extensión del tipo de imagen.

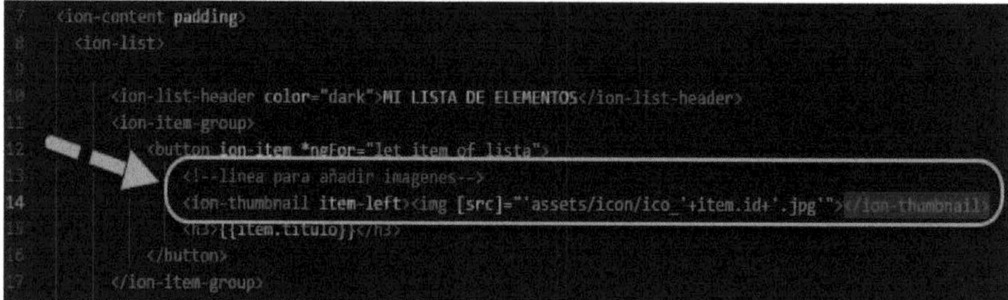

Logrando el siguiente resultado.

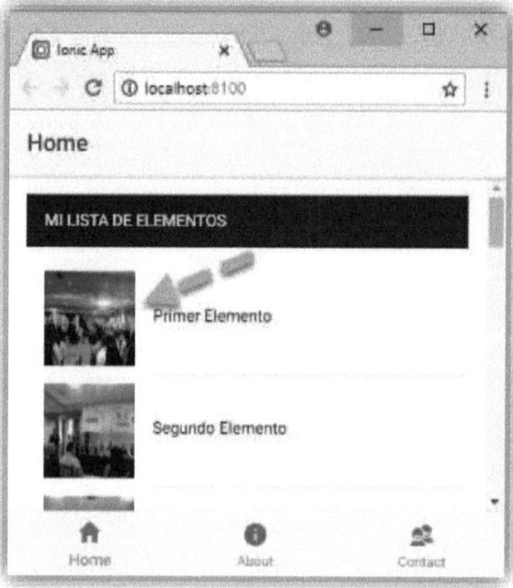

Avatar

También podemos añadir imágenes utilizando la etiqueta `<ion-avatar>`, en donde podemos apreciar que la estructura es la misma que utilizamos al momento de trabajar con   humbnail.

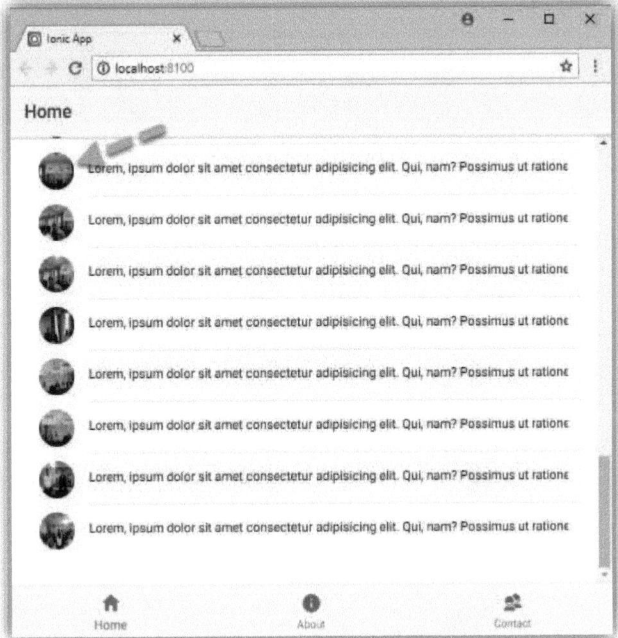

Logrando el siguiente resultado.

Botones y Otros elementos

Lo siguiente que haremos, será agregar el componente `<ion-badge>`, dentro del cual utilizaremos data binding para traer el número de cada elemento, también utilizaremos la propiedad `item-right`, para indicarle a Ionic que coloque el elemento alineado hacia la izquierda, para hacerlo más interesante agregaremos entre las etiquetas de párrafo `<p>` el elemento que corresponde a la descripción.

```html
<> home.html ×
 6
 7    <ion-content padding>
 8      <ion-list>
 9
10        <ion-list-header color="dark">MI LISTA DE ELEMENTOS</ion-list-header>
11        <ion-item-group>
12          <button ion-item *ngFor="let item of lista">
13            <!--linea para añadir imagenes utilizando thumbnail-->
14            <ion-thumbnail item-left><img [src]="'assets/icon/ico_'+item.id+'.jpg'"></ion-thumbnail>
15            <h3>{{item.titulo}}</h3>
16            <p>{{item.descripcion}}</p>
17            <ion-badge item-right>{{item.id}}</ion-badge>
18          </button>
19        </ion-item-group>
20
```

Logrando el siguiente resultado.

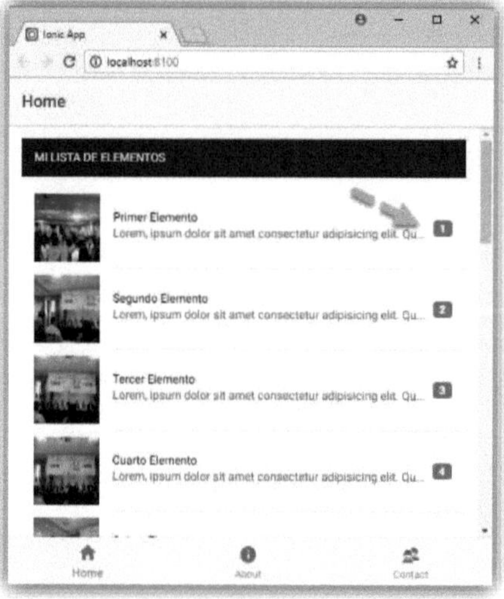

También podemos añadir un botón, en donde le indicaremos que sea ion-button, con la propiedad Outline, utilizando la propiedad `item-right` lo ajustaremos a la extrema derecha de la aplicación.

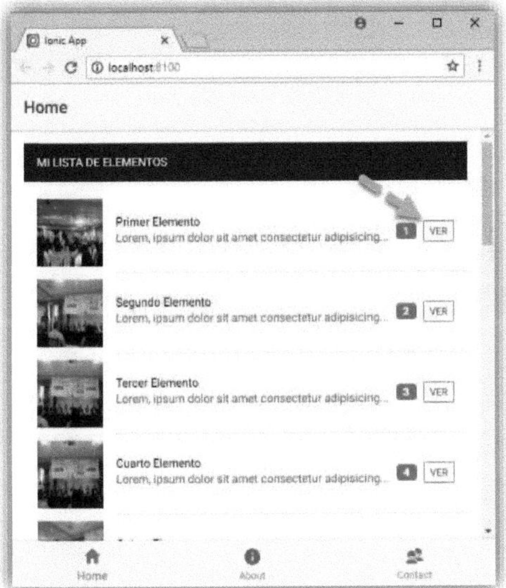

Logrando el siguiente resultado.

También podemos añadir elementos tales como `<ion-togle>` al cual le aplicaremos la propiedad `color="danger"`. También será necesario modificar las etiquetas `<h3>` y `<p>`, con una etiqueta `</ion-label>`, en donde utilizaremos la propiedad `item-left`, para ajustar el contenido al extremos izquierdo de la aplicación.

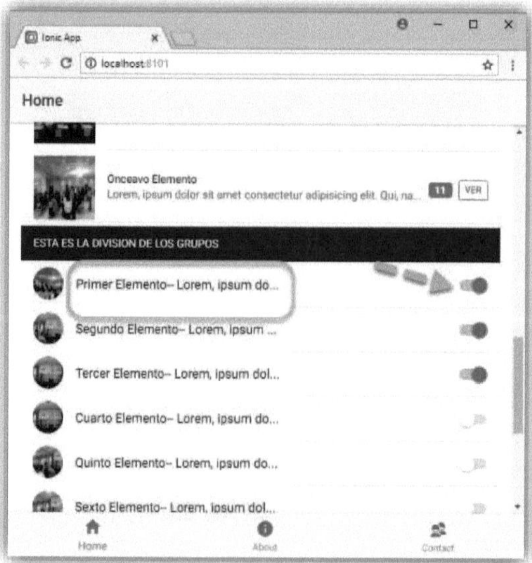

Logrando el siguiente resultado, observa como al pulsar un click sobre el elemento, este se torna color rojo.

Navegación secundaria

Para poder establecer una Navegación con otra página de nuestro proyecto, será necesario que utilices el procedimiento descrito en el capítulo anterior Págs. 291-294 el cual se refiere a creación de páginas e Indexación, la página que deberás crear tendrá el nombre **Info**.

Lo siguiente que haremos, será dirigirnos a la página home.html y nos posicionaremos en donde hemos colocado el botón, utilizaremos el evento (click), el cual haremos, que invoque a una función con el nombre "irInfo ()"

```html
<ion-content padding>
  <ion-list>

    <ion-list-header color="dark">MI LISTA DE ELEMENTOS</ion-list-header>
    <ion-item-group>
      <button ion-item *ngFor="let item of lista">
        <!--linea para añadir imagenes utilizando thumbnail-->
        <ion-thumbnail item-left><img [src]="'assets/icon/ico_'+item.id+'.jpg'"></ion-thumbnail>
        <h3>{{item.titulo}}</h3>
        <p>{{item.descripcion}}</p>
        <ion-badge item-right>{{item.id}}</ion-badge>
        <button ion-button item-right outline (click)="irInfo()">Ver</button>
      </button>
    </ion-item-group>
```

Lo siguiente que haremos, será dirigirnos al archivo home.ts y fuera del constructor crearemos la función con el nombre irInfo () {}, dentro de la función utilizaremos el NavController, utilizando el método Push, siendo este método el que nos permite desplazarnos a la página que nosotros le indiquemos, también será importante realizar la importación de la clase InfoPage.

```typescript
import { Component } from '@angular/core';
import { NavController } from 'ionic-angular';
import { InfoPage } from '../info/info';

constructor(public navCtrl: NavController) {

}

irInfo(){
  this.navCtrl.push(InfoPage);
}

}
```

Pasar datos con el NavController

Para ejemplificar esta sección dirígete al archivo `home.html`, y nos posicionaremos en el botón que hemos creado, en donde para pasarle datos, utilizaremos la variable `item`, colocándolo dentro del paréntesis de la función.

```html
home.html

10      <ion-list-header color="dark">MI LISTA DE ELEMENTOS</ion-list-header>
11      <ion-item-group>
12        <button ion-item *ngFor="let item of lista">
13          <!--linea para añadir imagenes utilizando thumbnail-->
14          <ion-thumbnail item-left><img [src]="'assets/icon/ico_'+item.id+'.jpg'"></ion-thumbnail>
15            <h3>{{item.titulo}}</h3>
16            <p>{{item.descripcion}}</p>
17          <ion-badge item-right>{{item.id}}</ion-badge>
18          <button ion-button item-right outline (click)="irInfo(item)">Ver</button>
19        </button>
20      </ion-item-group>
```

También le pasaremos la misma variable item a la `función`, además de pasarlo como un segundo objeto en el método `Push`.

```typescript
home.ts

25
26      constructor(public navCtrl: NavController) {
27
28      }
29
30      irInfo(item){
31        this.navCtrl.push(InfoPage, {datos:item});
32      }
33
34    }
35
```

Ahora dirígete a la página `Info.ts`, en donde vamos a recuperar el objeto que estamos enviando, en donde utilizaremos el método `navParams`, lo primero que haremos, será crear una variable con el nombre `item` que es donde guardaremos los datos, igualaremos la variable al `navParams`, en donde recuperaremos los datos.

```typescript
export class InfoPage {

  item
  constructor(public navCtrl: NavController, public navParams: NavParams) {
    this.item= navParams.data.datos;
  }

  ionViewDidLoad() {
    console.log('ionViewDidLoad InfoPage');
  }

}
```

Ahora dirígete a la página `Info.html` y dentro de una etiqueta `<h1>`, utilizaremos data binding para traer el elemento item el cual invoca el título.

```html
<ion-content padding>
  <h1>{{item.titulo}}</h1>
</ion-content>
```

Logrando el siguiente resultado, en donde podremos apreciar que al momento de pulsar un click sobre el botón Ver, podrás observa que te dirige a la página Info, sin embargo esta nos muestra el elemento título sobre el cual estas posicionado, cumpliendo la función que solicitamos.

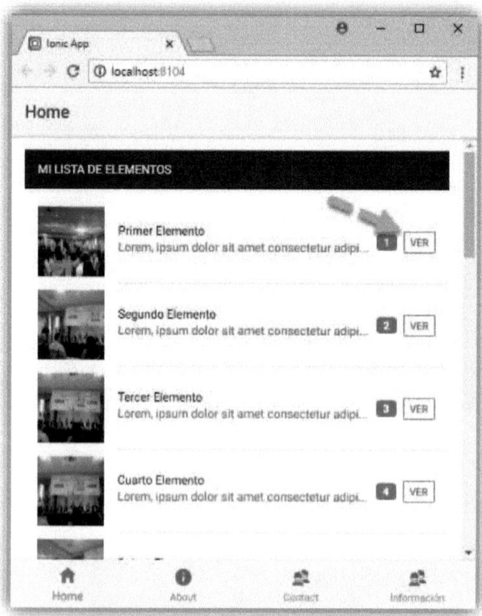

REFERENCIAS BIBLIOGRAFICAS

Arora, C. (2016). *Angular 2 By Example.* Birminghman: Publishing Ltd.

Dewanti, P. (31 de 08 de 2017). Obtenido de http://knsi.stikom-bali.ac.id/index.php/eproceedings/article/view/73

Gechev, M. (2016). *Swithc to Angular 2.* Birmingham: Pack Publishing.

Griffith, C. (2017). *Mobile App Development with Ionic 2.* Gravenstein Highway North: O´Reilly Media.

Hhanna, R. (2016). *Getting Started With Ionic.* Birmingham: Pack Publishing Ltd.

Hhanna, R. (2017). *Hybrid Mobile App Development.* Birmingham: Pack Publishing Ltd.

Kaufman, N. (2016). *Angular 2 Components.* Birminghman: Publishing Ltd.

Learning Angular 2. (2016). En P. Deeleman. Birmingham: Packt Publishing Ltd.

Nayrolles, M. (2017). *Expert Angular.* Birminghman: Packt Publishing.

Pallai, D. (2018). *Angular 4 Pocket Primer.* United States: Mercury Learning.

Singh, A. (2011). *Angular 2.* New Delhi: Educreation Publishing.

Valenzuela, R. (20 de 12 de 2018). Estudio comparativo de los Frameworks Ionic Y React Native aplicación móvil de pedidos a domicilio basada en la norma ISO 9126. Imbabura, Ecuador.

Printed by Books on Demand GmbH, Norderstedt / Germany